철학입문
Introduction to Philosophy

철학 입문

Introduction to Philosophy

백훈승

전북대학교출판문화원

☆ 일러두기

본문과 각주의 '헬'은 헬라스어, '라'는 라틴어, '영'은 영어, '독'은 독일어, 그리고 '프'는 프랑스어를 가리킨다.

서문

이 책은 필자가 몇 년간 대학에서 학부생을 대상으로 행한 철학입문 강의의 내용을 다듬어 이루어졌다. 철학의 어원적 의미, 철학의 발생, 철학의 필요성, 철학의 특성, 철학의 과제와 분야, 그리고 상식, 과학, 예술, 종교 등과 철학의 차이점 등에 대한 소개와 더불어 시작하는 이 책은, 이에 뒤이어 철학의 주요분야들인 논리학, 인식론, 형이상학, 윤리학, 그리고 종교철학의 중심개념과 문제들을 다루고 있다.

필자는 이 책의 주요 독자들로 예상되는 대학의 학부생들을 염두에 두고 가급적 알기 쉽게 서술하려고 노력하였다. 그리하여 이해가 어려운 개념이나 사상(思想)들에 대해서는 본문의 설명과 더불어 각주를 달아 이해를 돕도록 하였다.

흔히 철학은 어렵다고들 말한다. 거기에는 몇 가지 이유가 있을 수 있다. 어떤 글이나 사상이 어려운 이유는 우선, 우리가 드러내고자 하는 사태나 사실 자체가 지니고 있는 복잡함 내지 난해함에 있다. 이런 경우, 서술의 능숙함을 통해 그 난해성의 정도를 감소시킬 수는 있겠지만 그것을 근본적으로 변화시키기는 어렵다. 철학은 특히 추상화의 정도가 높은 개념들을 많이 사용할 뿐만 아니라 사태의 심층에까지 이르는 철저한 사유를 추구하기에, 이러한 사유의 전모를 꿰뚫어보기는 그리 쉽지 않다. 두 번째 이유는, 어떤 하나의 개념이 지니고 있는 다의성(多義性)이다. 예컨대 '실체(實體)'라는 용어가 이러한 경우에 속한다. 그것의 근본적인 의미는 동일하더라도, 철학자가 용어를 사용하는 맥락과 상황에 따라 그 용어가 지니고 있는 의미들의 다른 측면에 강조점을 둠으로 인하여, 조금 변형된 의미를 지니고 나타난다. 따라서, 철학자에 따라 다른 의미를 나타낼 수 있는 용어들의 스펙트럼을 포착하는 일에도 상당한 노력과 시간이 요구된다. 그래서 철학을 공부하는 사람들에게는 철학사 공부가 무엇보다도 중요하며, 반드시 철학사전을 — 그것도 여러 종류의 철학사전을 — 옆에 두고 수시로 참고하면서 공부해야 한다. 더 나아가서, 몇몇 철학자들은 동일한 용어를 우리가 일상어나 철학의 일반적인 의미와는 상이한 의미로 사용하는 경우가 있다. 예컨대 헤겔 같은 철학자는 '개념'(der Begriff)이나 '이념'(die Idee)이라는 용어를 일반적인 철학적 의미로 사용할 뿐만 아니라 자신의 독특한 의미로 사용하고 있기도 하기 때문에, 그의 고유한 용법을 알지 못하면 그가 무슨 말을 하고 있는지 도무지 알 길이 없게 된다. 철학이 어렵게 되어버린 또 다른 이유와 책임은 철학자들 자신에게 있다. 모든 철학자가 그런 것은 아니지만, 상당수의 철학자들은 다른 사람들이 이해하기 어려운 글을 쓴다. 자신이 사태를 올바로 파악하고 있다면 그 사태를 표현하는 글도 가능한 한 정확하고 오해가 없도록 써야 할 텐데 현실은 그렇지 않다. 그래서 철학서적을 읽는 데에는 다른 책들을 읽는 데 필요한 몇 배의 시간이 드는 것이 보통이다.

필자의 능력과 주어진 시간, 지면의 분량 등으로 인하여 여러 가지 문제를 다루지 못한 점을 아쉽게 생각한다. 이러한 사정에도 불구하고 필자는 비교적 알기 쉽게 사태를 서술하고자 했으나 실제로 그렇게 되지 못했다면, 그것은 필자의 책임이다. 언제나 가족은 우리에게 힘과 위로가 되어주지만, 나는 이 책을 특히 사랑하는 나의 첫째 딸 다라에게 바친다. 아무쪼록 철학에 관심을 가지고 진리의 길로 나아가는 도정에 있는 사람들에게 이 작은 책이 조그마한 도움이라도 되기를 바라는 마음 간절하다.

2015년 가을에

백 훈 승

목차

인식론

: 인간과 앎

형이상학

: 무엇이 존재하는가?

윤리학

: 어떻게 살아야 하는가?

종교철학

: 종교와 신의 문제

Introduction to Philosophy

철학(哲學)이란 무엇인가?

Ⅰ. 철학의 어원적 의미

1. 철학과 philosophia

영어의 philosophy, 혹은 독어의 Philosophie라는 말은 다 헬라스어 philosophia (φιλοσοφία)로부터 유래한 용어이며, 이 용어로부터 철학이라는 번역어가 생겼다. 그러므로 헬라스어 φιλοσοφία가 무엇을 뜻하는지를 파악하면 철학이 무엇인지 알 수 있을 것이다. 그런데 philosophia는 philein (φιλεῖν) 혹은 philia (φιλία)와 sophia (σοφία)라는 단어로 구성된 복합어다(**philia tēs sophias, φιλία τῆς σοφίας**). 따라서, 이 두 단어의 의미를 파악하면 이 복합어의 의미가 드러난다. 'sophia'는 지혜(知慧, wisdom)라는 의미와 지식(知識, knowledge)이라는 의미를 지니고 있다. 그리고 'philia'는, 뒤에서 상세하게 설명하겠지만 '사랑(관심을 가짐)'이라는 뜻을 지니고 있다. 그러므로 'philosophia'는 '지혜의 사랑' 혹은 '지식의 사랑'이라는 뜻을 가진다.

그런데 가장 오래된 헬라스의 저술가들인 호메로스와 헤시오도스에 있어서는 sophia라는 말은 나오지만 philosophia라는 말은 나오지 않는다. 이 말은 비록 형용사형으로서이기는 하나 헤라클레이토스(Herakleitos, BC 544경-484)에 있어서 처음으로 나타난다. 즉, 거기에 'φιλοσοφός ἀνήρ' ['지혜(지식)를 사랑하는 사람']에 대한 언급이 나와 있다(BC 500년경). 동사형(φιλοσοφεῖν)으로서 그 말은 약 50년 후 역사가인 헤로도토스(Herodotos, BC 484-425경)에게서 찾아볼 수 있다. 거기서는 크로이소스(Kroisos)왕이 입법가 솔론(Solon)에게, "나는 그대가 지혜를 사랑하면서(ὡς φιλοσοφέων), 관찰을 위하여(θεωρίης εἵνεχεν) 많은 나라를 두루 돌아다녔다고 듣고 있노라"(『헬라스・페르시아 전쟁기』 I , 30)고 말하고 있다. 헤로도토스 이후 50년쯤 된 후에 φιλοσοφία라는 말이 플라톤의 『프로타고라스』(*Protagoras*)라는 대화편에 처음으로 등장한다. 소크라테스가 그 말을 이미 사용했는지 그렇지 않은지 우리는 모른다. 플라톤에 있어서 φιλοσοφία는 σοφία와 대립해 있다. 즉, 후자는 지혜의 소유를, 그리고 전자는 단지 지혜를 향한 노력을 의미하는 것이었다. 이리하여 플라톤은 소크라테스로 하여금 다음과 같이 말하게 한다.

> 나의 화이드로스(Phaidros)여, 그를 지혜로운 자(σοφόν)라고 부르는 것은 나로서는 너무 지나치게 보이고 그것은 오로지 신(神)에게만 적합할 것이다. 그러나 지혜의 친구(φιλόσοφον) 또는 그와 비슷한 명칭을 그는 더 좋아할 것이고 그것이 또한 그에게 더 어울릴 것이다(*Phaidros*, 278 d).

이러한 의미에서 소크라테스는 자기의 사명을 sohistes [지자(智者)] [복수 : sophistai (σοφισται)」에 대립해서 날카롭게 구별했다. 스스로 지혜의 소유자라고 칭하는 자들에 대립해서 그는 자기 자신을 지혜를 얻고자 노력하는 자라 하였다(*Theaetetus*, 145 e). 헬라스적 사고의 주지주의(主知主義)적 특징에 따라서 이 지혜는 통찰 내지 지식으로 이해된다. 즉, σοφία는 ἐπιστήμη와 동일시된다. 그러므로 '지혜에 대한 사랑'은 '통찰 · 인식 · 지식을 위한 노력' 이외의 다른 것을 의미하지 않는다.[1]

2. Sophia의 의미

그림 1)

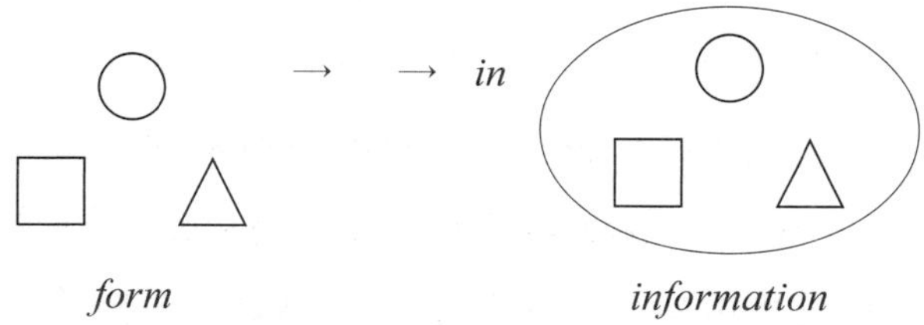

그러면 지식과 지혜는 어떻게 다른가? 우선, 지식은 '어떤 사태(事態)에 관한 정보(情報)'라고 잠정적으로 정의할 수 있다. 이때의 '사태'란, 우리가 생각할 수 있는 어떤 '상황'을 가리키는 말이다. 그리고 이러한 상황이나 사태가 현실화(現實化)될 때, 즉 실현(實現)될 때, 이것을 가리켜서 '사실(事實)'이라고 철학에서는 구분하여 사용한다.[2] 어떤 사태나 상황, 그리

---

1 Johannes Hessen, *Lehrbuch der Philosophie. Erster Band. Wissenschaftslehre*. 2. Aufl., München/Basel, 1950, 16 f. 참조.

2 일상언어에서는 사태와 사실을 같은 의미로 사용하기도 하지만, 철학에서는 양자를 구별하기도 한다. 양자가 구별된 의미를 지닌 것으로 볼 때, 사태(事態, state of affairs; Sache, Sachverhalt)란 어떤 상황을 가리키는 것이고, 이러한 상황이 실현될 경우에 사실(fact; Tatsache)이라고 부른다('실(實)'에는 현실이라는 의미가 들어있다.) 그리고 비트겐슈타인(Ludwig Wittgenstein)같은 경우에는 사태를 단순사태

고 이것이 실현된 사실은 주어와 술어의 형식을 지닌 진술로 표현될 수 있다(예를 들면, "나의 책상 위에는 컴퓨터 모니터와 키보드가 있다.") 정보를 설명하는 경우에는, 이에 상응하는 외국어의 의미를 생각하는 것이 훨씬 용이할 것 같다. 이에 해당하는 영어는 'information'인데, 이것은 in이라는 접두어와 form의 명사형인 formation이라는 두 단어로 구성되어 있다. in은 '~의 속으로'라는 뜻이고 formation은 '형태화함, 형상화함'이라는 뜻이다. 즉, 인식주관의 외부에 있는 어떤 사물을 인식주관의 '속으로 형상화한 것'이 바로 information이고 정보다.

(1) 지식

1) 명제지(命題知, know that~) : 플라톤은 『테아에테투스』(*Theaetetus*, 200 d ff.)에서 지식을, 정당화된 옳은 신념(justified true belief)이라고 정의한다. 이때 '옳은(true)'은 지식의 객관적인 면을, 그리고 '신념(belief)'은 지식의 주관적인 면을 가리킨다. '정당화된 옳은 신념'은, 어떤 사람이 어떤 것에 관한 지식을 가지고 있다고 주장하는, 지식에 대한 하나의 정의(定義)다. 즉, 그것은 옳아야 하고, 옳다고 믿어져야 하고, 그 믿음이 정당화되어야 한다는 정의다. 더욱 형식적인 용어로 말하면, 주체 S는 명제 P가 오직 다음과 같은 경우에만 참이라는 것을 안다 :

P는 참이다. (P is true.)
S는 P가 참이라고 믿는다. 그리고 (S believes that P is true, and)
S는 P가 참이라고 믿음에 있어서 정당화된다. (S is justified in believing that P is true.)

(Sachverhalt)와 복합사태(Sachlage)로 구별하기도 한다.

2) 기술지(技術知, know how to ~) : '~을 할 줄 안다' : "그녀는 자전거를 탈 줄 안다." 이것은 어떤 일을 해낼 능력이 있다는 것을 뜻하며, 인간이 아닌 동물에게도 해당된다.

3) 익숙지[친숙지(親熟知), knowledge by aquaintance] : 어떤 사람이 덕진공원에 가 보았다면, "덕진공원을 안다"고 하면, 그 사람은 '덕진공원을 안다'고 할 수 있다. 그러나 그것은 '인식(認識)'과는 다르다. 우리는 시간이 무엇인지 익숙하게 알고 있지만, 시간을 인식하고 있는 것은 아니다.[3]

4) 그러나 이 밖에도 '안다'가 갖는 여러 의미들이 있을 수 있다. 어떤 문장 속에서 '안다'라는 단어를 사용할 수 있는 방식들 혹은 그 단어가 나타날 수 있는 다양한 문맥들은 다음과 같다 : 예컨대 "나는 그녀를 안다"고 말할 때, 이 말은, ① 그녀에 관해 말을 들었다. ② 그녀를 만났거나 본 적이 있다. ③ 그녀를 아주 잘 안다. ④ 그녀를 추천한다. ⑤ 당신은 그녀를 신뢰할 수 있다. ⑥ 당신은 그녀를 신뢰할 수 없다. ⑦ 그녀는 어떤 일을 할 것 같다. ⑧ 육체적인 의미로 안다.[4] 등의 다양한 의미를 지니고 있고, "나는 파리(Paris)를 안다"고 말하면, "나는 거기에 간 적이 있다," "거기를 잘 돌아 다닌다" 등의 의미를, 그리고 "나는 럿셀(B. Russell)을 안다"고 말하면, "나는 그와 잘 아는 사이다," "그의 저술을 안다," "그가 무엇을 할 것인가를 예견할 수 있다" 등의 의미를, 그리고 "나는 축구를 안다"고 말하는 것은,

---

3 시간은 아우구스티누스가 말한 것처럼, 그것이 무엇인지 아무도 나에게 묻지 않는다면 알고 있지만, 묻는 자에게 내가 그것을 설명하려고 하면 모르는 그런 것이다("quid est ergo tempus? si nemo a me quaerat, scio, si quaerenti explicare velim, nescio." 『고백록』 XI, 14).

4 "천사가 마리아에게 말하였다. 두려워하지 마라 마리아야, 너는 신의 은혜를 입었다. 보아라, 네가 잉태하여 아들을 낳을 것이니, 너는 그의 이름을 예수라고 하여라. (…) 나는 남자를 알지 못하는데 어떻게 이런 일이 있겠습니까? (…)"[마리아가 가브리엘 천사(天使)로부터 수태(受胎)를 고지(告知)받은 후에 한 말. 누가복음 1:26-38].

"나는 축구를 할 수 있다, 혹은 잘 할 수 있다," "축구 규칙을 안다, 통계를 안다, 축구전문가다" 등의 의미를 나타낼 수 있다.[5]

(2) 지혜

• 그러면 지혜란 무엇인가? 지혜는 맥락에 따라 여러 가지 의미로 사용된다. 첫째로, 그것은 지식을 적절히 사용할 수 있는 능력 또는 추론을 잘 하는 능력이라는 뜻으로 사용된다. 우리가 잘 알고 있는 유대 · 기독교성서의 '솔로몬 왕의 지혜'를 생각해 보면 이러한 사실을 잘 알 수 있을 것이다. 여기서 한 가지 덧붙여야 할 내용은, 어떤 사람이 지식이 있다고, 혹은 많다고 해서 반드시 지혜로운 사람은 아니라는 사실이다. 우리는 이러한 예를 주변에서 많이 볼 수 있다. 많이 배워서 지식은 많은 사람인데, 지혜롭지 못한 행동을 하는 것을 발견할 수 있다. 그러나 많이 못 배워서 아는 것은 별로 없지만, 아주 지혜롭게 행동하는 사람을 볼 수 있다. 다시 말하면, 지식이 지혜의 충분조건은 아니라는 것이다. 그러나 이와는 반대로, 만일 어떤 사람이 지혜로운 사람이라면, 그 사람은 반드시 어떤 종류의 지식이건, 그리고 어느 만큼의 양의 지식이건 간에 지식을 갖고 있는 것이 분명하다. 즉, 어떤 사람이 지혜롭기 위해서는 반드시 지식이 필요한 것이다. 다시 말하면, 지혜는 지식의 충분조건이요, 지식은 지혜의 필요조건이다. 지식과 지혜의 관계를 우리는 퍼즐놀이를 예로 들어 이해할 수 있다. 즉, 퍼즐의 한 조각 한 조각을, 혹은 조각 전체를 지식이라고 한다면, 퍼즐들 간의 상호관계를 파악하는 능력 및 퍼즐조각을 이용하여 퍼즐을

---

5 지식의 의미에 대해서는 John Hospers, *An Introduction to Philosophical Analysis*, Revised Edition, Englewood Cliffs, N.J., 1973, 143-157을 참조할 것.

완성할 수 있는 능력을 지혜라고 말할 수 있다. 퍼즐조각들(지식)을 가지고 있다고 해서 반드시 퍼즐을 맞출 수(지혜) 있는 것은 아니지만, 퍼즐을 맞추기 위해선 몇 개이든 퍼즐조각을 가지고 있어야만 한다.

위에서 말한 차이점 외에도, 지식과 지혜는 다음과 같은 점에서 다르다. 지식은 양적(量的)인 관점과 질적(質的)인 측면에서 말할 수 있지만, 지혜는 단지 양적으로만 말해진다는 사실이다. 즉, 우리는 어떤 사람이 지식이 많다거나 지혜가 많다고 말한다. 그리고 지식에는 저차적인 것과 좀 더 차원이 높은 것, 그리고 고차적인 것 등으로, 그 질이 구분될 수 있다. 예를 들면, 설거지에 필요한 지식은 저차적인 데 비해서, 우주탐사를 위한 왕복선을 만들고 운행하는 데 필요한 지식은 고차적이라 할 수 있다. 그러나 우리는 "저 사람은 고차적인 지혜를 갖고 있어"라거나 "우리 엄마의 지혜는 저차적이야"라고 말하지는 않고, 단지 지혜가 많다거나 적다고만 말한다.

- 지혜는 "일반적으로, 지(知)의 한 형태, 그리고 이 형태에 결합(연관)되어 있는 삶의 태도다. 지혜는 본질적인 것에 관한 지, 그리고 모든 존재자의 근원 · 근거 · 의미 · 목표에 관한 지라고 파악된다. 그러므로 지혜는 개별적 · 우연적인 존재자에 관한 지가 아니다. 지혜는 삶의 실천과 관련되어 있다. 지혜는 (…) 보편적 · 포괄적 · 궁극적인 행동목표에 관한 통찰 내지는 인생의 목표에 관한 통찰을 뜻한다. 그러므로 지혜는 인간의 정신적 · 인륜적 · 도덕적 근본태도를 규정한다."[6]
- "고대에는, 지혜는 선을 분별하고 선한 삶(훌륭한 삶)을 살기 위해 필요한 지식의 유형으로 생각되었다."[7] 따라서, 악한 행위에 필요한 지식은

---

6 Alexander Ulfig, *Lexikon der philosophischen Begriffe*, Wiesbaden, 1997, 466.

7 Edward Craig (ed.), *Routledge Encyclopedia of philosophy*, NY, 1998, Vol. 9, 752.

지혜라고 말하지 않는다. 예를 들면 남의 집에 들어가서 물건을 훔치다가 집주인에게 들켜서 경찰에 붙잡힌 도둑을 보고, "지혜롭지 못하게 붙잡히다니!"라고 말하는 것은 올바른 표현이 아니다. 어떤 악한 목적을 이루기 위해서 머리를 잘 쓰는 사람을 우리는 '지혜롭다'고 하지 않고 '교활(간교)하다'(cunning)고 말한다.

• 지식(사실)들에 대한 포괄적인 조망을 가지고 그들 상호간에 어떤 연관관계가 있는가를 파악할 수 있는 능력이나 판단력을 가리킨다[지(智) → 밝게(日) + 안다(知)].

3. Philia와 philein의 의미

이제는 Philia 혹은 philein의 의미를 살펴볼 차례다. philein은 '사랑하다, 어떤 대상에 대해 관심을 갖는다'라는 뜻을 지니고 있다. 우리는 이 단어가 뜻하는 바를 플라톤의 『심포지온』(*Symposion*)에서 찾아볼 수 있다. 여기서는 에로스(eros, Ἔρος, Ἔρως)에 관한 이야기가 나온다. 에로스는 결핍을 상징하는 여신인 페니아(penia, Πενία)라는 어머니와 풍요를 상징하는 남신인 아버지 포로스(poros, Πόρος) 사이에서 태어났기 때문에 부모의 양(兩) 요소를 다 가지고 있어서, 한 편으로는 부족하지만 다른 한 편으로는 풍요로움을 가지고 있다. 에로스는 이러한 중간자이기 때문에 자기에게 모자란 것을 채우려고 한다. 그래서 에로스는 "완전에의 추구" 혹은 "이데아를 향한 충동·욕망"이라고 한다. 에로스에 대한 이러한 설명은 우리 인간의 모습, 철학하는 사람의 상황을 나타내고 있다. 우리 인간은 모든 것을 다 알지 못하고, 그렇다고 해서 아무 것도 모르는 것도 아닌, 중간자의 상태에 있다. 우리가 모르는 것이 생길 때, 호기심을 갖게 되고 그것을 알려고 한다. 만약에 모든 것을 다 아는 신이 존재한다면, 그는 무엇을 알려고 할 필요가 없을 것이다. 만약에 자기가 무엇을 모르고 무엇을 아는지를 전혀 생각하지 않는 동물이나 미물(微物)이 있다면 그러한 존재자 역시 무엇을 알려고 하지 않을 것이다. 그러나 인간은 모든 것을 다 아는 것도 아니고, 그렇다고 해서 아무 것도 모르고 있는 존재자가 아니기 때문에 자기가 모르는 어떤 것을 알려고 한다. 인간은 이러한 중간자(中間子), 즉 이렇게 양자의 '사이에 있는(inter-esse)' 존재자이기에 '관심(關心, Interesse, interest)'을 갖는다.

이렇듯, 어떤 대상에 대해 관심을 갖는 것을 philia라고 말할 수 있다. 따라서 philosophia란, 지혜나 지식에 대해 관심을 갖는 것, 그것들을 사랑하여 소유하고자 하는 것을 의미한다. 헬라스어로 철학자를 필로소포스(philosophos)라고 한다. 글자 그대로, 지혜나 지식을 사랑하여 그것을 얻으려고 노력하는 사람을 말한다. 그러나 이와는 달리, 자신들이 이미 지혜나 지식을 소유하고 있다고 자만하는 사람들이 있었는데, 이들을 소피스테스(sophistes; pl. sophistai)라고 한다.[8] 철학자의 태도는 마치 사도 바울이 기독교의 성서에서 고백하는 바와도 일맥상통한다 : "내가 이미 얻었다 함도 아니요 온전히 이루었다 함도 아니라, 오직 내가 그리스도 예수께 잡힌바 된 그것을 잡으려고 좇아가노라"(빌립보서 3:12). 철학자 야스

---

8 헬라스어 sophistes는 영어로 sophist라고 하며, 그들이 주로 궤변(詭辯)을 늘어놓았기 때문에 우리말로는 보통 궤변론자라고 부른다. 철학자인 소크라테스(Sokrates, BC 469-399)는 돈을 받지 않고 장터나 집에서 사람들과 대화하며 철학을 가르쳤으나, 이들은 주로 귀족의 자제들에게 수업료를 받고, 웅변술이나 수사학을 가르쳤다. 소피스트들은 상대주의적 진리관을 가지고 있었기 때문에, 만약에 여러 사람이 서로 자기의 말이 옳다고 주장할 때, 어떤 사람의 주장이 옳은가를 판별할 객관적인 기준이 없으므로, 단지 중요한 것은 말을 잘 해서 상대편이 자기의 주장을 따르도록 하는 것이다. 이러한 기술이 바로 웅변술이고 수사학이었던 것이다.

퍼스(Karl Jaspers)도 철학의 이러한 특징을 "도상(途上)에 있음(Auf-dem-Wege-sein)"[9]이라고 표현하고 있다.

4. 'philosophia'가 '철학'으로 번역된 유래

(1) 'philosophia' 를 누가 왜 '철학' 이라고 번역했나?

philosophia가 철학이라고 번역된 유래는 다음과 같다. 1877년에 일본인 서주(西周 : 니시 아마네, 1826-1894)가 영국의 철학자 밀(J. S. Mill)의 Utilitarianism [『공리주의(公利主義)』]이라는 책을 『이학(利學)』이라는 제목을 붙여 번역했는데, 이 책의 서문에 'philosophy'라는 말이 있어서 서주는, "본역중 소칭철학, 즉 구주지유학야 (…) 차어원명 비로소비야 (本譯中 所稱哲學, 卽 歐洲之儒學也 (…) 此語源名 非露蘇非也"[본 번역 가운데 철학이라고 부른 것은 바로 유럽의 유학이다. 이 어원이 되는 이름은 히로소히(영어 philosophy를 일본식으로 발음한 것)다]라고 하였다. 이렇게 하여 일본에서 처음으로 '철학'이라는 번역이 생겼다. philosophy의 번역어로는 당시 일본에서는 '이학(理學)', '성학(聖學)', '희현학(希賢學)', '희철학(希哲學)', '성리학(性理學)', '궁리학(窮理學)' 등의 용어가 사용되고 있었고, 중국에서는 '지학(知學)'이라고 번역되었다. 그러나 오늘날에는 세 나라 모두 철학이라는 번역어를 사용하고 있다.

(2) 한자 '哲學' 자체의 의미

1) 『시경(詩經)』에 "명차철 이보기신(明且哲 以保其身)"(줄여서 "明哲

---

9 Karl Jaspers, *Einführung in die Philosophie*, Zürich, 1963^4 (1953), 14.

保身"이라고도 함)이라는 말이 있다. 이 말의 뜻은, "사물에 밝고 도리에 통해 있다면 (시대나 사회가 아무리 변하든) 내 몸을 유지할 수 있다"는 것. 여기서 '哲'은 '도리에 통하는 것'을 말하는데, 도리에 통하기 위해서는 여러 가지 것을 알아야 하므로 '哲'은 '지식'도 의미하게 되었다. 따라서 철(지식) + 학 = '여러 가지의 지식을 최고의 엄밀성을 가지고 정리하고 체계화한 것'이라는 뜻을 갖는다.[10]

2) '哲'을 파자(破字)해 보면, '折'[꺾을 절= 扌(손) + 斤(도끼 근)] + 입 구(口)로 나눌 수 있다. 입의 기능은, 첫째로는 음식물을 섭취하는 일과, 둘째로는 말하는 것인데, 후자의 의미와 연결해서 생각하면, '哲'은 '언어분석(言語分析)'이라는 의미를 지녔다고 볼 수 있다. 이 해석은 '언어분석'으로서의 철학이라는 의미와 연관된다.

5. 그렇다면 철학은 학 전체를 가리키는 말인가?

고대 헬라스에서는 철학이 곧 학이었다. 위에서 말한 것처럼, philosophia란 '지혜나 지식에 대한 사랑'이었으니까 말이다. 예를 들면 아리스토텔레스(Aristoteles, BC 384-322)에게 있어서도, 소위 자연학(physikē, φυσική)으로 통칭되는 생물학, 심리학, 천문학, 기상학 등의 학문은 모두 다 철학, 더욱 구체적으로는 제2철학(he deutera philosophia)이었으며, 제2철학의 대상인 자연(physis)의 배후에 있는 원리들(archai)이나 원인들(aitia)을 탐구하는 학문을 제1철학(prote philosophia)이라고 불

10 다까마 나오미사, 『철학이란 무엇인가』, 참한 편집부 역, 참한, 1985, 57 f. 참조.

렀던 것이다.[11]

그러나 지금은 사정이 달라졌다. 과거에는 학 전체를 가리키던 필로소피아, 즉 철학이 이제는 많은 학문들의 중의 하나를 가리키는 말로 그 의미가 축소되고 말았다. 마치 옛날에는 책 전체를 가리키던 말인 Biblia가 오늘날에는 여러 책들 가운데 하나인 기독교의 성서라는 뜻으로 쓰이고 있는 것과 마찬가지다.

그렇다면, 오늘날 여러 학문분과들 중의 하나인 철학이 하는 일은 무엇일까? 이에 대해선 크게 두 가지 입장이 있다. 그 중의 한 입장은, 철학은

---

11 physikē (자연학, 라틴어 : physica)는 오늘날의 physics (물리학) 보다는 내포와 외연이 넓다. 그것은 글자 그대로 '자연에 관한 탐구'다. 아리스토텔레스에 의하면, 공부순서에 있어서는 자연학이 먼저이나, 그 본성상으로는(te physei), 자연의 근저에 있는 원리를 탐구하는 학이 먼저다. 이것이 바로 제1철학으로서의 metaphysica [형이상학(形而上學), 영어 : metaphysics]다. 아리스토텔레스에 있어서 형이상학은 곧 존재론(헬 : **οντολογική**, 라 : ontologia; 영 : ontology)이기도 하다. 왜냐하면, 자연학 또는 오늘날의 개별과학들은 특수한 존재자들만을 다루는 데 반해서(수학은 수를, 생물학은 생물을, 물리학은 물체의 운동·변화를 다룬다) 형이상학은 이들 존재자들의 근거, 즉 그것들이 존재자인 한에서 반드시 적용되는 범주들, 예를 들면 존재와 무, 운동·변화, 같음과 다름, 전체와 부분, 현실성과 가능성, 우연과 필연, 인과관계 등의 문제를 다루기 때문이다. 그래서 아리스토텔레스는, 형이상학은 존재자로서의 존재자(on hē on), 혹은 존재자 자체를 다룬다고 말한다. 개별과학은 존재자 자체를 다루는 것이 아니라 존재자를 떼어서, 특수한 부분만을 다루는 것이다. 또한 그에게 있어서 형이상학은 신학(theologikē, θεολογική)이기도 하다. 왜냐하면, 그것은 존재자들의 존재근거 내지는 발생근거를 인과적으로 탐구해 가며, 그 결과 존재자들의 존재근거로서 '부동의 원동자'(Unmoved Mover : 자신은 어떤 것에 의해서도 움직여지지 않으나, 다른 모든 것을 움직이게 하는 자), 혹은 '스스로의 원인'(causa sui)으로서의 신을 상정하기 때문이다.
이렇듯, 아리스토텔레스에서는 '형이상학=존재론=신학'이었으나 오늘날은 반드시 그렇지는 않고, 예를 들면, 근대 독일의 철학자인 볼프(Christian Wolff, 1679-1754)의 구분을 따르기도 한다. 그는 형이상학을 일반형이상학과 특수형이상학으로 나누었다. 그리하여 모든 존재자에 일반적으로 해당되는 근거문제를 다루는 존재론을 일반형이상학이라고 하고, 특수형이상학을 다시 세 영역으로 나누었는데, 살아있는 모든 것들의 혼(魂) 내지는 정신을 다루는 이성적 심리학(rational psychology)과, 정신이 아닌 자연의 근거에 대해 탐구하는 이성적 자연철학 내지는 이성적 우주론(rational cosmology), 그리고 마지막으로, 정신과 자연의 성립근거로서의 신의 문제를 다루는 이성적 신학(rational theology) 내지는 자연신학(natural theology) 혹은 철학적 신학(philosophical theology)이 바로 그것이다. 여기서 우리가 주의할 것은 '이성적'이라는 표현인데, 이것은 '(감각) 경험적'과 상반되는 용어다. 즉, 혼(정신), 자연 그리고 신에 대해 탐구하지만, 감각경험에 의존하지 않고 순전히 이성적인 사유에 의해서만 그렇게 한다는 것이다.

과거에 모든 지식의 분야에 대해 관심을 가지고 탐구해 왔으나, 이제는 철학으로부터 개별학문들이 각각 독립해 나가서 그들이 각 영역별로 세계를 탐구하므로, 이제 철학이 할 일은 직접 세계에 대해 탐구하는 것이 아니라, 개별학문에서 사용하는 개념 및 방법을 비판적으로 검토하는 것이라고 하는 입장이다. 예를 들면, 비트겐슈타인 같은 철학자는 철학의 사명을 "사상(思想)의 논리적 명료화"라고 말하고 있다.[12]

이와는 다른 또 하나의 입장은, 앞의 입장을 받아들이면서, 철학의 임무를 그에 국한하지 않고, 아직도 그 외에 철학 고유의 영역이 엄연히 존재한다고 말한다. 예를 들면, 인간 인식의 원천, 방법 및 범위 등을 다루는 인식론(theory of knowledge, epistemology), 그리고 특수한 존재자가 아닌 존재자 자체를 다루는 형이상학(metaphysics), 선악의 문제, 바람직한 삶의 문제 등을 다루는 윤리학(ethics) 또는 도덕철학(moral philosophy) 그리고 미학(美學, aesthetics) 등이 바로 그것이다. 이 분야들은 여전히 철학 고유의 분야로 인정되며, 논리학, 학문이론도 이와 마찬가지이며, 그 밖의 철학의 분야들은 역사철학, 사회철학, 종교철학, 언어철학, 철학적 해석학, 철학적 인간학, 실존철학 등 실로 다양하고 넓은 범위를 차지하고 있다.

---

12 "철학의 목적은 사상(思想)의 논리적 명료화다. 철학은 교설(教說)이 아니라 활동이다. 철학적 저작은 본질적으로 해명들로 이루어져 있다. 철학의 성과는 철학적 명제들이 아니라 명제들이 명료하게 되는 것이다. 철학은 이를테면 불분명하고 모호한 사상들을 명료하게 하고 선명하게 경계지어야 한다"[Der Zweck der Philosophie ist die logische Klärung der Gedanken. Die Philosophie ist keine Lehre, sondern eine Tätigkeit. Ein philosophisches Werk besteht wesentlich aus Erläuterungen. Das Resultat der Philosophie sind nicht philosophische Sätze, sondern das Klarwerden von Sätzen. Die Philosophie soll die Gedanken, die sonst, gleichsam, trübe und verschwommen sind, klar machen und scharf abgrenzen.Ludwig Wittgenstein, *Tractatus Logico-Philosophicus*, with an Introduction by B. Russell, NY., 19515 (1922), 4.112].

6. 철학의 임무에 대한 견해들

바로 앞에서 보았듯, 비트겐슈타인과 논리실증주의에 따르면 철학의 임무는 '사상의 명료화'다. 그러나 예컨대 맑스에게 있어서 철학의 임무는 세계를 변화시키는 일이다.[13] 그렇다면 과연 철학의 임무는 무엇일까? 이 질문에 대한 대답은, 우리가 철학을 어떻게 정의하느냐에 따라 다를 수 있다. 이 점과 관련하여 피히테의 견해가 도움이 될 수 있다. 피히테에 의하면 우리가 어떤 철학을 택하는가 하는 문제는 우리의 "성향과 관심에 의해"[14] 결정될 수밖에 없다. 그러므로 피히테는 다음과 같이 말한다: "우리들이 어떤 철학을 택하는가 하는 것은 우리가 어떤 인간인가에 달려 있다. 왜냐하면 하나의 철학체계는, 우리들이 마음대로 떼어내고 취할 수 있는 죽은 가구(家具)가 아니라, 그 체계를 가지고 있는 사람의 혼(魂)에 의해 생명이 주어져 있기 때문이다. 본래 맥 빠진 인격 혹은 정신의 예속에 의해, 그리고 사치와 허영을 배워 무기력해지고 왜곡된 인격으로는 결코 관념론에로 고양될 수 없다."[15] 물론 여기서의 피히테의 주장의 취지는, 주체의 활동과 자발성을 근간으로 하는 관념론을 택할 것인가, 아니면 외계

---

13 맑스(K. Marx)는 포이어바흐(L. Feuerbach)에 관한 테제들』(Thesen über Feuerbach, 1845)의 제11명제에서 다음과 같이 말하고 있다: "철학자들은 세계를 다양하게 해석했을 뿐이다. 그러나 중요한 것은 세계를 변화시키는 것일 것이다."("Die Philosophen haben die Welt nur verschieden interpretiert; es kömmt drauf an, sie zu verändern." *Marx Engels Werke (MEW) Bd. 3*, Berlin, 1983 (5-7), 7.

14 "durch Neigung und Interesse"(GA I/4, 194; SW I, 433).

15 "Was für eine Philosophie man wähle, hängt sonach davon ab, was man für ein Mensch ist: denn ein philosophisches System ist nicht ein toter Hausrat, den man ablegen und annehmen könnte, wie es uns beliebte, sondern es ist beseelt durch die Seele des Menschen, der es hat. Ein von Natur schlaffer oder durch Geistes- knechtschaft, gelehrten Luxus und Eitelkeit erschlaffter und gekrümmter Charakter wird sich nie zum Idealismus erheben"(VnDWL. GA I/4, 195; SW I, 434).

에 수동적으로 처신하는 독단적 실재론을 택할 것인가 하는 데에 초점이 맞추어져 있지만, 다른 한편으로 생각하면 피히테의 주장은 우리가 철학의 과제나 임무를 무엇으로 생각하는가 하는 문제에 관련한 우리의 견해나 태도에 대한 문제이기도 하다.

II. 철학의 발생

1. 경이감(驚異感, θαυμάζειν, thaumazein)

• 예컨대 플라톤에게 있어서 경이(驚異)는 모든 철학의 시작이다:

> 경이는 지혜를 진정으로 사랑하는 사람의 태도다. 실로 이것 외에 철학의 다른 시작은 없다.[16]

• 아리스토텔레스도 다음과 같이 말하고 있다:

> 지금이나 그 첫 단계에서나 사람들은 놀라움 때문에 철학을 하기 시작했으니, 처음에는 눈앞의 갖가지 기이한 현상들에 대해 놀랐고 그 뒤에는 조금씩 앞으로 발전하면서 더 중요한 것들에 대해 의문에 사로잡혔는데, 예컨대 달 표면의 현상들, 태양과 별들 주변에서 일어나는 현상들, 온 세계의 생성이 그런 것들에 해당한다.[17]

---

16 "Μάλα γὰρ φιλοσόφου τοῦτο τὸ πάθος, τὸ θαυμάζειν : οὐ γὰρ ἄλλη ἀρχὴ φιλοσοφίας ἢ αὕτη." (Platon, *Theaetetus* 155 d.)

17 "διὰ γὰρ τὸ θαυμάζειν οἱ ἄνθρωποι καὶ νῦν καὶ τὸ πρῶτον ἤρξαντο φιλοσοφεῖν, ἐξ ἀρχῆς μὲν τὰ πρόχειρα τῶν ἀτόπων θαυμάσαντες, εἶτα κατὰ μικρὸν οὕτω προϊόντες καὶ περὶ τῶν

2. 호기심(好奇心, Neugier)

우리는 우리가 알거나 이해하지 못하는 대상을 접하게 될 때 그것에 대해 호기심을 갖게 되고 그것을 알고 싶어 한다. 새로운 것(Neu)을 알고 싶어 하는 욕망(Gier)이 바로 '호기심(Neugier)'이다. 어린이들에게는 대부분의 것들이 새롭다. 그래서 그들은 '이건 뭐야?', '이건 누가 만들었어?', '왜 이렇게 하면 안 돼?'는 등 모르는 것에 대해 알고 싶어 끊임없이 질문을 던진다. 철학은 이렇게 호기심에서 시작한다.

3. 회의(懷疑, doubt, Zweifel)

우리가 이미 가지고 있는 지식에 대해서 의심이 들 때 우리는 확실한 지식을 얻기 위한 욕망을 가지게 된다. 그리하여 더 이상 의심하려야 할 수 없는 흔들리지 않는 지식 내지 진리를 얻기 위해 철학을 하게 된다. 데카르트(R. Descartes, 1596-1650)와 같은 철학자는 이런 진리를 얻기 위한 방법(수단)으로 의도적으로 모든 지식에 대해 의심을 품었다('방법적 회의').

Ⅲ. 철학의 필요성

1. 지적 욕구(호기심)를 충족시키기 위해 필요하다[아리스토텔레스 :

μειζόνων διαπορήσαντες, οἷον περί τε τῶν τῆς σελήνης παθημάτων καὶ τῶν περὶ τὸν ἥλιον καὶ ἄστρα καὶ περὶ τῆς τοῦ παντὸς γενέσεως."(Met. I 2, 982 b 11 ff.). 이러한 아리스토텔레스의 설명에 의하면 헬라스철학의 중요한 두 가지 출발점은, 눈앞의 기이한 구체적인 현상들(예컨대 일식·월식 등을 포함한 천재지변), 그리고 두 번째로는 우주의 생성에 관한 놀라움이다.

"모든 인간은 본래 앎을 욕구한다"(『형이상학』 980 a 21[18])]

2. 철학을 함으로써 명석한 사유를 할 수 있고, 비판정신을 함양할 수 있다.
3. 올바른 인생관 · 세계관을 확립함으로써 올바른 삶을 살기 위해 철학을 해야 한다. 우리가 처한 상황은 〈문제상황〉이다. '문제(問題)'[problem]란, 우리 '앞에'(pro) '던져져 있는 것'[blem 〈 ballein (던지다)], 우리 '앞에 던져져 있어서 우리를 가로 막고 있는 장애물', 그래서 뛰어넘거나 돌아가거나 하여 '해결해야 할 것'을 말한다. 그런데 인간은 때로는 해결할 수 없는 문제(aporia)[19]에 부딪힌다. 이때, 우리는 우리의 무지(無知)를 더욱 뚜렷이 자각하게 되는 동시에, 이 문제를 해결할 수 있는 방법에 대한 참된 앎을 더욱 희구(希求)하게 된다.

Ⅳ. 철학의 특성

1. 궁극성

궁극성은 근원성 · 철저성이라고도 할 수 있는데, 이것은 철학은 상식 및 과학적 지식에 대하여 철저한 반성을 가하여 그 누구도 부정할 수 없는 궁극적인 원리 내지 사실에 도달한다는 것을 뜻한다. 철학적 사유의 이러한 특징은 '무전제성'(無前提性)'(Voraussetzungslosigkeit)이라는 말로 종종 표현된다. 그런데 '무전제'란, 액면 그대로 전제가 없다는 것이 아니라,

---

18 여기서 '안다'(eidenai)는 것은 원인을 통해 안다는 뜻이다(981 a 24-30, 3장 983 a 25-26, 『자연학』 194 b 18~20 참조). 앎에 대한 욕구에 대해서는 『에우데모스 윤리학』 1244 b 26~29 참조.(김진성 역주, 『형이상학』, 29).

19 aporia 〈 a (없다, 아니다) + poros (길, 방법) =난문(難問), 무방도(無方途). 대표적인 아포리아는 바로 '죽음'이다.

철학은 흔들리지 않는 절대적인 확실성을 지니고 있다고 생각되는 원리를 찾고, 거기로부터 모든 명제들을 이끌어내려는 노력을 한다는 사실을 가리킨다.

(1) 존재(자)의 측면에서

• 라이프니쯔(G.W. Leibniz, 1646-1716) : "도대체 왜 아무 것도 없지 않고 무엇인가가 존재하는가?"(Warum ist überhaupt Seiendes und nicht vielmehr Nichts?) → 존재론의 근본물음

• 존재자의 (발생)원인을 물음 : 나 〈 부모 〈 조부모 (…) 〈 원조(元祖) 〈 신(神) (?)

• 존재자의 궁극적 구성요소를 물음 : 아르케(archē, ἀρχή[20])의 문제 : 물체(책상) 〈 목재+못 〈 분자(molecular) 〈 원자(atom[21]) [원자핵[(原子核, atomic nuclei/atomic nucleus = 양성자(陽性子, proton)+중성자(中性子, neutron)]+전자(電子, electron)] 〈 쿼크(quark) (…)

(2) 인식의 측면에서

예컨대 데카르트는 더 이상 의심하려야 할 수 없는 흔들리지 않는 지식 내지 진리를 얻기 위한 방법(수단)으로 모든 지식에 대해 체계적으로 회

---

20 '시초(始初)'의 의미. 시초에 있는 것은 그 후에 생겨나는 것의 원인이기도 하므로 아르케는 원인, 원리를 뜻하게 되며, 사물의 근거를 말하기도 한다. 동사형인 archein (ἄρχειν)은 '시작하다'라는 뜻 외에도 '다스리다'라는 뜻을 지니고 있다. 출발점이 되는 원리가, 이후에 오는 것들을 다스린다는 의미가 포함되어 있는 것으로 보인다. 예컨대 'anarchism'은 '다스리는 것'이 '없는(a)' 상태이므로 '무정부주의'가 된다. 한자 '원리(原理)'의 '이(理)'도 '다스린다'는 뜻이 들어있다. 아르케는 '시원(始原)', '만물의 근원', '원리(原理)', '원질(原質)' 등으로 번역한다.

21 atom 〈 형용사 : atomos (ἄτομος) 〈 ἀ + τομος [= ① a cut, slice, ② cutting (동사형 형용사) 〈 동사 : τέμνω = cut / 명사 : atomon (ἄτομον), pl. atoma (ἄτομα)

의(懷疑)하여, 마침내 '생각하는 나(cogito)'에 도달했다('방법적 회의').

(3) 가치의 측면에서

사람의 행위는 단순히 기계적인 인과관계에 의해 설명되는 대신에 욕망과 목적의 관계에 의해 설명된다. 사람이 자기의 욕망에 따라 무엇인가를 의도하고 목적을 세울 때, 그러한 목적을 우리는 가치라고 부른다. 욕망은 가치에 대한 욕망이라고 할 수 있다.

예) 대학교육(what for?) → 졸업증 취득(what for?) → 취직(what for?) → (what for?) (…) → 궁극적 가치(=행복?)

▶이때 우리는 개개의 욕망들이 진정으로 가치가 있는가를 물어볼 수 있으며, 또한 궁극적으로 욕망하는 것이 가치가 있는가를 물어볼 수 있다.

2. 비판성

논리(학)를 도구(organon)로 하여 명사(名辭)·진술(陳述)·논증(論證)을 검토하고 비판한다. 이에 관해서는 〈논리학〉에 관한 장(章)에서 자세히 다루기로 한다.

3. 전체성

- 특히 철학의 한 분과인 형이상학의 경우에서 '전체성'이 잘 드러난다.
- 피타고라스(Pythagoras, BC 571-497) : 인생은 체전(體典, Olympiade)

과 같다. 어떤 사람은 기량(技倆)을 겨루기 위해 오고, 또 어떤 사람은 장사를 하기 위해 오지만, 최선의 사람은 관객이다. 이와 같이 인생에서도 천박한 사람들은 명예나 이익을 위해 뛰어다니지만 철학자는 진리를 위해 살아간다.[22] 즉, 피타고라스에 의하면 체전에는 세 부류의 사람들이 있는데, 1) 운동선수는 명예를 얻으려 하고, 2) 장사꾼은 돈을 벌려 하고, 3) 관객은 경기뿐만 아니라 장사꾼 및 다른 사람들과 여러 일들을 관찰할 수 있다. 이렇게 '관조(觀照)'하는 행위를 헬라스어로 'theorein'이라 하는데, 여기에서 'theory'[이론(理論)]라는 말이 생겼다.

• 이와 마찬가지로 인생에도 세 부류의 사람들이 있다. 즉 명예를 목표로 하는 사람, 돈을 목표로 하는 사람, 인생을 관조하는 사람(=철학자). 철학자는 관객의 입장에 서서 전체를 바라보며, 그 참모습을 꿰뚫어보는 지혜를 갖추어야 한다.

• 문제를 단편적으로 다루면서 거기에 골몰(汨沒)하는 데 그치지 않고, 인간의 다른 모든 문제와 관련시켜 문제를 전체적으로 고찰하는 것이 철학 본래의 특징이다.

• 원래 철학은 학 전체를 가리키는 용어였다. 그러다가 뉴튼(Isaac Newton, 1642-1727)의 『자연철학의 수학적 원리』(*Philosophiae naturalis principia mathematica*, 1687)이후 물리학이 독립해 나가고, 그후 심리학 등이 분가(分家)해 나갔다. 존재자를 전체적 · 궁극적으로 다루는 것이 형이상학으로서의 철학이며, 어떤 특수한 부분을 따로 떼어서 고찰하는 것이

---

22 Diogenes Laertius, (H.S. Long, *Diogenis Laertii Vitae Philosophorum*, 2 vols., 1964, Oxford Classical Texts), 『그리스철학자 열전』, 전양범 역, 동서문화사, 2008, 528 참조.

특수과학들이다.[23]

• 그러나 오늘날에 와서는 학문이 고도로 분화되어 철학은 과학들을 종합하는 위치에 있지 못하다. 그래서 일부에서는, 철학이 전체성을 지향(志向)하는 것은 잘못이며, 철학은 마땅히 특정분야에 즉, 제과학(諸科學)에서 사용하는 언어를 분석하여 사상(思想)을 명료화하는(clarification of thoughts) 일에 국한되어야 한다는 주장도 하고 있다.

V. 상식, 과학, 예술, 종교, 철학

1. 상식(常識, common sense)

• 보통의 능력을 가진 일반인이 공통으로 가지고 있거나 있어야 할 보통의 지식. 전문적인 지식이 아닌 일반적인 지식과 함께, 이해력 · 판단력 · 사려분별 등을 포함한다.[24]

• 자연(환경)과 사회(환경)로부터 얻는 지식.

1) 자연 : 해가 동쪽에서 떠서 서쪽으로 진다고 생각하는 것, 즉 천동설이 오래 동안 상식으로 받아들여져 왔다. 그러나 과학자들의 비판적 탐구 ―특히 코페르니쿠스, 갈릴레이― 에 의해 천동설은 더 이상 상식으로 받아들여지고 있지 않다.

2) 사회 : 한국에서는 아버지 앞에서는 담배를 피우지 않는 것이 상식이다. 그러나 미국 같은 곳에서는 그렇지 않다. 또한 우리나라 사람은

---

23 아리스토텔레스, 『형이상학』, VI 1 1025 b3-1026 a31 그리고 XI 7 1063 b36-1064 b14 참조.

24 신기철 · 신용철 편, 『새우리말큰사전』, 주식회사 삼성이데아, 1988, 1771 참조.

수저를 사용해서 식사를 하는 것이 보통이지만, 서양에서는 스푼, 포크, 나이프를 사용하며, 인도사람들은 손으로 식사하는 것이 상식이다.

• 일상생활에 유용한 지식이다. 그래서 상식이 없는 사람은 세상 사람의 조롱을 받고, 사회 속의 타인과 원만하게 접촉하기 어렵다. 상식이 없는 사람에 대해 우리는 '몰상식하다'거나 '몰지각(沒知覺)하다'고 말한다.

• 어떤 한정된 사회, 즉 닫힌 사회(closed society)에서 통하는 지식이다. 즉 시대와 지역에 따라 상식이 다를 수 있다. 그리고 닫힌 사회에서 자명(自明)한(self-evident) 것으로 인정되는 것이므로, 그것의 근거에 대한 반성을 필요로 하지 않고 그저 그것에 따르고 있을 뿐이다. 예컨대 우리는 '부모에게 효도해야 한다'는 것을, 혹은 '효도가 도덕적으로 옳은 행위'라는 것을 당연한 것으로 생각하고 받아들인다. 그러나 이 경우, 우리는 '상식'의 차원에 있는 것이다. 그런데 누군가가 "우리는 왜 효도해야만 하지?", "효도하는 일이 왜 도덕적으로 옳지?"하고 묻는다면, 그는 철학을 하고 있는 것이다.

2. 과학

(1) 과학의 세 가지 의미

• 과학(科學)이라는 용어는 원래 분과학문(分科學問)을 줄인 말인데, 가장 넓은 의미로는 ① 분화된 학문 전체, 즉 'all the sciences'를 가리킨다. 두 번째로는 ② 개별 학문들 하나하나, 즉 'every science'를 가리키며, 가장 좁은 의미로는 ③ 인문과학, 사회과학 등은 제외한 자연과학(natural sciences)만을 가리킨다.[25]

• 과학은 상식에 대립해서, 상식을 뚫고 넘어서려고 하며, 상식보다 한 층 더 깊은 단계에 파고 들어가고자 한다. 상식의 어떤 부분을 시인한다 하더라고, 반드시 어떤 근거에 좇아서 시인하려고 한다.

(2) 과학의 성격

1〉 과학의 대상은 부분적이다 → 특수학, 개별학

• 과학 〈 분과학문(分科學問)

• 과학 : 특수학(지) (scientia specialis)

철학 : 보편학(지) (scientia universalis)

2〉 과학 : 사실판단(가치중립적) → 세계상(世界像, Weltbild)

철학 : 가치판단(가치론에서 다룸) → 세계관(世界觀, Weltanschauung)가치론은 실천적 생활과 관계가 깊다. 과학은 주어진 목적의 달성을 위한 수단을 가르쳐 불 뿐이고, 어느 목적을 선택하는 것이 옳으냐는 물음에는 해답을 주지 않는다.

3〉 과학 : 몇 가지 전제를 가지고 있다[인과율(因果律) 등]

---

25 서양어 'science'나 'Wissenschaft'에 대응하는 우리말은 '학(學)' 또는 '학문(學問)'이며, '학문'이라는 말은 원래 '문학(問學)'이었다고 한다. 즉, 모르는 것이 있을 때 모르는 것을 '물어서(問)' '배운다(學)'는 의미였다. 그러던 것이 언제부터인가 앞뒤 순서가 바뀌어서 '학문'으로 정착되었다. 'science'는 원래 지(知) 혹은 지식(知識)을 가리키는 말인 라틴어 'scientia'에서 유래하는데, 이것이 '체계화된 지식'으로서의 '학'을 뜻하게 되었고, 독일어 'Wissenschaft'도 지(知) 혹은 지식(知識)을 뜻하는 'Wissen'에 '체계' 혹은 '총체'를 의미하는 'Schaft'를 붙여 만든 말이다.

철학 : '무전제'를 표방(標榜)하며, 과학의 전제를 비판한다(학문이론[26], 인식론).

예컨대 흄(David Hume, 1711-1776)은, 선행(先行)하는 사건A와 그에 뒤따르는 사건B 사이에 단순한 시간적 계기(timely succession)나 연접(連接, conjunction) 외에 필연적 결합[necessary connectiveness (connexion)]이 존재하는지를 묻는다. 예컨대 뜰에 있는 나무에 불이 붙고 있는 것을 보고 두 사람이 각각 다음과 같이 주장한다고 하자.

1) 불이 붙고, 연기가 난다.
2) 불이 붙으면 연기가 난다.

이 두 주장은 아주 비슷하게 보이지만, 그 내용은 엄청나게 다르다. 즉 1)은 '불이 붙는다'와 '연기가 난다'는 두 사실이 시간 · 공간적으로 잇달아서 일어나는 것을 경험하는 그대로 서술한 것이다[즉, A와 B의 연접(連接, conjunction[27]) · 계기(繼起, succession)만을 주장함]. 그러나 2)는, 불이 붙으면 '반드시' 연기가 난다는 뜻이다. 즉, 불이 붙는 것이 원인이고 연기가 나는 것이 결과로서, 불과 연기의 필연적인 인과관계를 주장

---

26 여기서 말하는 '학문이론'이란, 영어의 Philosophy of Science를 가리키는데, 국내에서는 보통 '과학철학'으로 번역되어 사용되고 있다. 그런데 'Philosophy of Science'라고 할 때의 'Science'는 학문의 특정분야를 가리키는 것이 아니라 학문일반을 가리킨다. 그러나 '과학'이라는 용어가 풍기는 뉘앙스로 인하여 학문의 일부를 가리키는 것으로, 그리하여 '과학철학'이라고 하면서 그것을 '자연과학철학'과 동일한 것으로 생각하는 사람들이 있는데, 그것은 잘못이다. Philosophy of Science를 독일어로는 Wissenschaftstheorie, 즉 학문이론이라고 한다. Philosophy of Science를 Philosophy of Natural Science와 동일시해서는 안 된다.

27 conjunction 〈 con (together) + jungere (join)

하고 있다[즉, A와 B가 결합되어 있다(connected)는 것, 결합(connexion, connection[28])을 주장함]. 이것이 인과적 지식이다. 그러나 흄에 의하면, 우리가 관찰할 수 있는 것은 불이 붙었다는 사실A와 연기가 난다는 사실B 뿐이다. 감각경험을 통해서는 이러한 개별적인 실례만을 관찰할 수 있을 뿐이며, 선행사건 A가 후행사건 B의 원인이라는 '사실'은 발견할 수 없다는 것이다. 즉, '인과관계'라는 것은 일반적인 것인데, 우리의 경험 속에서는 이러한 '일반성'을 경험할 수 없다는 말이다. 다시 말하면 '~이니까', '~이기 때문에'라는 것은 감각경험 속에서 발견할 수 없다. 그럼에도 불구하고 우리가 사건A와 사건B 사이에 인과관계를 주장하는 이유는 무엇 때문이라고 말하는가?

그는, 인과적 지식은 '인접(隣接)의 연합법칙'에서 나온 것이라고 한다. 즉, 우리가 계기(繼起)하는 두 가지 사건의 인상(印象)을 반복하여 받을 때, 우리는 인접의 원리에 의하여 한 쪽으로부터 다른 쪽으로의 '이행(移行)'(transition)이라는 인상을 받게 된다. 그리고 이 이행의 인상이 인과성의 관념에 대응하는 인상이라는 것이다. 즉 내가 이제까지 불과 연기가 잇달아 일어나는 것을 몇 번이나 되풀이하여 경험한 결과, 내 마음속에서 그 두 관념이 결합되어 나중에는 불의 관념을 가지면 자연히 연기의 관념을 연상하게 되고, 연기의 관념을 가지면 불의 관념을 연상하는 '습관'(custom or habit)이 생기고, 이러한 습관이 결국 주관적인 '신념'(belief)으로 변한다. 그러면 우리는 지금 불이 붙고 연기가 나는 것을 보고서도 서슴지 않고 "불이 붙으면 연기가 난다" 는 인과적 주장을 할 수 있게 된다. 이와 같이 인과의 지식은 흄에 의하면, 원인과 결과 사이의 필연적 관계가

---

28 connect 〈 con + nectere (bind)

경험 속에 직접 주어지는 것이 아니라 두 개의 관념이 시간·공간적으로 인접해서 되풀이하여 나타남으로서 생긴 마음의 습관을 토대로, 미래에 있어서도 그럴 것을 기대하고 예상하는 경험적 신념이다.

우리는 인과관계에 있어서, 우리의 감각을 넘어서, 보지도 못한 사상(事象)을 추정한다. 어떤 대상의 존재나 행위로부터 다른 어떤 대상이나 행위가 일어날 것이라는 확신을 주게 되는 그러한 종류의 결합(connexion)을 낳게 하는 것은 오직 인과관계뿐이다. 그런데 이러한 인과관계 속에 있는 두 대상 사이에는 '연접'(conjunction)과 시간적 '계기'(succession)의 관계가 있다는 것을 우리는 인정하고 있다. 그러나 두 대상 사이에 연접과 계기의 관계가 있다고 해서 바로 그들이 인과관계 속에 있다고 말할 수는 없는 것이다. 왜냐하면 인과관계란, 이 두 가지 관계 외에 '필연적 결합'(necessary connection or connexion)이라는 관계를 포함하고 있기 때문이다.[29] 이처럼 철학은 상식이나 과학에서 당연한 것으로 생각하는 인과성 개념을 문제 삼는다.

3. 예술

(1) 예술 개념을 둘러싼 논의들 : 예술—예술행위로서의 예술—이란 무엇인가?

예술이 하나의 의식적(意識的)인 인간활동이라는 점은 의문시 된 적이

29 흄의 인과성 비판에 관해서는 『인간지성론』(*Enquiry Concerning Human Understanding*) 제7장 「필연적 연관이라는 관념에 대하여」(Of the Idea of necessary Connexion)와 『인성론』(*A Treatise of Human Nature*) 제1권, 「지성에 관하여」(Of the Understanding)의 제3부. 지식과 개연성에 관하여, 특히 제14절. "필연적 연관이라는 관념에 관하여"(Of the Idea of necessary Connexion)를 참고할 것.

없다.[30] 논란이 일어나는 지점은, 예술을 다른 종류의 의식적인 인간활동들과 구별 짓는 점은 무엇인가 하는 것이다. 이에 대한 다음과 같은 여러 견해들이 있다.

1〉 예술을 다른 것과 구별 짓는 특징은, 예술이 미(美, 아름다움[31])를 산출한다는 점이다.

이것은 18세기까지 내려온 고전적 정의다. 예술은 미를 목표로 하고 또 미를 달성하는 그런 종류의 의식적인 인간활동이다. 예술과 미의 연관성은 아주 오래된 관념이다. 플라톤은 "뮤즈 여신들에게 봉사하면 결국 미를 사랑하게 된다"(『국가』, 403c)고 말한다.

그러나 미는 모호한 개념이다. 가장 넓게는, 즐거움을 주는 것이면 무엇이든 미라고 할 수 있는데, 이때 미는 일종의 감탄, 즉 마음에 든다는 표시다. 그리고 좁은 의미의 미는 흔히 형식들이 지닌 일종의 평형상태, 명료

---

30 코끼리의 코에, 물감을 묻힌 붓을 쥐어주게 한 뒤 코끼리가 도화지에 그린 그림(?)을 예술작품이라고 할 수 있겠는가? 그러한 코끼리의 행위가 예술행위인가?

31 '아름답다'의 어원에 관해서는 일치된 견해를 발견할 수 없다. 그러나 예컨대 서정범은 다음과 같이 말한다: "'美ᄂᆞᆫ 아ᄅᆞᆷ다ᄫᆞᆯ씨니'(석보상절(釋譜詳節) 13:9). 아ᄅᆞᆷ답다(美)는, '아ᄅᆞᆷ'의 명사에 '답다'라는 접미사가 붙어 형용사가 되었다. '아ᄅᆞᆷ'은 나(私)의 뜻을 지니는 명사라 여겨진다. '제 모ᄆᆞᆯ 아ᄅᆞᆷ 삼디 아니ᄒᆞ며(不私)'〈능엄경언해(楞嚴經諺解) 6:108〉, '그 윗門엔 아ᄅᆞᄆᆞᆯ 容納 몯거니디 아니ᄒᆞ며'(公門不容納)〈금강경삼가해(金剛經三家解) 4:33〉. '아ᄅᆞᆷ'은 '나(私)'라는 뜻을 지니고 있는 명사다. '제여곰 아ᄅᆞᆷᄃᆞ외도다(自私)'〈두시언해초(杜詩諺解初) 14:38〉, '내 아ᄅᆞᆷ바티 미츠니(及我私)'〈두시언해중(杜詩諺解重) 12:18〉. 여기서도 '아ᄅᆞᆷ'은 '私'의 뜻을 지니고 있다. 아ᄅᆞᆷ답다(美)의 아ᄅᆞᆷ은 나(私)라고 생각된다. (…) 아름답다(美)의 '아름'을 '知'(알 지)로 볼 직하나, 그러한 조어법은 생각하기 어렵다. 알다(知)라는 동사의 어간에 '옴'이라는 접미사가 붙은 '아ᄅᆞᆷ'에 다시 '답다'라는 접미사가 붙는 경우는 없다. 예컨대 웃음답다, 울음답다, 높음답다와 같은 조어법은 없다."(서정범, 『국어어원사전』, 보고사, 2003, 408). 이 해석에 따르면, '아름답다'라는 것은 '나 답다'라는 것이다. 그렇다면 어떤 대상이 나의 주관적인 기준에 들어맞을 경우, 그것은 '나 다운 것', 즉 '아름다운' 것이 된다고 해석해볼 수 있다. "제 눈에 안경"이라는 말도 이 점을 나타내고 있다.

성, 조화라는 것이다. 그러나 숭고(崇高)함을 추구하는 고딕예술이나 바로크예술의 경우에는 이 좁은 의미의 정의가 적합하지 않다. 그래서 이 정의는 너무 넓거나 너무 좁은 것이다.[32]

2〉 예술은 실재를 재현 혹은 재생한다.

과거 이 정의는 통상 예술이 실재를 모방한다는 식의 형태를 취하고 있었다. 그러나 이 정의는 분명히 모든 예술에 다 적용되지 못했고 회화, 조각 등의 모방예술에만 적용될 수 있었다. 그러나 모방 역시 미와 같은 형편이다. 모방 또한 여러 다른 의미를 지니고 있다. 플라톤에게 모방은 사물의 외관만을 재현해내는 것인 반면, 데모크리토스에게 모방은 자연의 실제작용을 재생하는 것이었다. 그러나 이 가운데 어떤 의미도 모든 예술에 다 적용될 수는 없다. 가장 널리 받아들여지는 플라톤적 의미의 모방도 확실히 건축, 음악, 추상회화 등에는 적용되지 못한다. 또한 상당수의 문예에 적용될 수 있을지도 의문이다.[33]

3〉 예술은 형식의 창조다

예술은 사물의 형태를 잡는 것 또는 달리 말해서 사물을 축조하는 것이다. 예술은 정신과 물질에 형식을 부여한다. 이 견해는 아리스토텔레스에게로 거슬러 올라가는데, 그는 "형식을 갖추어야 한다는 점 외에 예술작품에게 더 바랄 것은 없을 것이다"(『니코마코스 윤리학』, 1105a 27)라고 말

32 W. 타타르키비츠, 『미학의 기본개념사』, 손효주 역, 미술문화, 2001, 44 f. 참조.

33 타타르키비츠, ebd., 45 참조.

한 바 있다. 그러나 이 견해가 예술 정의의 한 부분이 된 것은 20세기에 이르러서였다. 이렇게 정의한 최초의 인물들은 영국의 벨과 프라이, 그리고 폴란드의 비트키비츠였다. 비트키비츠에 의하면 예술적 창조는 "형식의 구축과 동의어다"(『회화에서의 새로운 형식들』, 1919). 아리스토텔레스는 주로 문예형식을 염두에 두고 있었고 벨과 프라이, 비트키비츠는 회화적 형식을 생각하고 있었지만, 이들의 정의는 음악형식이나 무용수가 자세 및 동작으로 드러내는 형식에도 똑같이 적용될 수 있을 것이다. 이들은 모두 의식적으로 구축된 형식들인 것이다. 그렇지만 이 정의에도 난점이 있다. '형식(form)', '형체(shape)', '구성(construction)', 때로는 '구조(structure)' 등 여러 용어가 사용된다고 해서 난점이 있는 것은 아니다. 이 용어들은 서로 꽤 긴밀하다. 진짜 문제점은 이 용어들이 각기 애매모호하다는 점이다. 각 용어가 좁은 의미로도 넓은 의미로도 사용될 수 있는 것이다. 벨과 프라이와 비트키비츠는 추상적인 구성을 의미했다. 그러나 아리스토텔레스는 말할 것도 없고 대부분의 현대이론가들은 형식을, 추상적 형식 이외에 사실적인 형식도 포괄하며 또한 특별히 구성된 형식 이외에 실재세계로부터 재생산된 형식도 포괄하는 훨씬 광범위한 의미로 사용한다. 그러나 우리가 일상어법에서 쓰는 형식의 의미는 우리의 목적에 비추어보아 지나치게 광범위하다는 사실이 드러난다. 왜냐하면 질료에 형식을 부여하는 사람이 예술가만은 아니고 산업디자이너, 기술자, 작업자들도 그렇게 하기 때문이다. 그러므로 예술을 형식의 창조라고 정의할 경우, 특별히 관심대상이 되는 것이 어떤 종류의 형식인지 꼭 밝혀두어야 한다. 아름답거나 심미적으로 효과적인 형식이라고 할까? 그러나 그렇게 하면 다시 예전의 정의로 되돌아가게 될 뿐인데, 예전의 정의가 결함이 있

다는 것은 우리가 이미 알고 있는 내용이다.[34]

4〉 예술은 표현이다.

표현이라는 용어도 모호하다.[35] 인간의 내부에 있는 것을 '밖으로 누름(찍어 냄)'(express / ausdrücken)이라는 의미로 '표현'이라는 용어를 사용할 경우에도, 예컨대 철학도 철학자의 정신에 있는 것을 밖으로 눌러 찍어 내는 일이므로 양자 간의 차이를 드러낼 수 없다.

5〉 예술은 미적 경험을 낳는다.

앞의 정의와는 달리 이 정의는 예술작품이 수용자 측에 끼치는 효과에 집중되어 있다. 그러나 여기서도 문제점은 마찬가지다. '미적 경험'이라는 용어는 '미'라는 용어와 마찬가지로 명료하지도 않고 모호하다. 이 상태로는 정의가 너무 광범위하다. 왜냐하면 미적 경험은 예술 이외의 다른 것에 의해서도 산출될 수 있기 때문이다. 그러므로 이 정의에는 예컨대 예술이 미적 경험을 산출할 뿐만 아니라 미적 경험을 산출하도록 의도되어 있다는 식의 성격규정이 좀 더 요청된다. 그러나 이러한 성격규정의 가치는 의심스럽다. 또 다른 관점에서 보면 이 정의가 지나치게 좁은 것으로 드러난다. 이 정의가 20세기에 와서 비판받는 것은 바로 이 관점에서다. 말하자면 보통 미적 경험이 명확히 단정적인 종류의 감정, 예컨대 황홀감 같은 감정을 의미하는 것으로 받아들여지는 반면, 수많은 예술작품의 효과는

---

34 타타르키비츠, ebd., 46 f. 참조.

35 타타르키비츠, ebd., 48 참조.

특히 20세기에 있어서는 전혀 다른 본질을 가지고 있다는 비판이다.

6〉 예술은 충격을 낳는다.

이 정의는 가장 최근의 것인 동시에 우리시대의 특징적인 산물이기도 하다. 현대의 많은 화가 · 문인 · 음악가들은 심미적이기보다는 압도시키고 당황케 하며 노골적으로 충격을 주는 경험들을 산출하는 것이 자신들의 임무라고 여기고 있다. 예술작품은 이런 효과를 달성했을 때 성공적인 것으로 간주되는 것이다. 달리 말해서 예술의 기능은 어떤 것을 표현하는 것이 아니라, 한 번의 강타가 신체에 인상을 남기는 것과 같이 말 그대로 '인상지우는 것'이다. "예술은 감정을 표현하기보다는 우리에게 감정을 인상짓는 것을 목표로 삼는다"(베르그송, 『의식에 직접 주어진 것들에 대하여』, 1889). 그러나 이 정의는 아방가르드(avant-garde)가 아닌 다른 종류의 예술에는 적용될 수 없으며, 통상 고전적인 예술이라 불리는 부류와는 맞지 않는다.[36]

7〉 예술행위란, 〈예술가가 경험했던 감정들을 다른 사람들에게 전달하기 위해 외연적인 기호들을 사용하여 행하는 탐구〉다. 예술작업은 객관적인 미의 본질이나 어떤 진리에까지 직관을 전달했는가의 관점에서가 아니라, 예술가의 감정을 예술대상물을 지각하는 사람들에게 전하는 데 성공했는가의 관점에서 평가되어야 한다. 따라서 예술은 다음과 같은 점에서 과학이나 철학과 다르다. 예술가는 〈감정(feeling)〉의 전달을 목표로

---

36 타타르키비츠, ebd., 48 f. 참조.

하는 반면, 과학자나 철학자는 〈사상(思想, thought)〉의 전달을 목표로 한다.[37] 그러나 많은 예술품들은 감정만이 아니라 '사상'의 전달을 목표로 한다.

['사상'의 전달을 목표로 하는 예술행위들의 예]

1〉 뒤샹(Marcel Duchamp, 1887-1968)은 1913년부터 '기성품(既成品)'(readymade)들을 만들기 시작했는데, 그 가운데 예컨대 1917년 작품인 「샘」(fountain)이 있다. 이것은 변기를 갖다놓은 것이다. 「샘」은 현재의 우리 것이 아닌 다른 문화와 시대의 물(物)들을 미술로 취급하고 이해하려는 근대적 관습에 대한 논평이라고 볼 수 있다. 어떤 의미에서 보면, 뒤샹이 화장실의 변기를 미술 전시회의 좌대(座臺) 위에 올려놓고 '샘'이라고 명명함으로써 변기를 미술로 바꾼 것은, 미술사가(美術史家)들이 2만 5천 년 전의 인물상(人物像)을 박물관에 전시하여 '비너스(Venus)'[38]라 명명하고, 그것을 미술작품으로 간주하는 것과 마찬가지다.

뒤샹은 아프리카 제례용품들을 소위 '원시'미술이라 부르는, 20세기 초 우리문화의 미학적 인식을 예로 들어 이런 현상에 대해 언급했다.[39] : "종교적 물건들에 '미술'이라는 이름을 붙인 것은 우리들이며, 사실 그러한 단

---

37 로날드 J. 글로썹, 『철학입문』, 이치범 역, 이론과 실천, 1990, 224 이하 참조.

38 빌렌도르프의 비너스(Venus of Willendorf) : 1909년 오스트리아의 빌렌도르프에서 발견된 구석기시대의 여성나상(女性裸像). 빈의 자연사박물관 소장. 빌렌도르프에서 발견된 7개의 구석기시대 유적 중에서 제2의 9층(層) 문화층에서 발견된 것으로, 발견된 여러 개의 유물 중에서도 가장 알려져 있다. 여성나상은 2개가 출토되었는데 하나는 높이 10.3cm의 석회암제이고, 다른 하나는 19cm의 상아제이다. 유방·복부·둔부 등이 극단적으로 과장된 이 나상은 생식·출산을 상징하는 주술적·원시적 숭배의 대상이었던 것으로 보인다. 제작 시기는 오리냐크기(期)에 속한다.

39 메리 앤 스타니스제프스키, 『이것은 미술이 아니다』, 박이소 역, 현실문화연구, 2006, 39-41 참조.

어는 원시인들에게 존재하지도 않았다. 우리는 다만 우리 자신의 만족을 위해 이 개념을 창조했으며, 사실상 우리 자신만의 용도를 위해 이를 만들어낸 것에 불과하다"[40]

2〉 마그리트(René Magritte, 1898-1967)[41]의 「꿈의 열쇠」(Key of Dreams)라는 그림은, 네 개의 칸으로 구성되어 있는데, 위 칸의 좌측으로부터 시계방향으로 각각 말 · 벽시계 · 도자기물병 · 여행용손가방이 그려져 있고, 말 그림 아래에는 'The door', 벽시계 그림 아래에는 'The wind', 도자기물병 그림 아래에는 'The bird', 그리고 여행용손가방 그림 아래에는 'the valise'라는 단어가 쓰여 있다. 이 작품을 통해 그녀는 왜 우리가 'horse'(말)을 'door'(문)라고 부르면 안 되는지, 왜 'clock'(벽시계)을 'wind'(바람)라고 부르면 안 되는지를 묻고 있다. 즉, 언어는 문화적 관습이자 사회적 약속이므로, 언어와 그것이 표현하는 개념 사이에는 필연적인 연관관계가 존재하지 않는다는 점을 그림으로 표현하고 있는 것이다. 소쉬르가 말하듯, 〈기표(記標)〉(signifiant=the signifier, das Bezeichnende)와 〈기의(記意)〉(signifié=the signified, das Bezeichnete)의 관계는 '인위적(人爲的)'이고 '자의적(恣意的)'인 것이다.[42]

---

40 메리 앤 스타니스제프스키, ebd., 41에서 재인용.

41 벨기에의 초현실주의 화가. 친숙하고 일상적인 사물을 예기치 않은 공간에 나란히 두거나 크기를 왜곡시키고 논리를 뒤집어 이미지의 반란을 일으켰다. 장난기 가득하고 기발한 상상이 돋보이는 그의 작품은 보는 이로 하여금 관습적인 사고의 일탈을 유도한다[네이버 지식백과] 르네 마그리트 (두산백과).

42 노자(老子) 도덕경(道德經)의 첫 두 구절인 "道可道 非常道. 名可名 非常名"에서의 "名可名 非常名"도 이와 같은 의미를 지니고 있다. 우리가 사회적 약속에 의해, 혹은 어떤 사람의 독자적인 명명(命名)에 의해 어떤 것의 이름을 부르고 있지만, 그 이름이 반드시 그 이름이어야만 하는 것은 아니다.

3〉 개념미술의 선구자인 코수스(Joseph Kosuth, 1945-)[43]는, 미술은 본질적으로 개념적이라고 선언한다. 코수스는 미술이 물질적인 형태로 표현되지 않아도 되며, 언어도 미술의 기본재료가 될 수 있고, 미술활동은 미술 그 자체의 성격에 대한 탐구로 귀결되어야 한다고 주장했다. 예컨대 그의 1967년 작인 「제목(관념의 관념으로서의 미술)」이라는 작품에서는 예술의 사전적 의미를 문자 그대로 보여주고 그것을 '텍스트'로서 환원 · 확대하고 있다.[44]

4〉 1964년에 앤디 워홀(Andy Warhol, 1928-87)은 뉴욕의 스테이블 갤러리에서 「브릴로 상자」(Brillo Box)[45]를 전시했다. 이미 약 반 세기 전에 뒤샹이 예술의 의미가 시각에만 의존하지 않는다는 생각을 그의 「샘」이라는 작품을 통해 보여주었듯이 이제 워홀은 「브릴로 상자」를 통해 동일한 사상을 보여주고 있다. 단토(Arthur C. Danto, 1924-2013)는 워홀의 「브릴로 상자」가 발표된 지 20년 후인 1984년에 「예술의 종말 이후」(*After the End of Art*, Princeton, 1997)라는 책에서, 워홀의 「브릴로 상자」를 예로 들어, 이는 양식의 문제가 아니라 예술 개념 자체의 종식을 의미하는 작품이라고 주장하며 '예술의 종언'을 선언했다.

▶그렇다면 우리는 예술을 정의하기를 포기해야만 할 것인가? 이 물음

---

43 미국의 개념미술가. L.비트겐슈타인의 영향으로 언어에 기초한 작업을 했으며 백과사전적 정의 분석에서 철학적 심리학적 텍스트로 작품의 폭을 넓혀갔다[네이버 지식백과](두산백과).

44 메리 앤 스타니스제프스키, ebd., 134-5 참조.

45 설거지용 수세미 제조업체인 브릴로의 제품 포장상자를 본 따 합판에 실크스크린 잉크와 페인트로 만든 브릴로상자들을 쌓아 미술작품으로 만든 것(1964년 작).

에 대해 우리는 비트겐슈타인의 '가족 유사성' 개념을 도입하여, 위에 열거된 여러 정의들 가운데 어떤 하나의 특성만 지니고 있어도 '예술'이라고 부를 수 있을 가능성을 생각할 수 있다. 그리하여 우리시대에는 모든 '예술'을 포괄하는 한 가지 정의를 발견할 수 없다는 결론을 내려야 할 것 같다.[46]

(2)예술과 철학의 차이점

• 철학은 학문인 이상, 〈개념적 지식의 체계〉를 갖춰야 한다. 우연한 착상(着想)의 집합이나 단편적 지식의 나열로는 학을 이룰 수 없다. 또한

• 철학은 합리적이어야 한다. '합리적'이라 함은 '상상적(想像的)'이 아니라는 것을 의미한다. 상상은 감정과 기분에 자주 지배되고, 주관적・상대적이다. 그러나 철학은 객관적으로 타당한 지식을 추구한다. 개념적인 철학적 지식은 전체를 포괄하여 예외를 허용하지 않는다.

• 학문이 추구하는 것은 논리적 인식의 내용, 즉 진리며, 예술이 추구하는 것은 직관적 관상(觀想, contemplation)의 내용, 즉 아름다움[미(美)]이나 느낌, 그리고 여러 가지 사상(思想)들이다.

(3) 기술(技術)과 예술(藝術)

1〉 히포크라테스(Hippokrates, BC 460?-BC 377?)의 경우

• 헬라스의 히포크라테스는 다음과 같은 말을 남겼다: "Ὁ βίος βραχύς, ἡ δὲ τέχνη μακρή, ὁ δὲ καιρὸς ὀξύς, ἡ δὲ πεῖρα σφαλερή, ἡ δὲ

46 메리 앤 스타니스제프스키, ebd., 134-5 참조.

κρίσις χαλεπή."(Ho bios brakhys, hê de tekhnê makrê, ho de kairos oxys, hê de peira sphalerê, hê de krisis khalepê.) 이 문장들은 라틴어로 다음과 같이 번역되었다: "Vita brevis, ars longa, occasio praeceps, experimentum periculosum, iudicium difficile." 그리고 세네카(Seneca, BC 4?-AD 65)가 『짧은 인생에 관하여』(*De Brevitate Vitae*)의 제1장(sect. 1) 〈Hippocrates〉에서 "vita brevis est, ars longa"로 인용한 후부터 종종 "Vita brevis, ars longa"로 인용되었다. 그리고 순서를 바꾸어 "Ars longa, vita brevis"로도 인용된다. 그리고 이 문장들은 다시 영어로 다음과 같이 번역되었다 : "Life is short, and art long, opportunity fleeting, experience perilous, and decision difficult."[47]

위의 맨 앞의 두 문장의 라틴어 번역인 "Vita brevis, ars longa", 그리고 영어 번역인 "Life is short, art is long"을 우리말로 "인생은 짧고 예술은 길다"라고 오역(誤譯)하였다. 물론 오역된 내용 그 자체로도 우리에게 전달하는 깊은 뜻이 있으나, 사실 이 문장은 "기술(의학기술)은 길고, 인생은 짧다"라는 뜻이다. 히포크라테스는 의사였고, 의사로서 익혀야 할 (의학) 기술은 무궁무진한데, 인생은 그것을 다 배우기에 너무 짧으니 시간을 아껴 노력해야 한다는 취지로 이 말을 한 것이다. 이 문장 뒤에 이어지는 그의 말까지 함께 번역하면 다음과 같다 : "기술(의학기술)은 길고, 인생은 짧다. 기회는 빨리 지나가고, 실험은 잘 속이고(불확실하고), 판단은 어렵다."

히포크라테스가 사용한 용어는 τέχνη인데, 이것은 '기술(技術)'이라는

47 설거지용 수세미 제조업체인 브릴로의 제품 포장상자를 본 따 합판에 실크스크린 잉크와 페인트로 만든 브릴로상자들을 쌓아 미술작품으로 만든 것(1964년 작).

의미를 지니고 있다. 이 용어는 라틴어 ars로 번역되었는데, ars는 '기술'이라는 뜻 외에도 '예술'이라는 의미도 지니고 있다. 그리고 ars가 다시 영어 art로 번역되었다. art도 ars와 마찬가지로 '기술'과 '예술'이라는 두 가지 의미를 포함하고 있다. 그런데 여기서 첫 번째 의미인 '기술'로 번역해야 할 것을 잘못하여 '예술'로 번역한 것이다.

● technē → ars → art (기술 · 예술 : 技藝)

↘ technique (Technik, 기술); craft

2〉 기술(技術)

● '기술'이란, 무엇인가를 만들어 내거나 성취하는 방법을 뜻하는 용어로, 좀 더 구체적으로 말하면 ① 어떤 일을 정확하고 능률적으로 해내는 솜씨(예: '운전 기술') 혹은 ② 과학지식을 생산 · 가공에 응용하는 방법이나 수단(예: '방송 기술')을 가리킨다.

● 과학의 적용으로서의 기술은, 이성의 힘을 통해 획득된 과학을 '적용'한 것이다. 예컨대 중세에도 풍차, 물레방아, 시계 등을 만드는 기술들이 있었으나, 근현대의 기술은 보다 더 복잡한 과학이론의 체계들에 의해 보다 복잡한 기술로 발전되었다.

3〉 기예(技藝, arts)

● 사전에서는 '기예'를, '미술 · 공예 따위에 관한 기술'이라고 정의하고 있지만, 정확히 말하면 '기예'는 기술과 예술, 즉 기술인 동시에 예술인 경우를 말한다. 예를 들면 곡예단의 쇼의 경우, 그러한 쇼의 행위는 기술인 동시에 예술이기도 하다. 즉, 그 행위는 오랜 기간의 숙련을 통해 얻어진 테크닉인 동시에 아름다움을 느끼게 하는 행위이기 때문이다.

4〉 과학과 기술의 관계

① (자연)과학은 도구 및 기술의 발전에 의존하며 기술과의 상호 연관 속에서 발전한다. 예를 들면, 실험을 통해 이론을 발전시키는 근대과학의 발전에 가장 중요한 기술은 광학(光學)이었다. 렌즈는 9세기에 개발되었고 13세기에 합성되었으며, 현미경과 망원경도 근대과학의 성립 이전에 이미 만들어졌다. 갈릴레이의 지동설이나 생물학은 이와 같은 도구들에 의한 실험과 관찰에 근거하여 발전해 왔다. 또한 과학은 자신의 이론을 검증할 때에도 실험도구 및 장치에 의존한다.

② 이런 (기술)도구들은 사용방법을 습득해야만 사용할 수 있다. 따라서 과학은 자신의 발전을 위해서 이런 기술들에 대한 교육을 필요로 한다.

③ 좋은 기술이란, 가장 적은 노력과 비용으로 가장 좋은 결과와 이득을 낳는 기술, 즉 효율성이 높은 기술이다. 그런데 이것은 구체적인 상황과 목적, 그리고 행위자가 취할 수 있는 수단이나 방법에 따라서 달라진다.

④ 특정 기술은 이미 특정 목적을 실현하는 수단으로서 기획되었기 때문에 그것의 기능은 특정 목적을 위해서만 잘 발휘될 수 있으며, 그래서 다른 요소들은 배제된다. 원자폭탄을 만드는 기술로 다른 좋은 기계나 제품을 만들 수 있을까? 그런데 예컨대 탱크나 수륙양용차를 만드는 기술을 응용하여, 튼튼하고 물에서도 움직일 수 있는 승용차를 만들 수도 있을 것이다.

4. 종교

(1) 종교의 정의(定義)

1〉 종교를 한 마디로 정의하기는 어렵다. 모든 사람에게 만족을 줄 만한 종교의 정의를 찾는 것은 불가능한 것으로 보인다. 류바(J.H. Leuba)는 『심리학적 종교연구』(*A Psychological Study of Religion*, 1912)에서 48종의 종교정의를 모았으나, 그 중 어떤 것도 모든 사람을 만족시키지는 못한다.[48]

2〉 그러면 여러 학자가 내린 종교의 정의들을 살펴보자.

① 티일(Tiele, 1830-1902) : "진실로 종교란, 우리가 경신(敬神, piety)이라고 부르는, 마음의 순수하고 경건(敬虔)한(reverential) 성향이나 상태를 말한다."

② 브래들리(F.H. Bradley, 1846-1924) : "종교란 우리 존재의 모든 측면을 통해서 선(善)의 완전한 실재를 표현하는 시도다."

③ 마티노(James Martineau, 1805-1900) : "종교란 우주를 다스리고 인류와 도덕적인 관계를 맺고 있는 영원히 살아있는 신, 즉 신의 뜻과 의지에 대한 믿음이다."

④ 스펜서(Herbert Spencer) : "종교란, 모든 것은 우리의 지식을 초월해 있는 힘(a Power)의 표현(현시, manifestation)[49]이라고 인정하는 것이다."

⑤ 아놀드(Matthew Arnold) : "종교는 감정에 의해 고양(高揚)되고 불붙여지고(타오르고), 밝혀진(lit) 윤리(ethics)다."

⑥ 뮐러(Max Müller)는 모든 종교 속에서, "불가지(不可知)한 것을 인식하고 표현될 수 없는 것을 표현하려는 노력, 무한한 동경"을 보았다(『종교학 입문』, 그리고 『종교의 기원』도 참조)

⑦ 레빌(M. Réville) : "종교란 인간의 정신을 신비한 정신과 묶어주는 유대감

---

48 정용두, 유성민, 『종교학 10강』, 성광문화사, 1995, 19-20 참조. 비트겐슈타인(L. Wittgenstein, 1889-1951)의 언어이론에 의하면, 같은 이름으로 불리는 모든 사물에 공통된 것, 즉 '본질'은 없다. 그의 주장에 따른다면, 종교의 본질도 없으며, 종교도 일의적(一義的)으로 정의할 수 없다는 주장이 가능하다.

49 manifest = evident (manifestus 〈 manus (hand) + fendere (strike) : "손으로 치다." → 손이 와 닿으므로 확실하다.

(紐帶感)에 의해서 인간의 삶을 결정하는 것이다. 인간의 마음은 세계와 자신에 대한 신비한 영(靈)의 지배를 인정했고, 그 양(靈)과 결합되어 있다고 느끼면서 기뻐했 다."[50]

⑧ 프롬(Erich Fromm, 1900-1980) : "종교란 인간의 형이상학적인 여러 욕구를 궁극적으로 충족시킴으로써 우리에게 궁극적인 마음의 안정과 의지할 곳[(안심입명(安心立命)]을 가져다주는 가르침이다."

⑨ 타일러(Tylor) : "열등한 종족의 종교들을 체계적으로 연구하고자 할 때 가장 필수적인 요건은, 종교가 무엇을 의미하는지를 정의하고 분석하는 일이다. 사람들이 종교라는 말을 최상의 신적인 존재자를 믿는 신앙으로 정의하고자 한다면 (…) 상당수의 종족들이 종교적인 세계로부터 당연히 제외될 것이다. 그러나 이와 같이 너무나 좁은 정의는 종교를 그 특수한 발전의 어떤 단계들과 동일시하는 결함을 가지고 있다. (…) 오히려 종교에 대한 최소한의 정의로, 종교란 영적 존재자를 믿는 것이라고 단순하게 정의하는 것이 나을 것 같다."[51] 이러한 영적 존재자는 대다수의 보통사람들 보다 우월한 능력을 부여받은 의식(意識)있는 주체로 이해해야만 한다. 이러한 영적인 존재자로서의 자격은 꼭 신적(神的)인 존재자에게만 해당되는 것이 아니라 죽은 이의 영혼이나 정령(精靈), 악령(惡靈)에게까지 해당되는 것이다.

- 종교란 성스러운 사물들, 즉 구분되고 금지된 사물들과 관련된 믿음들과 의례들이 결합된 체계다. 이러한 믿음들과 의례들은 교회라고 불리는 단일한 도덕적 공동체 안으로, 그것을 신봉하는 모든 사람들을 통합시킨다. 우리의 정의(定義) 안에 나타나는 두 번째 요소는 첫 번째 요소 못지않게 중요한 본질적인 것이다. 왜냐하면 종교 개념은 교회 개념과 분리될 수 없다는 것을 보여

---

50 *Prolégomènes : á histoire des religions*, 34. 여기서는 Émile Durkheim, *Lés Formes ÉLÉMENTARES DE LA VIE RELIGIEUSE*, 2nd edition, 1916, 『종교생활의 원초적 형태』, 노치준·민혜숙 역, 민영사, 57.

51 *La civilisation primitive, I*, 491. 여기서는 Émile Durkheim, ebd., 57-8. 강조는 백훈승에 의함.

줌으로써, 종교는 현저하게 집합적인 것이어야만 한다는 사실을 나타내기 때문이다.[52]

⑩ 스마트(Ninian Smart, 1927-2001)는 모든 종교들에서 나타난다고 생각되는 여섯 가지의 큰 특징들을 다음과 같이 제시한다 : "의식성(儀式性), 신화성(神話性), 교리성(敎理性), 윤리성(倫理性), 사회성(社會性), 경험성(經驗性)"[53]

▶ 그러나 이 정의들은 종교가 지니고 있는 여러 성격들 중 하나씩만을 말한 것에 불과하다. 즉, 티일은 〈경신(敬神)의 태도〉를 강조하고, 브래들리는 〈종교와 선(善)을 연계〉 시키고 있고, 마티노는 〈윤리적 일신론에 대한 믿음〉에 초점을 맞추고 있다.[54]

그러나 어느 하나의 특징만을 가지고 (보편적인) 정의를 내리는 것은 잘못이다. 예를 들면,

① 샤머니즘적인 원시종교의 경우에는, 순수한 경신의 정서보다는 타산적(打算的)이고 실리주의적(實利主義的)인 복종의 행위들이 표출될 때가 많다. 따라서 이 경우에는 티일의 정의가 부적절하다.

② 고대 헬라스와 이집트의 종교들처럼 우주의 단일한 통치자를 인정하지 않는 다신교(多神敎)들이 있는데, 이는 마티노의 정의가 모든 종교들에 해당되지 못함을 입증한다.

③ 대체로 종교가 초자연적인 존재자나 신적인 존재자와 연관되어 있지만, 언제나 그런 것은 아니다. 불교의 종파 중에서 유신론적이지 않은 종파들에서는

---

52 Durkheim, ebd., 81.

53 *The religious experience of mankind*, NY., 1984, 6-12.

54 브루스 라이헨바하 외, 『종교철학』, 하종호 역, 이대출판부, 1994, 8 참조.

초자연적인 영역에 관한 발상이 나타나지 않고 있으며, 도교(道教), 힌두교, 이슬람교에서는 그러한 발상(發想)이 나타나더라도 매우 다른 방식으로 작용하고 있다.[55]

④ 무속종교 같은 경우에 〈교리성〉 같은 것은 찾아볼 수 없으므로 스마트의 정의도 적합하지 않다.

▶ 오히려 다음과 같은 소박한 정의가 종교에 대한 좀 더 적합한 정의일 수도 있다 : "종교란 일반적으로, 초인간적(超人間的) 초자연적(超自然的)인 힘에 대해 인간이 경외・존중・신앙하는 일의 총체적 체계다"(네이버사전).

3〉 '종교(宗教, Religion)'의 어원적 의미

① 한자(漢字) '宗教'

글자 그대로는, '가장 높은 가르침, 근본이 되는 가르침'이라는 뜻. 종(宗)이란 글자가 불교의 용어로 사용하게 된 것은 송대(宋代) 구나발타라(求那跋陀羅, 377-431)가 번역한 능가경(楞伽經) 제2권에서 종통(宗通)과 설통(說通)을 설하는 곳에 'Siddhanta'란 말의 번역어로 쓰면서부터다. 협주(夾註)에 "실단(悉檀)이란 그 말을 번역하면 종(宗)이라고도 하고, 혹은 성취, 이치라고도 한다(悉檀者 譯義, 或言宗, 或言成就, 或言理也)라고 해석한다" 라고 하고 있다. 이 말은 'Siddha'(성취되고 완성된 것, 覺)와 'anta'(끝냄, 極致)의 합성어로, 불교에 의해 성취된 최종(最終), 지상(至上)의 극치라는 의미이다. 따라서 종(宗)은 불교의 근본 진리를 체험으로

---

55 브루스 라이헨바하 외, ebd., 9 참조. 또한 Émile Durkheim, ebd., 58-9 참조.

완전히 깨달아 도달하는 궁극적인 지고(至高)한 경지를 가리키는 말로 쓰이게 되었다. 그러한 깨달음의 경지에 이르도록 언어나 문자로 표현한 것이 교(教)다. 즉 사람들을 인도해서 궁극적인 진리인 종(宗)의 경지에 도달시키기 위해 상대에 따라서 여러 각도로 설명한 말씀이 교(教)인 것이다. 따라서 종교란 宗과 教 혹은 宗의 教인 것이며 이것은 즉 불교를 말한다. 또한 동양문화권에서는 신(神)과는 무관하게 '훌륭한 가르침'이란 의미로도 쓰여 왔다. 오늘날 사용하고 있는 종교란 말은 불교의 독자적인 것이 아니라 널리 일반화되었는데, 그것은 일본의 명치(明治) 2년(1869년) 일본이 독일의 북부연방과 수호통상 조약을 체결하고 서구문물을 받아들이고 서양 종교학이 일본에 소개되면서 서양의 'Religion'이란 말을 번역할 때 그에 적당한 단어가 없어서 불교의 宗教라는 단어를 사용함으로써 불교라는 의미가 'Religion'이란 뜻으로 변질되어 일반화되어 버림으로써 문제가 되었다.[56]

②'宗'

• 마루 종 / 으뜸 종 / 사당(祠[57]堂) 종 / 가묘(家廟) 종 / 종묘(宗廟) 종; 마루 종 / 밑 종(밑둥, 근본. 예 : '종가(宗家)') / 갈래 종[유파(流派), 예 : '종파(宗派)'] / 높일 종[존숭(尊崇)함].[58]

1. 집 면(宀)에 보일 시[示 = 조상의 혼백(魂魄)을 모신 제사상(祭祀床)을 받친

---

56 http://c.hani.co.kr/hantoma/1666847.

57 사당 사, 제사지낼 사. cf. 제사(祭祀)

58 이상은 감수, 『漢韓大字典』, 민중서림, 1991, 350.

글자]. 조상의 혼백을 모시는 집, 즉 사당이나 종묘(宗廟)를 뜻함. 사당이나 종묘는 겨레의 으뜸이 된다 하여 '높다'는 뜻도 됨.[59]

2. '宀'은 건물을 뜻하고 '示'는 상(궤 : 机)을 뜻하는 정(丁) 위에 헌납한 희생물로부터 피(血)가 흘러 떨어지는 모습을 나타낸 것이라고 하는 주장도 있다. 즉, '示'는 신에게 무엇인가가 바쳐진 것을 의미한다. 따라서 '宗'은 〈신을 모시는 건물〉이 되는 셈이다.

▶그런데 중국에서 신이라고 하는 것은 〈조상(祖上)〉이나 〈영(靈)〉이라고 여겨지므로, 결국 '宗'은 조령(祖靈)을 모시는 영묘(靈廟)라는 뜻을 지니게 된다는 것이다.[60]

• 신을 뜻하는 단어들 가운데 하나가 바로 '神'이다. 이 한자의 왼쪽에 있는 부수 '示'가 유대·기독교의 『창세기』의 내용을 담고 있다. 이 부수는 다음과 같은 세 가지 형태로 쓰인다 : 〈示, 礻, 示〉 ⇨ 이들 중 첫 번째 示는 단독으로 쓰여, 〈나타내다, 보여주다, 드러내다〉 등을 의미한다. 신이 우주를 창조할 때 바로 이와 같이 했다고 본다.[61]

③ '教'

59 정주영 감수/강충희 편저, 『秘法漢字』, 학일출판사, 1991, 86.

60 김종서, 『동서 종교관의 비교』, 『철학·종교사상의 제문제』(V), 한국정문연, 1989, 44 참조.

61 C.H. 강/에델 R. 넬스, 『창세기의 발견』, 이혜남 역, 청하, 1991, 78 이하 참조. 다른 예들 : 造 / 先(첫 번째 '선') : 첫 번째 인간인 아담(Adam)은 살아 숨쉬는(丿)+흙으로 빚어진(土) 인간(儿) /元 / 禁(창 2:17) / 始(厶 : 은밀히, 홀로 → 古代어의 형태에서는 △으로 표시됨) / 裸 / 船. 이에 비해, 신을 가리키는 헬라스어는 Θεός인데, 이 단어는 '본다'를 뜻하는 θεωρεῖν이라는 동사에서 나왔다. 신은 '보는 자'다.

가르칠 교 / 훈계할 교 / 종교 교 → 爻(효)[62] + 子(자) = 孝(효)[63]에 칠 복(攵=攴)을 합한 글자.[64] '宗教'의 '教'는 '가르친다'는 뜻이고, 이것은 "상고(上古)의 성인(聖人)은 신(神)의 길을 따라 가르침을 세운다"고 했던 말과 사실 같은 것이다.

④ 영어 religion은 라틴어 religio에서 나온 말로서, 이에 관해서는 여러 가지 학설이 있다.

1. 로마의 철학자 키케로(Cicero, BC 106-43)는 『신들의 본성에 관하여』(*De Natura Deorum*)에서, '다시(반복하여) 읽는다'는 뜻을 가지고 있는 relegere에서 왔다고 본다. 이는 신들에 대한 존경의 표시로 신들에 대한 이야기를 종교의례에서 반복하여 읽은 데에서 종교라는 말이 유래했다고 보는 입장이다.

2. 3-4세기의 기독교 호교론자(護教論者)인 랙탄티우스(Lactantius, 250?-350?)는 『신(神)의 제도(制度)』(*Divini Institutiones IV*, 28)에서 렐리기오라는 말이 '다시 묶는다'는 뜻의 religare에서 나온 것으로[ligare=묶다(結, 縛)] 보았다.

— 인간이 죄를 범함으로써 생명의 본원(本源)이 되는 신에게서 떨어져 나와 죽게 되었는데, 중보자(仲保者)인 그리스도를 믿음으로 신과 결합하는 것. 즉 사람이 신을 알고 그 신을 따르는 경건한 태도로 신에게 결합하는 것.

▶아무튼, 이 두 견해 모두 설득력이 있었으므로 스미스(W.C. Smith)

---

62 육효(六爻 : 주역의 괘를 이루는 6개의 가로 그은 획) 효, 변할 효, 본받을 효, 사귈 효, 산가지 효, 회초리 자국을 뜻하는 효.

63 [교/효] :( )(子-4); 인도할 교, 모방할 교, 본받을 교; 별도로 孝의 이자체(異體字).

64 그래서 '교(教)'는 '산가지(회초리)'로 '자식'을 '때린다'라는 의미를 가지고 있다.

는, 본래 라틴어 religio 속에 이 두 의미가 모두 들어있었을 가능성을 암시하고 있다.[65]

3. 아우구스티누스(Aurelius Augustinus, 354-430)는 『신국론』(*De Civitate Dei*)에서 religio라는 말이 '다시 선출한다'라는 뜻을 가지고 있는 레-엘리게레(re-eligere)에서 왔다고 봄. 그 역시 기독교 교부(敎父)로서, 종교라는 용어의 유래를 기독교의 테두리 안에서 찾고 있다. 즉, 신이 세상을 창조하고 인간과 관계를 맺으면서 애초에 그 대표자를 이스라엘인으로 선택했었다. 그런데 그 이스라엘 사람들이 자기 몫을 제대로 하지 못하자, 새로운 대표자(새 이스라엘)로 기독교인들을 '다시 선출했다'라고 해석했던 것이다.[66]

(2) 종교와 철학의 공통점과 차이점

1〉 공통점

• 궁극적이며 근원적인 것에 관계한다. 종교와 철학은 '무한, 영원, 절

---

65 Smith, *The Meaning and the End of Religion*, NY, 1962, 183 f. 오랜 동안 학자들은 라틴어 religio를 동사 religare에서 이끌어내려고 했다. 이러한 어원은 우리로 하여금 종교란 무엇보다도 먼저, 인간과 신성을 묶어주는 연결(lien)이라는 생각을 갖게 한다. 그러나 현대 언어학에 기초해 볼 때 이 어원은 받아들일 수 없다. 그래서 오늘날 우리들은 (키케로가 이미 잘 보았듯이), 성실한 배려와 존경이 무시와 무관심에 반대되듯이, 'religio'는 'neglegere'(무시하다)의 반대어인 동사 relegere(관심을 쏟다, 존경하다)에서 나왔다고 본다. 그러나 그릇된 어원 역시 종교의 심오하고 참된 정의를 말해준다.(앙드레 베르제즈 외, 『새로운 철학강의』, 이정우 역, 인간사랑, 1988, 46 참조). 또한 Kätzler와 같은 현대학자는, 사실 'religio'의 어근이 'ligare'도 'legere'도 모두 아니고, 헬라스어 ἀλεγω와 알바니아어 log-에 같은 어원인 제3의 어근 lig이라고 주장한다. 이것은 〈주의를 기울이다〉라는 의미를 지니고 있으며, 한편 라틴어의 상관적 반대어 neglegere (nec-legere) 가 〈부주의하는〉(to neglect)이라는 의미를 지닌 점이 지적되고 있다. 이 견해는 어원학적으로 매우 설득력이 있으며, 키케로 전통과도 의미상 가깝다고 생각됨(Smith, ebd., 185).

66 참 올리브나무(그리스도)의 원(原)가지(이스라엘)가 신에게 합당치 않을 때, 신이 이것을 잘라내고 돌올리브나무[이방인 신자(信者)]를 참 올리브나무에 접붙임(롬 11:17-24).

대, 만물의 궁극적 근원, 세계의 처음과 끝, 영혼의 불멸 등' 인간의 유한한 인식능력으로는 인식 불가능한 영역을 추구한다. 이러한 인간의 본성이 존재자의 근거를 해명하고자 하는 지적(知的) 관심에로 나아갈 때 철학이 성립하고, 궁극적인 근원이 정립되지 않음에 따른 불안감, 즉 존재자의 무근거성(無根據性)에서 유래하는 불안으로부터 해방되고자 할 때, 초월적이고 궁극적인 근거에의 경외(敬畏)인 종교가 발생한다. 칸트(I. Kant, 1724-1804)에 의하면, 이러한 문제를 던지고, 그 해답을 찾으려고 하는 것은 인간이성에 피할 수 없이 부과된(aufgegeben) 것이다. 이것이 바로 '순수이성의 이념들'(die Ideen der reinen Vernunft)이다. 여기에서 '선험적 가상'(先驗的 假象, der transzendentale Schein)이 생긴다고 보았다.

● 또한 종교와 철학은 올바른 삶을 살아가게 하려는 목적을 지니고 있다.

2〉 차이점

● 종교는 궁극적 존재자, 초월적 존재자를 감정적으로 무조건 신앙하지만, 철학은 초월적 존재자의 정체를 이성적 탐구에 의해 밝히려고 한다. 종교에서의 궁극적 존재자는 〈증명〉의 대상이 아니라 〈신앙〉의 대상이며, 철학에서 궁극적 존재자는 〈탐구의 대상〉이다. 그러나 종교인도 종교철학 내지는 신학을 할 수 있는데, 이 경우 그는 종교를 믿는 행위를 하고 있는 것이 아니라 학문을 하고 있는 것이다.

▶ 신학의 종류

① 자연신학(=이성신학) : 자연의 빛(lumen naturalis)만으로 하는 신학. 이때의

'자연' 혹은 '자연의 빛'은 '이성'을 가리킨다.[67] 예컨대 아리스토텔레스의 신학은 자연신학이다. 그는 존재자들의 존재근거를 물어 들어가, 더 이상 그 근거를 물을 수 없는 것을 '부동(不動)의 원동자(原動者)'(πρῶτον κινοῦν ἀκίνητον, prôton kinoun akinêton)[68]라고 불렀는데, 그는 우주의 이러한 근거에 어떤 종교적인 계시의 도움 없이 순전히 그의 이성적인 사유에 의해서 도달했기 때문이다. 그러나 이와는 달리

② 각 종교와 관련된 여러 신학들이 있는데, 그것들은 자연의 빛 외에도 은총(恩寵)의 빛(lumen gratiae)인 계시(啓示)나 종교의 경전(經典)을 필요로 한다. 예컨대 기독교 신학(christian theology)을 위해서는 이성만이 아니라, 기독교의 신의 (특별)계시인 기독교 경전도 필요하다. 이슬람교 신학의 경우에는 이성 외에, 알라의 계시가 기록되어 있다고 하는 꾸란이 요구되는 것이다. 이러한 계시 없이 이성만으로 그들의 신학을 하는 경우에 그들은 '이단(異端)'이라는 비판을 받게 된다.

• 살아가면서 어려운 문제에 부딪힐 때 종교인들은 신앙에 의지하여 문제를 해결하려고 하지만, 철학인은 오로지 자신의 힘으로 끝까지 궁리하고 사색하여 문제를 해결하려고 노력한다는 점이 다르다.

• 또한 어떤 것이 옳고 가치 있는 일이며, 어떻게 살아야 할 것인가에 대해서, 종교의 경우에는 그 해답이 이미 경전(經典)에 주어져 있다(예 : 십계명). 그러므로 남은 일은 오로지 종교에서 명하는 바를 무조건 익히고

---

67 '자연'이라는 말은 맥락에 따라 여러 가지 의미로 사용될 수 있다. 예컨대 '자연이냐 인간이냐?'라고 말할 때에는 인간과 대립되는 의미로 사용되고, '정신'이 아닌 자연이라고 할 때에는 물질이라는 의미로 사용되며 — 그래서 인간에 있어서의 '자연'적인 측면은 곧, 인간의 물질적인 측면인 신체를 가리킨다 — '인공물(人工物)'이 아닌 것을 뜻하기도 하고, 사회(환경과 관련)와 대립된 의미로 사용되기도 하며, 초자연(超自然)적인 것이 아닌 것을 가리키기도 한다.

68 최초의 원동자와 그의 활동에 관해서는 *Metaphysica*, Buch XII Kapitel 7. 1072 a f.를 참조할 것.

실천하는 것뿐이다. 만일 이의를 제기하거나 비판하면 이단(異端)시 된다. 그러나 철학하는 사람은 그러한 물음에 대해 스스로 사색하여 해답을 찾아내고 그것을 실천한다.

5 논리학 : 언어, 사유, 논리

Ⅰ. 논리와 논리학

1. 논리(論理)

말이나 글에서 사고나 추리 따위를 이치에 맞게 이끌어 가는 과정이나 원리.

- 논(論) : 말씀 언(言) + 뭉치 륜(侖) → '말의 묶음'
- 리(理) : 이치, 원리, 법칙, 규칙
- 논리 : 말 묶음의 이치
- 영어 Logic ‹ logos (말, 이법, 원리, 이성, 이유) → 한자의 '논리'와 대동소이한 뜻임.
- 그러나 모든 말 묶음이 다 논리적 연구의 대상이 되는 것은 아니다. 예컨대 논리학에서는 시(詩)가 논리적인가를 따지지 않는다. 논리학이 다루는 말 묶음을 〈논증(論證)〉이라고 한다.[1]

---

1 송하석, 『리더를 위한 논리훈련』, 사피엔스21, 2008, 14 참조.

2. 논리학[logike (technē)]

(1) 전통적인 견해로는, '사유의 형식과 법칙을 다루는 학문'이다. 전통적인 논리학은 개념론, 판단론, 추리론으로 구분되며, 종종 소위 방법론(Methodenlehre : 증명에 관한 이론)이 부가된다. 칸트는 선험적(apriorischen) 인식이 가능하기 위한 조건들의 분석인 정험적(transzendentalen) 논리학에 관해 말한다.[2]

→ 동일율, 모순율, 배중율, 충족이유율, modus ponens, modus tollens, De Morgan의 법칙 등 cf.) 심리학 : 사유의 과정을 다룸 / 논리학 : 사유의 결과물인 진술들(논증들)을 다룸

• 서양에서의 논리학의 창시자는 아리스토텔레스다. 그는 올바른 추론에 관한 이론(소위 Syllogistik : 연역논증법)을 기획하였다.

(2) 선험적 논리학 : 대상에 대한 인식의 선험적인 근거나 구조를 밝힘. 지성 및 이성의 법칙들이 대상과 선험적(先驗的)으로[a priori] 연관되어 있는 것만을 문제로 한다. 인식논리학이라고도 부른다. 칸트의 『순수이성 비판』의 한 장(章)이 「선험적 논리학」(Transzendentale Logik)이라는 제목으로 되어 있다.

(3) 훌륭한 논증과 그렇지 못한 논증을 구별하는 방법을 탐구하는 학문.

---

2 Ulfig, ebd., 250 참조. 다음의 개념들을 잘 구분해야 한다. a priori [선험적(先驗的)] ↔ a posteriori [경험적(經驗的)] / angeboren (innate, congenital, 선천적(先天的), 생득적(生得的), 생구적(生具的), 본유적(本有的))↔ a posteriori [acquired, aus Erfahrung gewonnen, erlernt, 후천적(後天的)] / transzendental [transcendental, 정험적(定驗的)] / transzendent [초월적(超越的)] ↔ immanent [내재적(內在的)]

올바른 추론에 관한 이론. 논증들의 타당성 · 완벽성을 검토하는 학문

● 현대의 형식논리학의 창시자는 프레게(Gottlob Frege, 1848-1925)라고 할 수 있다[이것은 기호논리학 내지는 수학적[수리(적)] 논리학이라고도 불린다]. 이 논리학이 '형식적'이라고 불리는 이유는, 명제의 내용을 도외시하기 때문이다. 그 대신 전제로부터 결론에 이르는 추론의 올바름을 고찰한다. 그러므로 이 논리학에서 중요한 것은, 그 속에서 시행된 형식화다. 즉, 타당한 추론이 이루어지기 위한 기호들과 규칙들이 도입된다. 현대논리학의 두 가지 중요한 계산은 명제계산과 술어계산이다. 그 밖의 논리학에는 양상논리학, 집합논리학, 의무론적 논리학, 다치논리학, 시간논리학, 조합논리학 등이 있다.[3]

● 논증의 타당성만이 아니라, 전제들의 옳고 그름까지 문제 삼는 논리학이 비형식논리학(informal logic)이다. 그런데 철학에서는 타당한 논증들 가운데에서 전제가 모두 옳은 논증, 즉 '완벽한(정연한)' 논증(a sound argument)을 찾아야 한다.

II. 사유와 언어

1. 사유

(1) 넓은 의미의 사유

① 지(성)적 사유[지(知), intellect] : 개념화, 판단, 추리(추론), 상상 등

② 정서적 사유[정(情), emotion] : 정서(情緖)는 지 · 감정 · 의지 모두를 포함

3 Ulfig, ebd., 250 f. 참조.

한다.

③ 의지적 사유[의(意), will] : 선택 · 결정하는 기능(능력)

(2) 좁은 의미의 사유 : 위 중 ①만을 가리킴.

2. 언어

(1) 언어(言語)와 문자(文字)

• 넓은 의미의 '언어'는 좁은 의미의 언어(말해진 말)와 문자(쓰인 말)를 포함한다.

① 언어 : 말해진 말(spoken language)

• 언(言) : 혼자 하는 말

• 어(語) : 둘 이상이 하는 말

② 문자 : 쓰인 말(written language), 즉 글

• 문(文) : 하나의 글(낱글)[예 : 일(日)]

• 자(字) : 둘 이상의 문(文)이 모여서 이루어진 글[예 : 명(明)]

(2) '말' 이라는 말은 어떻게 해서 생겼을까?

• 만주어 mudan [음(音), 성(聲), 향(響)]의 어근 mud (mut)이 국어 '말'과 동원어(同源語)다. 묻다[문(問)]의 '묻'이 명사로서 '말'의 뜻을 지니고 있다. ᄀᆞᄅᆞ대[왈(曰)], ᄀᆞᄅᆞ치다[교(敎)]의 어근 'ᄀᆞᆯ'이 '말'의 뜻을 지니며, '글'

과 동원어다. 글은 말을 적은 것이다.[4]

• '말'은 '마렵다'에서 나왔을 지도 모른다. "오줌 마렵다", "똥 마렵다"의 경우를 생각해보자. 이러한 상태는 우리 몸속에 있는 오줌이나 똥이 밖으로 나오려고 하는 상태다. 우리가 사용하는 말도 그런 것이 아닐까? 우리는 맘(마음) 속에 있는 생각을 밖으로 밀어낸다. 이것이 바로 말이다.[5] 맘과 말은 받침만 다르지 않은가? 이 주장을 뒷받침하는 근거로 다음과 같은 것을 들 수 있다. 즉, 마렵다의 옛말은 'ᄆᆞ렵다'이며, 시골에서는 지금도 '마랍다'로 쓰고 있는 곳도 있다. 이 때 이 말의 어근은 'ᄆᆞᆯ'이다. 이것은 '큰 ᄆᆞᆯ, 작은 ᄆᆞᆯ'로도 쓰이면서 분뇨를 가리키는 말이다.[6]

(3) 인간은 말하는 존재자

① 언어는 모든 문화의 전달수단이자 의사소통의 수단이다.

② 인간은 기록(문자)으로서의 역사를 통하여 사실(사건)로서의 역사에 접근한다.

③ 언어는 약속이다

• 예컨대 우리말 '개'는, 일본어로 이누(いぬ), 한자로는 견(犬), 헬라스어로는 퀴온(kyon), 영어로는 독(dog), 그리고 독일어로는 훈트(Hund)라

---

4 서정범, ebd., 233 참조.

5 기독교 신약성서에 보면, 예수의 제자들이 밖에 나갔다 돌아와서 손을 씻지 않고 음식 먹는 것을 바리새인들이 보고, "왜 당신의 제자들은 손을 씻지 않고 음식을 먹습니까?"라고 예수를 곤경에 빠뜨리려는 의도를 갖고 물었을 때, 예수는 "사람의 안으로 들어가는 것이 사람을 더럽게 하는 것이 아니라, 사람의 안에서 나오는 것이 사람을 더럽게 하나니, 곧 사람의 안에서 나오는 것은 갖은 탐심과 음욕 (…)"이라고 대답했던 일이 있다. 사람의 입은 밖의 음식을 안으로 받아들이는 작용('먹다')과 마음속의 생각을 밖으로 밀어내는(표현하는) 작용('말하다')을 한다.

6 최창렬, 『어원산책』, 한신문화사, 1993, 2 참조.

고 부른다.

• 이미 플라톤의 대화편 『크라틸로스』(*Kratylos*)에서 헤르모게네스는 다음과 같이 말한다 : "자연적으로 또 본래적으로는 어떤 이름이 어떤 것에 특별하게 속해 있는 것이 아니라 명령과 습관에 따라서 속해진 것이다."

• 아리스토텔레스도 이런 관점을 취한다 : 기호는 인간들 사이의 약속에 따라서(thesei) 작용하며, 본성에 따라서(physei) 작용하지 않는다.

• 소쉬르(Ferdinand de Saussure, 1857-1913)는 『일반언어학 강의』에서, 기호의 본성은 임의적이라는 것을 분명하게 말한다. 언어학적 기호인 기표(記表, signifiant)와 기호가 표현하는 개념인 기의(記意, signifié) 사이에는 내적인 관계가 없다. 예컨대 'sœur'(누이)라는 개념과 이것의 기표역할을 하는 's-ö-r'라는 음성연쇄 사이에는 아무런 내적 관계가 없다. 그 개념은 다른 소리들로도 똑같이 표현될 수 있다.[7]

④ 말이 문자에 앞선다

• 우리는 글 쓰는 것, 읽는 것을 배우기 전에 우선 말하는 것을 배우고, 또 말을 한다. 이것은 선사시대의 인간을 보아도 그러하고, 역사시대에서도 새로 태어나는 아기의 경우를 보아도 그러하다.

---

7 페르디낭 드 소쉬르, 『일반언어학 강의』, 샤를 바이·알베르 세슈에 편, 최승언 역, 민음사, 2007, 94 ff. 참조.

Ⅲ. 개념, 판단, 추리

1. 개념(槪念, concept / notion; Begriff)

• 개(槪) : '대개(大槪)' 개 / 념(念) : 생각 → 대개의 생각

• concept : con (함께) + capere (잡다)

• Begriff (〈 begreifen) : Begriff의 동사 begreifen은, 대상을 '철저히'('함께') '움켜쥠(잡음)', '파악(把握)하다'('잡고 쥐다'), '이해하다'를 의미한다. 영어로는 conceive (concept), 라틴어로는 comprehendere에 대응한다. 이렇게 볼 때 이것은 또한 니콜라우스(Nicolaus Cusanus, 1401-1464)에 있어서의 complicatio (주름 잡고 있음, 접힘)에 해당한다. 동물의 수태(受胎) · 임신(姙娠)을 영어로 conception이라고 한다. 수정란(受精卵)은 자신 속에 장차 전개될 현실태들을 가능성으로서 꽉 잡고 있다.

• 개념을 뜻하는 용어로 'notion'이 있다. notion은 notare (know)라는 라틴어에서 유래했다. 어원으로 볼 때, 이 용어는 어떤 대상의 이미지를 떠올리는 것과 관계되는 것이 아니라, 대상을 개념적으로 파악하는 것을 뜻함을 알 수 있다.

• 개념은 '생각'이다. 개념이 언표된 것이 명사(名辭, term)다.

생각의 차원		언어(문자)의 차원
1. 개념(槪念, concept)	→	명사(名辭, term)
2. 판단(判斷, judgment)	→	진술(陳述, statement)
3. 추리(推理)[추론(推論), reasoning, inference]	→	논증(論證, argument)

(1) 개념의 종류 : 일반(보편)개념 / 특수(개체 · 개별 · 단독 · 단일)개념 / 기능개념

1 / 일반(보편)개념 · 유개념(Allgemeinbegriff, Universalbegriff, Gattungsbegriff)

• 우리가 보통 '개념'이라고 말하는 것은 '일반개념' 혹은 '보편개념'인데, 이러한 개념은, 공통적인 성질을 지니고 있는 여러 사물들에 대해 붙인 하나의 '생각'이다. 이 생각을 언표하면 '명사(名辭)'가 된다.

• 그런데 이러한 '이름' 혹은 '일컬음'은 반드시 '명사(名詞, noun)만을 가리키는 것은 아니다. 형용사, 부사, 동사, 대명사 등, 공통된 성질을 지니고 있는 것은 모두 다 개념이며 명사(名辭, term)다. 즉, 책, 꽃, 강아지, 등만이 개념인 것이 아니라, '그녀는 책을 아주 빨리 읽는다'라는 문장에서, '그녀', '아주', '빨리', '읽는다'와 같은 표현이 모두 개념이다.

• 개념은, 광의로는 일반(보편)개념을 말한다. 개념은 보편적인 것, 즉, 여러 대상들에 공통된 것을 나타낸다. 개념은 추상(Abstraktion)의 결과다. 철학사에서는 다양한 '개념' 규정들이 전개되고 있다. 고대 및 중세의 개념론에서의 개념은 여러 개별자들의 공통적인 것, 즉 본질(헬 : eidos, ousia; 라 : idea, essentia)을 포함하고 있다.

• 아리스토텔레스에 의하면 개념들은 사유과정(헬 : aphairesis)을 통해 산출되어야 한다. 유명론(唯名論)에 의하면 보편개념(일반개념)은 유사한 여러 대상들에 붙여진 보편명사(일반명사)다. 보편개념은 인간에 의해 산출된다. 그러므로 그것은 사유에 의해 형성된 것이며, 언어로 표현된 형성물이다. 개념은 인간지성의 능력과 분리되어 존재하지 않는다.

• 현대논리학의 확산으로 인해 개념론은 혁신적인 변화를 맞게 된다.

현대논리학에서는 개념의 범위[외연(外延), extension]과 개념의 내용[내포(內包), intension]의 구별 내지는, 프레게에 의해 도입된 의미(Sinn, sense/meaning)와 지시대상(Bedeutung, reference/denotation)의 구별이 특히 중요하게 되었다. 개념을 형성할 때 결정적인 역할을 하는 추상작용은 이제 하나의 사유과정 내지는 정신적 과정으로서가 아니라, 논리적 조작으로 간주된다. 현대논리학에서 옹호되는 외연관(外延觀)에 따르면, 개념은 대상들의 집합에 대해 붙인 이름이라고 파악된다.[8]

• 아리스토텔레스는 보편개념을, 바로 위에 있는 유(類)를 진술함으로써, 그리고 같은 층위에 있는 개념들과 구별되는 특징들을 통하여 정의한다 : "정의는 최근류(最近類)와 종차(種差)를 통해 이루어진다(definitio fit per genus proximum et differentiam specificam)." 종개념과 유개념의 관계는 포르퓌리오스[9]의 나무에서 도해(圖解)로 보여진다.[10] 이렇게 보편개념을 최근류(genus proximum) + 종차(differentia specifica)를 통해 정의하는 아리스토텔레스의 정의[이른 바, 본질적 정의(essential definition)]방

---

8 Ulfig, ebd., 55 f. 참조. 또한 Platon, *Laches; Menon; Theaitet*; Aristoteles, *Metaphysik*; Kant, *KrV*; G. Frege, *Funktion, Begriff, Bedeutung*, hg.v. G. Patzig; I. Stenzel, *Sinn, Bedeutung, Begriff*, 1969; P.F. Strawson, *Subject and Predicate in Logic and Grammar*, 1974 참조.

9 Porphyrios [자색(紫色, 보라색) 옷을 입고 다니는 사람(Purpurträger)]는 기원 후 233년에 페니키아의 튀로스(Tyros)에서 태어나 262년부터 플로티누스의 제자로 로마에 있었다. 원래 그의 이름은 멜렉(Melek = 왕)이었는데 그는 자기 이름을 바실레우스(Basileus)로 바꾸었고 이 이름은 플로티누스에 의해 포르퓌리오스로 바뀌었다. 포르퓌리오스는 로마를 떠나 시실리와 카르타고를 여행했는데 플로티누스의 사후에(270년) 로마로 돌아와 그의 저작들을 체계화하고 300년에 사망하기까지 그의 학파를 계승했다. 그의 저작들의 대부분은 소실되었으나 다음과 같은 것들이 남아있었다 : 『아리스토텔레스의 범주에 관한 입문』, 『플로티누스의 생애』, 『피타고라스의 생애』, 『호머 연구』, 『동물성식품 섭취 금지에 관하여』 (De abstinentia ab usu animalium) (Hoffmeister, *Philosophisch denken*, Göttingen, 1997, 186 참조).

10 Hoffmeister, ebd., 참조.

식은 가장 모범적인 정의방식으로 받아들여져, 고전적인 중세 스콜라 논리학의 정의방식으로 채택되었다[예): "인간은 이성적 동물이다"]. 그러나 정의를 이처럼 '최근류'와 '종차'를 통해 기술하는 일은 자칫 오도(誤導)하기 쉽고, 완전히 불필요한 존재론적인 연상(聯想)을 불러일으킬 수 있다. 대체 누가 '말'은 유(類)이고 '희다'는 것은 '차이'라고 말할 수 있는가? 이 같은 관계는 바뀔 수 있다. 즉 우리는 백마를 '말 모양의 흰' 어떤 것이라 규정할 수도 있는 것이다. 그러면 이 경우에는 '희다'는 것이 최근류가 되고, '말'이 종차가 될 것이다. 따라서 자이퍼트는, '백마'라는 술어는 '말'과 '희다'라는 동등한 '술어-좌표'의 교점에 놓여있는 셈이라고 말하는 것이 한층 유의미하고 중립적인 것으로 본다.[11]같은 식으로 말하면, '정사각형'의 유개념이 무엇인지를 결정할 수 있는 정해진 기준은 없다: 예) ① 등변의 도형, ② 등각의 도형, 혹은 ③ 직각의 도형 등이 '정사각형'의 유개념이 될 수 있다.[12] 이런 정의방식을 따를 경우, 최고의 유(類)[개념]인 'Sein'은 최근류가 없으므로 정의가 불가능하다. 하이데거(Martin Heidegger, 1889-1976)가 『존재와 시간』(*Sein und Zeit*)에서 'das Sein'을 정의할 수 없기에 정의를 통해서는 그것을 파악할 수 없다고 보고 '현존재(das Dasein)'를 통한 우회로를 택한 것도 바로 이런 이유에서다.

2 / 특수개념

• 일반개념 외에도 특수개념이 있다. '소크라테스'는 특수한 개체를 가

---

11 Helmut Seiffert, 『학의 방법론 입문 I』, 전영삼 역, 교보문고, 1992, 46 참조.

12 Martin Gessman (neu hg. v.), *Philosophisches Wörterbuch*, Stuttgart, 2009, 148 참조.

리키는 개념이므로, 특수개념이라고 한다. 특수개념은 개별(개체)개념(Individualbegriff, Individuenbegriff), 단칭(단일 · 단독)개념(singulärer Begriff) (영: individual concept)이라고도 한다.

• 전통논리학은 개별개념(Individualbegriffe)과 보편개념(Universalbegriffe)을 구별한다. 개별개념은 보편적으로 파악되지 않는 개별자를 표현하는 고유명(Eigennamen)이다. 그러나 고유명사 대신에, 예를 들면 "여기에 있는 이 바이올린"이라고 말할 때처럼, "여기 이것", "저기 저 사람"과 같이, 지시하는 기호도 사용될 수 있다. "소크라테스"라는 이름(명사)은 소크라테스의 개별성을 이루고 있는 것을 가리킨다. "도나우", "라인", "넥카", 그리고 "내가 이제 막 연주한 바이올린", "내가 걸려 넘어질 뻔한 돌"과 같은 개별물 개념도 개별개념에 속한다. 개인(個人) 자체 내지는 개별물은 보편개념을 통해 말해질 수 없고, 보편개념을 통해 단지 돌려서 표현될 수 있을 뿐이다. 즉, 보편개념 혹은 일반개념은 개별자를 넘어선 어떤 것을 진술한다. "내가 방금 연주한 바이올린은 (…)"이라는 문장은 전적으로 특정한 악기를 기술한다. 그러나 보편개념인 "바이올린"이라는 개념은 어떤 개별적인 예, 즉 내가 방금 연주한 저 바이올린만을 뜻하지 않고, 어떤 특정한 종류의 악기에 속하는 많은 예들을 뜻한다.

• 전통논리학에서 개체개념의 통상적인 어법(예 : '나폴레옹', 'Erdmond'[13])은 카르납에 의해 다시 받아들여져 계속 사유되었다. 그는 어떤 개별기술 (Individuenbezeichunung) [고유명사 혹은 특징

---

13 지구의 위성으로서의 달이라는 뜻. Mond : ① 달(月), ② 위성(衛星, natural satellite) (cf. ein künstliche Mond : 인공위성).

(Kennzeichnung)]의 내포에 대해 개체개념이라는 용어를 도입했다.[14]

• 개체개념 : 어떤 대상을 특징짓기에 적합한 개념. 예) 지구의 자연적 위성을 달이라는 개체개념으로 특징지을 때처럼 (…) 전통에서는(G.W. Leibniz는 완전한 개념에 관해 말한다) 개체개념에 관해서는 해당대상을 특징지을 때, 대부분 더욱 확실한 완전성이 요구된다.[15] 예를 들어 생각해 보자.

• "저 말은 빨리 달린다"("That horse runs fast"/"Jenes Pferd läuft schnell")라는 문장에서 일반개념은, '저', '말', '빨리', '달린다'이고, '저 말'(손가락으로 특정한 '저 말'을 가리키며 말할 경우)은 특수개념이다. 그러면 '은'은 개념인가 아닌가? '은'과 같은 조사(助詞)나, "남자와 여자"의 경우에서 '와'나, "사람은 동물이다"에서 '이다'와 같은 어미(語尾)는 〈순수기능개념〉[der rein funktionierende Begriff (der reine Funktionsbegriff)]이라고 할 수 있다(Pfänder).

• '기능개념'(Funktionsbegriff)이란, 어떤 대상을 가리키지는 않지만, 의미를 갖고 있는 개념으로서, 다른 단어들과 더불어서만 어떤 것을 의미하는 단어들이다. 그래서 이것을 사람들은 'Synkategorematika'[공범주어(共範疇語), 혹은 공의어(共義語)]라고 불렀다.[16]

---

14 R. Carnap, *Meaning and Necessity*, Chicago, 1956, 41; Joachim Ritter u.a.(hg.), *Historisches WÐrterbuch der philosophie*, Bd.4, Basel, 1976, 287에서 재인용.

15 Jürgen Mittelstrass (hg.), *Enzyklopädie Philosophie und Wissenschaftstheorie 2*, Mannheim/Wien/Zürich, 225 참조.

16 Johannes Hessen, ebd., 142f. 참조.

3 / 보편개념 및 특수개념의 형성과정 : 약속 또는 최초의 발견자 · 발명자의 명명(命名)과 그에 대한 암묵적 · 명시적 동의 내지는 승인

● 개념이 어떻게 형성되는지 살펴보자. 개념은 인간이 만드는 것이다. 그러면 최초의 인간은 어떤 과정을 통해 개념을 만들었을까? 유대 · 기독교 구약성서 「창세기」에서는 신이 동물들을 만든 후에 창조의 마지막 날에 인간을 만들고, 그 동물들을 첫 사람인 아담에게로 데리고 가서 이름을 짓게 했다고 기록되어 있다.[17] 물론, 이 이야기를 액면 그대로 믿을 필요는 없지만 우리는 여기서 하나의 힌트를 얻게 된다. 우리가 어떤 대상을 처음으로 대하게 될 때, 우리는 그 대상을 다른 것들과 구별하기 위해서 '이름'을 붙인다는 사실이다. 우리가 어떤 대상들을 그저 '그것', '저것'이라고 불러서는 도무지 구별이 되지 않을 것이다. 이름을 짓는 목적은 우선, 어떤 대상을 다른 대상들과 구별하는 것이다. 최초의 인간 앞에는 여러 가지의 자연물들이 존재했을 것이다. 그것들의 이름 없이 그냥 지내던 시절도 있었을 것이다. 그러나 사람이 혼자 생활한다면 모르겠지만, 둘 이상이 모여 공동생활을 하려면 서로 의사소통이 이루어져야 하며, 의사소통은 언어를 매개로 해서만 가능한데, 그러기 위해서는 대상의 이름이 반드시 필요했던 것이다. 첫 사람은 새롭게 눈에 띄는 대상에 대해 이름을 붙이고, 그것과 비슷하거나 똑같이 보이는 것들에 대해서 같은 이름을 사용하기도 했을 것이고, 먼저 여러 대상을 관찰한 후에 그것들을 공통적으로 부를 이

---

17 "주 하나님께서 땅으로부터 들의 모든 짐승과 공중의 모든 새를 지으시고 아담이 어떻게 그들을 부르는가 보시려고 그들을 아담에게로 데려오시니, 아담이 모든 생물을 무엇이라고 부르든지 그것이 그 이름이 되더라. 아담이 모든 가축과 공중의 새와 들의 모든 짐승에게 이름을 주었으나, 아담이 자기를 위해 돕는 자는 찾지 못하더라"(창 2 : 19-20). 그러나 성서에는 바다의 동물, 식물과 무생물의 이름의 유래에 대해서는 언급되어 있지 않다.

름을 생각해 내기도 했을 것이다. 그러면 산이나 강, 말이나 사과와 같은 자연물이 아닌 인공물인 경우에는 어떠했을까? 인간은 추위와 더위로부터 자신을 보호하기 위하여 옷을 만들어야 했고, 거주할 집과 가구들, 생산활동에 필요한 도구들을 만들어야 했다. 새로운 발명품들이 만들어질 때마다 이름이 필요했을 것이다. 하나의 물건을 만든 후에 바로 이름을 붙인 경우도 있었을 것이지만, 여러 개의 물건을 만들어 놓고 이름을 결정한 경우도 있었을 것이다. 같은 이름으로 불리는 것들은 무언가 공통적인 성질을 지니고 있다.

여기서 우리는 하나의 질문을 던질 수 있다. 이름 붙이는 일이 먼저인가, 아니면 여러 대상에 공통적으로 존재하는 성질들을 추상(抽象)해 내는 일(abstract)이 먼저인가? 어떤 새로운 사물을 발견하거나('명태'[18]라는 이름) 하나의 물건을 만든(발명한) 후에 이름을 붙이는 경우에는 이름 붙이는 일이 먼저 발생한다. 공통적인 성질을 추상해 내기 위해서는 우선, 이러한 물건들이 두 개 이상 존재해야 하기 때문이다. 그러면 (인공물의 경우) 여러 개의 물건을 만든 후에, 그리고 (자연물의 경우) 여러 개의 대상이나 물건을 관찰한 후에 이름을 붙이는 경우에는, 그 대상이나 물건에서 어떤 유사성 내지는 동일성을 발견하는 일이 선행될 것이다. 그렇다면 이 경우에는 어떤 공통적인 성질을 추상해 내는 일을 통해 하나의 개념이 발생했다고 말할 수 있다. 이 경우에 순서는 다음과 같이 된다.

① 여러 대상들에서 공통점을 발견한다 → ② 공통점을 지니고 있는 사물들에 대해 같은 '이름'(名辭, term)을 부여한다(개념화한다,

18 조선 인조(仁祖, 1595-1649) 때, 함경도 관찰사 민모씨(民某氏)가 명천군(明川郡)에 초도순시(初度巡視)를 했을 때 반찬으로 내놓은 생선이 담백하고 맛이 좋기에 이름을 물었더니 명천에 사는 태(太)씨 성(姓)의 어부가 처음으로 잡아온 고기라는 주민들의 말을 듣고 지음.

conceptualize)

→ 이 때, 이 사물들에는 공통점(이것을 본질이라 한다)이 있을 뿐만이 아니라 차이점도 존재한다. 예를 들면, '책상'이라는 개념을 살펴보자. 현실에 존재하는 수많은 책상들은 모두 다, 그 위에 책을 올려놓고 볼 수 있도록 만들어져 있다. 만일 어떤 물체를 책상이라고 부르기는 하는데, 우리가 그것을 사용하여 책을 볼 수 없다면 그것은 책상이 아닌 것이다.

▶ 여기서 생각할 문제 : 어떤 대상이 자기의 본질을 잃어버릴 경우, 그것은 '본질을 잃어버린 대상'인가, 아니면 '더 이상 그 대상이 아닌'가? 예컨대 위 예의 경우, '고장 난 책상' 혹은 '못쓰게 된 책상'이라는 표현을 사용할 수 있는지, 아니면 그것은 '더 이상 책상이 아니라'고 해야 하는가?

4 / 보편개념과 특수개념의 구별은 의미가 있는가?

• 우리는, 책상, 집, 사람 등의 개념은 하나의 개체에 대해서만 사용되는 개념이 아니라 모든 책상, 모든 집, 모든 사람에 대해 적용되는 개념이므로 '보편개념' 혹은 '일반개념'이라고 부르는 반면에, '소크라테스'나 '이순신', '철수' 같은 개념은 오직 하나의 대상만을 가리키므로 '특수개념'이라고 부르는 것으로 배웠다. 그러나 이러한 구별, 즉, 개념을 보편개념과 특수개념으로 나누는 것은 정당한가? 책상이나 집, 사람이 하나 만이 아니라 무수히 많이 존재한다는 것은 사실이다. 그러나 소크라테스, 이순신, 철수라는 이름을 가진 사람도 하나가 아니라 여럿일 수 있다. 문법에서는 전자를 일반명사(general noun)이라 부르고, 후자를 고유명사(proper noun)이라고 부른다. 그러나 후자가 과연 '고유한' 것이라 할 수 있는가? '고유하다'는 것은 '어떤 것에만 속한' 것을 뜻한다. 그러나 철수라는 이름

을 가진 사람은 많다. 즉, 어떤 한 사람만이 철수라는 이름으로 불릴 수 있는 것은 아니다. 그런데 이에 대해 다음과 같은 반론을 제기하는 사람도 있을는지 모르겠다. 철수라는 이름을 가진 사람은 많지만, 지금 여기에 있는 이 '철수'는 하나밖에 없는 것이 아니지 않느냐고. 그러나 이것은 어떤 대상과 그 대상이 불리는 이름을 혼동하는 데서 오는 착오다. 개체로서의 어떤 대상은 오직 하나다. 엄밀한 의미에서 똑 같은 대상이란 존재하지 않는다. 그러나 같은 이름이 여러 대상들에 대해 사용될 수 있다.

5/ 이름은 꼭 그 이름 아니면 안 되는가?

● 우리는 책을 왜 책이라고 부르는가? 헬라스인들은 책을 biblos라고 부르고, 로마인들은 biblia라고 부르고, 프랑스인들은 livre라고, 독일인들은 Buch라고, 영어를 사용하는 사람들은 book이라고, 일본인들은 本(홍)이라고 부르며, 한국인은 책이라고 부른다. 이러한 이름들은 어떻게 생겼나? 어떤 한 사람이 어떤 사물을 발견 또는 발명하고 난 후 그것에 이름을 붙인 경우도 있을 것이다. 예컨대 '명태'라고 하는 생선의 이름도 이렇게 붙여졌다. 그러나 여러 사람이 합의하여 이름을 결정한 경우도 있을 것이다. 그런데 어떤 것에 이름을 붙일 때, 반드시 그 이름만을 붙일 수 있는 것은 아니다. 가능한 여러 경우들 가운데서 사람이 하나를 선택한 것일 뿐이다. 책을 우리가 처음에 '척'이라고 불렀다면, 오늘날 누구든지 책을 보고 '척'이라고 부를 것이다. 이러한 논의는 우리로 하여금, 페터 빅셀이 지은 『책상은 책상이다』(문장, 1993)라는 책의 내용을 연상시킨다. 노자(老子) 『도덕경(道德經)』의 첫 두 문장을 살펴보자 : "도가도 비상도, 명가명 비상명(道可道 非常道. 名可名 非常名)" 대부분의 해석가들은 이 문장을 다

음과 같이 해석했다. "도라고 부를 수 있는 도는 변함없는(항상적인) 도가 아니다. 이름붙일 수 있는 이름은 변함없는 이름이 아니다." 그러나 이 해석은 자체모순적인 해석이다. '변함없는 도'라고 할 때, 이 도는 '변함없는 도'가 아니다. 왜냐하면, '도'라고 이미 말해버렸기 때문이다. 그러므로 이 문장들은 다음과 같이 해석되어야 한다 : "우리가 도를 도라고 부를 수 있지만, 언제나 도라고 불러야만 되는 것은 아니다. 우리가 어떤 사물을 어떤 이름으로 부르지만, 반드시 그 이름으로 불러야 하는 것은 아니다." 어떤 사람의 주도적인 이름붙이기에 의해서, 혹은 여러 사람의 동시적인 합의에 의해서 시작되었건 간에, 결국에는 묵시적 · 명시적 합의에 의해서 어떤 사물의 이름이 붙여졌기에, 우리는 '책상'이라고 부르지만, 처음부터 우리가 책을 밥이라 부르고 밥을 책이라 불렀다면, 책상도 밥상이라는 이름으로 불리게 되었을 것이다.[19]

(2) **관념(觀念, idea, Vorstellung)**

1 / 관념

● 관념 〈 관(觀) : 보다 + 념(念) : 생각 → '관념'이라는 말은, '봄으로써(觀) 생기는 생각(念)', 혹은 '볼 수 있는 그림(이미지)으로 떠오르는 생각'이라는 의미로 만들어진 단어일 것이다.

●네이버 두산백과사전은 '관념'을 다음과 같이 정의하고 있다 : "사람의 마음속에 나타나는 표상 · 상념 · 개념 또는 의식내용을 가리키는 말. 원래는 불교용어로 진리 또는 불타(佛陀)를 관찰사념(觀察思念)한다는 뜻이며, 심리학용어로서의 관념은 그 의미가 명확하지 않으나 대개 표상(表

---

19 이경숙, 『노자를 웃긴 남자』, 자인, 20013, 13 ff. 참조.

象)과 같은 뜻으로 사용되었다. 그 뜻은 다소 차이가 있으나 표상 쪽이 약간 더 구체적이다. 관념은 영어의 'idea'이고, 표상은 독일어 'Vorstellung'의 번역어인데 현재는 대개 동의어로 사용된다."[20]

2 / idea

• 헬라스어 idein에서 유래함. idein은 원래, 이성을 통하여 이데아를 보는 것을 말한다. 이미지(image)[21]나 표상으로서의 '관념'은 항상 구체적이다. 즉, 사람 개념은 추상적 · 일반적이지만, 사람의 이미지는 구체적일 수밖에 없다. 여기서 바로 〈추상적 일반관념〉에 대한 버클리(George Berkeley, 1685-1753)의 비판이 시작된다.

• 버클리에 의하면, 사람들이 지각하지 못하는 것까지 존재한다고 생각하는 이유는 그들의 그릇된 입장이 〈추상적 관념〉(abstract idea)에 기초를 두고 있기 때문이다. 예를 들면, 사과에 대하여 우리가 알고 있는 것은, 그것의 크기, 모양, 빛깔, 향기, 맛 등 단순관념들 뿐이다. 그런데 우리는 이러한 성질들을 지니고 있는 어떤 것을 예상한다. 예를 들면 로크의 실체 개념이 그런 것이다. 실체와 같은 추상개념들은 경험에서 나온 것이 아니라 지성의 추상작용의 산물이다. 집, 산, 강, 한마디로 모든 감각적 대상들이 지각과 관계없이 그 자체로 존재할 수 있다는 생각은 "대체 그 근본에 있어서 추상관념 이론에 의존하고 있다는 것이 발견될 것이다. 왜냐하면 감각적 대상들의 존재를 그것들의 지각됨과 구별함으로써 그것들이 지각되지 않은 채로 존재한다고 생각하는 것보다 더 훌륭한 추상의 노력은 있

20 http://terms.naver.com/entry.nhn?docId=1064306&cid=40942&categoryId=31433.

21 image 〈 (L) imaginari : picture to oneself ; cf. imago Dei.

을 수 있는가?"[22]그리고 로크의 제1성질과 제2성질의 구별에 있어서도 그러한 추상이 개재되고 있다. 모든 성질은 우리의 지각내용에 불과한 것인데, 로크는 사물이 객관적으로 지니는 제1성질을 추상한다. 그러나 이것은 버클리의 입장에서 보면, 객관적 사물에 도달할 수 없는 우리에게는 비약이 아닐 수 없다. 우리가 우리의 주관을 떠나서 객관적 사물이 되어 볼 수 없는 이상, 어떤 성질을 객관적으로 사물 자체가 지니고 있는 것이라고 단정할 수 없는 것이다. 사물의 성질을 지각하고 거기에서 얻은 단순관념, 즉 제2성질만이 있고, 제1성질과 같은 객관적 성질은 부당한 추상의 결과이며, 존재하지 않는다는 것이다.

● 추상적 일반관념에 대해 버클리는 다음과 같이 비판한다 : "마찬가지로 내가 내 자신에게 형성하는 사람의 관념은 희거나 검거나 황갈색인 사람, 또는 허리가 곧거나 구부러진 사람, 또는 키가 크거나 작거나 중간 크기인 사람이어야 한다. 나는 어떤 사유의 노력에 의해서도, 위에 기술한 추상관념을 마음에 품을 수 없다."[23] 즉, 나는 실재하는 개인들의 모든 개별적 특성들을 생략하는 동시에 포함하는 사람의 심상(心象)을 형성할 수 없다. 마찬가지로, "누군가가 자기 자신의 생각들을 조금 들여다보고, 거기서 삼각형의 일반관념에 관해 위에서 말한 기술에 대응할 어떤 관념, 즉 빗각 삼각형도, 직각삼각형도, 등변삼각형도, 등각삼각형도, 부등변삼각형도 아니면서, 이 모든 것임과 동시에 그것들 중 어떤 것도 아닌 삼각형의 일반관념을 자기가 갖고 있는지, 혹은 가지게 될 수 있는지를 시험하는

22 George Berkeley, "The Principles of Human Knowledge," in: *Berkeley's Philosophical Writings*, edited with an introduction by David M. Armstrong, NY/London, 1974 (41-128), § 5.

23 Berkeley, ebd., Introduction, § 10.

것보다 더 쉬운 일이 어디 있겠는가?"[24] 우리는 3각형이 있다고 생각한다. 그러나 실제로 존재하는 것은 3각형 일반이 아니라, 어떤 특정한 정3각형, 직각3각형 등이다. 정3각형도 직각3각형도 사각(斜角)3각형도 아니고 등변3각형도 부등변3각형도 아닌 막연한 3각형(삼각형의 이데아, 삼각형 일반)은 없는 것이다. 구체적이고 개별적인 사물을 떠나 어떤 일반개념은 실재하지 않는다[유명론(唯名論)]. 이 두 번째 예증은 로크로부터 직접 취한 것이다. 로크는 "빗각삼각형도 직각삼각형도, 등변삼각형도 등각삼각형도, 부등변삼각형도 아니어야 하며, 이 모든 것인 동시에 아무 것도 아닌"[25] 삼각형의 일반관념의 형성에 관하여 말한다.

• idea는 '생각'이라는 의미로 많이 사용되기도 한다. 우리가 어떤 문제를 골똘히 생각하다가 "Good idea!"라고 할 때, 이 말은, "좋은 생각이다!"라는 뜻이다.

• 여기서 한 가지 또 주의해야 할 점이 있다. idea라는 단어는 위에 간략히 서술한 것처럼, 플라톤(Platon, B.C. 427 경-347)이 말한 '이데아'(ἰδέα)에서 유래한 용어다. 그런데 이데아는 '관념'(idea)이 아니라 '이상'(理想, ideal)이다. 이데아들은 순수하고 독립적인 실재물이며 〈하늘 저편〉(hyperouranios topos)에 존재한다. 선재(先在)했던 인간의 영혼은 거기서 이데아들을 보았다(『파이드로스』, 247 C 이하). 이데아들은 우리가 살고 있는 이 현실세계가 존재하기 이전에 존재했다. 현실세계는 데미우르고스라고 하는 세계제작자가 이 이데아를 본 따서 만들었다. 그러므로 이

24 Berkeley, ebd., Introduction, § 13.

25 "(…) neither oblique nor rectangle, neither equilateral, equicrural, nor scalenon; but all and none of these at once"(*An Essay concerning Human Understanding*, ed. with an introduction, critical apparatus and glossary by Peter H. Nidditch, Oxford, 1975, 596. BookIV. Ch.VII. Of Maxims. § 9.

데아는 본(本), 원형(paradeigma)이요, 현실에 존재하는 여러 존재자들은 그것의 모상(模像, icon)이다. 따라서, 이데아는 현실을 초월하여 존재하는 이상(理想)이다. 영어로 표현하면 ideal이다. 이것이 이데아의 원래 의미다. 그러므로 이데아를 idea와 동일한 의미로 사용해서는 안 된다. 헬라스어의 철자와 영어의 철자가 같다고 해서 그들의 뜻까지 같은 것은 아니다. 이 단어를 굳이 사용할 때에는 첫 글자를 대문자로 하여 'Idea'라고 쓴다.

그러나 우리가 이데아에 대해 생각하는 경우, 우리의 생각 속에 나타나는 이데아는 아이디어, 즉 관념이라고 말할 수 있다. 예컨대, 삼각형의 이데아, 즉 이상적인 삼각형은 현실을 초월하여 이데아의 세계에 독립적으로 존재한다고 플라톤은 주장한다. 그런데 이데아로서의 삼각형을 우리가 생각하거나 이성의 눈으로 볼 때, 그 삼각형은 우리의 마음속에 관념으로 존재한다고 말할 수 있다. 이것이 바로 이데아가 가질 수 있는 2차적인 의미다.

플라톤은 이데아에 대하여 다음과 같이 말한다 : "우리는 모든 개별적인 사물에 공통적인 이름을 줄 때, 하나의 이데아가 있다고 생각한다"(『국가』 제10권 596 A). 그런데 이데아들은 안티테네스가 생각한 것처럼 단순한 사유물(思惟物)이 아니라, 실재물이다. 이데아들의 종류에 관해 말한다면, 물체의 이데아뿐만이 아니라, 성질들, 그리고 관계와 활동들의 이데아도 있다. 자연적 물들의 이데아뿐만 아니라, 예술품들의 이데아 그리고 가치 있는 것들의 이데아뿐만 아니라, 나쁘고 쓸모없는 것들의 이데아도 있다.[26] 그러나 『파르메니데스』(*Parmenides*) 편에서 플라톤은, 진흙과 먼지의 이데아들은 "확실히 존재하지 않는다"는 것을 보여준다. 이데아들은 〈

26 Eduard Zeller, 『희랍철학사』, 이창대 역, 이론과 실천, 1991, 189 참조.

신의 정신〉 속에 존재했고, 인간의 영혼은 육체와 결합되기 이전에 이미 이데아들과 친숙했으며, 창조과정에서 데미우르고스는 특정한 물체를 만들어내는 데 이데아를 사용했다.

3 / Vorstellung 표상(表象) : representation [image]

• Vorstellung은 어떤 것을 '앞에(vor) 놓는다(stellen)'는 뜻이며, 영어의 representation [〈 (L) re (again) + praesentare [set (put) before]]에 해당하는 말이다. 그리고 '표상(表象)'이나 '관념'으로 옮긴다('represent'는 '대표하다'라는 뜻이 있다. '표상(表象)'에서의 '表'가 그런 의미가 있다. representative [대표자(代表者), 대의원(代議員), 국회의원]는 우리를 대표하여 우리의 의사(意思)를 전달하는 사람이다[우리 → representative → 입법행위 ; 인식주관 → representation (표상, 관념) → 인식객관(대상)][27]

4 / Idee

① 영어의 idea와 같은 의미로 사용되기도 한다. 즉, '관념'이나 '생각'이라는 뜻 : "Good idea!" = "Gute Idee!"

② '개념'(Begriff, concept)의 뜻

③ '이념(理念)', '이상(理想)', '이데아'

(3) 개념의 불명료성의 두 종류 : 애매(曖昧)와 모호(模糊)

1 / 애매(성) (ambiguity)

---

27 present [현재(現在), 지금(只今)] → '신이 우리 앞에 준(present) 선물(膳物, present)

• 낱말이나 문장이 둘 이상의 의미를 지니고 있고, 그 중에 어떤 것을 가리키는지가 분명치 않은 경우 그 낱말이나 문장이 갖는 성격. 따라서 애매성은 다의어(多義語, polysemy)나 동음이의어(同音異議語, homonym)에서 혹은 다의어나 동의어를 포함한 문장에서 나타난다. 그러나 이들이 가지고 있는 여러 의미 중에서 그것들이 어떤 의미로 쓰이고 있는지 분명히 알 수 있을 때, 그것은 다의어나 동음이의어이기는 하지만 애매어는 아니다.

예1) "저 신부는 밤을 좋아한다."

- 여기서 '신부'와 '밤'은 동음이의어다 : '신부' → 신부(神父, father), 신부(新婦, bride) / '밤' → 밤[야(夜, night)], 밤[율(栗, chestnut)]
- 이로부터 네 가지 경우의 수가 나온다.

예2) "그가 디자인한 bridge는 훌륭하다"(The bridge he designed is excellent.)

- 여기서 bridge는 다의어다 : 다리[교(橋)] / 의치(義齒, false teeth)
- 만일 '그'가 건축설계사인 동시에 치과의사라면, 위 문장은 애매하다.

예3) "철수의 새로운 bridge는 잘 못 디자인되었다."

- 만일 철수가 물 위에 다리를 놓는 사람이며, 의치를 지닌 사람이라면, 위 문장은 애매하다.

예4) "너는 다리 밑에서 주어왔어!"

- 여기서 '다리'는 다의어다 : 다리[교(橋, bridge)] / 다리[각(脚, leg)]
- 이 때, '다리'가 둘 중 어떤 것을 뜻하는지 아는 사람에게 위의 문장은 애매하지 않다. 그리고 '다리'가 첫 번째의 의미[교(橋)]로 쓰였다고 생각하는 아이에게도 애매하지 않다. 둘 중 어떤 의미로 사용되었는지를 모르는 사람에게만

애매하다.

2 / 모호성(vagueness)

• 명확하게 정의된 의미나 용법을 지니지 않은 낱말이나 문장

• 예) 대머리 / 미인(美人) / 중년부인

3 / 명석판명(明晳判明)과 애매모호(曖昧模糊)

• 명석(clear, klar) : 외연이 명백한 개념 ↔ 애매(ambiguous) (데카르트 : "주의하는 정신에 나타나는 인식으로서, 그 실재성 또는 그 가치를 의심할 수 없는 것")

• 판명(distinct, deutlich) : 내포가 명백한 개념 ↔ 모호(vague) (데카르트 : "명석하며, 동시에 기타 일체로부터 구별되어 있어서 명석 이외의 어떤 것도 자체 속에 갖고 있지 않은 인식" [28])

• 개념을 판명하게 하기 위해서는 〈정의〉가 필요하다.

(4) 정의

• '정의(定義)'란 '뜻 · 의미(義)'를 '규정 · 확정 · 한정한다(定)'는 말이다. 헬라스어 horos (Ὅρος)는 horizein (ὁρίζειν, '경계 · 한계를 짓다') 이라는 동사의 명사형으로, '경계', '한계', '규정'이라는 뜻이다. 그리고 horismos (ὁρισμός)는 '정의'라는 의미다. '정의'란, 결국 어떤 개념의 경계를 짓는 것이다. 어떤 것의 경계를 설정하면, 그것(A)과 그것 아닌 것(~A)

---

28 Miller, V.R. and R.P.(ed.), *Descartes, Principles of Philosophy*, Dordrecht, 1983.I, §45.

과의 구별이 생긴다. 이로써 어떤 것의 의미를 확정할 수 있다. horizein에서 나온 또 다른 용어로는 Horizont (고대 헬라스어 : ὁρίζων, 현대 헬라스어 : ὁρίζοντας)혹은 horizon이라는 단어가 있는데, 이것은 흔히 '지평(선)' 혹은 '수평선' 등을 가리킨다. 이것 역시 하늘과 땅의 경계, 혹은 하늘과 바다의 경계를 가리킨다. 영어의 'definition' 역시 '의미를 한정한다'는 뜻의 'define'에서 유래한다.

• 정의는 유명적(唯名的) 정의(Nominaldefinition, 단어의 의미만 제시하는 것)나 실재적 정의(Realdefinition)일 수 있다. 유명적 정의는 하나의 개념을 다른 하나의 개념에로 환원한다. 즉, 유명적 정의에서는 한 개념이 다른 하나의 개념을 통해 정의된다. 그래서 토마스 아퀴나스(Thomas Aquinas, 1225-1274)는 "그것보다 더 위대한 것을 생각할 수 없는 자"라고 하는, 신에 대한 안셀무스의 규정이 유명적 정의에 불과하다고 주장한다(『신학대전』, I q.2a. 1 ad 2). 실재적 정의는 단순히 이름을 설명하는 것이 아니라, "대상의 가능성을 내적인 특징들로부터 설명함으로써, 객관의 내적 규정들에 따라 객관을 인식하기에 충분한"(Kant, *Logik* § 106, *Gesammelte Schriften* 9,143), 사상(事象)의 설명이다. 보편개념은 논리학에서 실재적 정의라는 의미에서의 본질개념(Wesensbegriffe)으로가 아니라 이름개념(Namensbegriffe)이나 집합개념(Klassenbegriffe)으로 파악된다. 집합은 "보편개념의 외연(범위)이다"(Albert Menne, *Einführung in die Logik*, Bern und München, 1966, 73). 개념을 형성하는 특징들의 총화가 그 개념의 내용(내포)이다.[29]

---

29 Hoffmeister, ebd., 187 f. 참조. 프레게 이후 현대 논리학에서, 내용(내포)은 종종 개념의 의미(Sinn)로, 외연은 개념의 지시대상(Bedeutung)으로 불린다.

(5)개념의 두 측면 : 내포와 외연

① 내포(內包, intension) : 내포는 그 개념이나 말이 적용되는 사물들을 명확히 규정하는 성질들의 집합이다. 어떤 개념이나 단어의 내포는, 한 대상이 그 말의 외연에 속하기 위해서 반드시 지녀야 하는 성질들로 구성된다.

② 외연(外延, extension) : 외연은 어떤 개념이나 말이 적용되는 사물들의 집합이다.

예) '물리학자'

- 내포 : 물리학에 조예가 깊은 사람 (물리학자들이 다른 사람들이나 사물들과 구별되는 성질들임)
- 외연 : 뉴튼, 하이젠베르크, 아인슈타인, (…)

2. 판단(判斷, Judgment, Urteil)

● 개념 + 개념 → 판단(판단의 단계에 이르러야 비로소 진위(眞僞)를 말할 수 있게 된다.)

● 한자(漢字) '판단(判斷)'은 '칼로(刀)' '반을(半)' '나눈다(斷)'는 뜻이다. 예컨대 '내 앞에 있는 이 꽃'이라는 개념은 분할되지 않은 채로 존재한다. 그런데 만약 내가 '이 꽃은 향기롭다'라는 판단을 내리면 '이 꽃'이라는 개념은 주어와, 자신의 속성을 드러내는 술어로 분열된다. '판단하다'를 뜻하는 영어 'judge'에는 이런 의미가 포함되어 있지 않다. 그것은 프랑스 고어인 'jugier'에서 유래하며, 그것은 다시 라틴어 'iudicem'에서 나왔는데, 이것은 '권리, 법, 정의'를 뜻하는 'ius'와 '말하다'를 뜻하는 'dicere'의 합성어다. 따라서 영어 'judge'의 어원적 의미는 '정의롭게 말하다'가 된다.

그러나 '판단'을 뜻하는 독일어 'Urteil'은 어원적으로 "근원(Ur) 분할(teilen)"을 뜻한다. 따라서 횔더린은 다음과 같이 말한다: "판단(Urtheil)은 최고의, 엄밀한 의미에 있어서의, 지적 직관에서 가장 내면적으로 통일된 객관과 주관의 근원적인 분리다. 판단은 그로 말미암아 비로소 객관과 주관이 가능하게 되는 분리, 즉 근원-분할(Ur=Theilung)[30]이다."[31]

• 판단을 언표하면 진술이 된다.

(1) 문장, 진술, 명제

1 / 문장(文章, Sentence)

• 문법에 맞춰서 늘어놓은 낱말들을 가리킨다. 주장, 질문, 명령, 감정의 표시 등에 쓰인다. 서술문은 주장하는 데 쓰이고("사람은 죽는다"), 의문문은 질문하는 데 쓰이며 ("사람은 죽을 수밖에 없는가?"), 명령문은 권유나 명령 등에 사용되고("부모에게 효도해라!"), 감탄문은 감정(감탄)의 표시에 쓰인다("얼마나 아름다운 음악인가!"). 그러나 문장은 아무런 의미를 갖지 않아서 아무 것도 표현하지 못하는 경우도 있다("초록색 관념들이 사납게 잔다").

1) 문장토컨과 문장타입

---

30 헤겔도 피히테 및 횔더린과 기본적인 인식을 공유하고 있다. 다음의 구절들을 참고할 것: "우리말의 판단이라는 말의 어원학적 의미는 더욱 심오하여, 최초의 것인 개념의 통일과, 근원적인 분할인 개념의 구별을 표현하는데, 이것이 판단의 참뜻이다."(Enz. § 166, TW 8, 316); "판단은 개념의 자기 자신을 통한 분열이다."(GW 12, 55); "판단은 (…) 근원적인 일자(一者, Einen)의 근원분할이다"(ebd.).

31 Friedrich Hölderlin, *Sämtliche Werke und Briefe. BdII*, hg. v. Michael Knaupp, Darmstadt, 1998, 50.

① 문장토컨(sentence token) : 물리적인 대상으로서 종이에 찍히거나 기재된 표, 또는 발음된 음파. '동일한 문장'이란, '동일한 문장타잎'을 뜻한다. 예) ㉮ "모든 철학자는 약간 비정상이다" ; ㉯ "모든 철학자는 약간 비정상이다"라고 기재된 두 문장은 동일한 타잎의 다른 토컨들이다.

② 문장타잎(sentence type)

㉮ 문장타잎을, 비슷한 토컨들이 예증하는(exemplify) 원형(pattern)으로 볼 수도 있고, 비슷한 토컨들의 집합으로 볼 수도 있다.

㉯ 두 개의 문장타잎이 동일하다고 할 수 있는 기준이 무엇인지는 논란거리가 되고 있다(ⓐ 인쇄상의 또는 청각상의 유사성을 그 기준으로 보는 사람도 있고, ⓑ 의 미의 동일성을 그 기준으로 보는 사람도 있다).

㉰ 명령문, 의문문, 서술문의 구별

ⓐ 그 주동사(主動詞)를 직설법으로 가지는 문장은 서술적이다.

ⓑ 그러나 '서술적'(declarative)이라 함은, 예컨대 그 주동사를 가정법으로 가지는 조건문도 포함하는 것으로, '직설법'(indicative)이라 하는 것보다 범위가 더 크다.

ⓒ 직관적으로 말하여 서술적 문장은 참 또는 거짓으로 분류될 수 있으나, 비서술적인 문장은 그렇지 못하다. 그러나 서술적임을 이와 같이 정의하는 것은 분명히 선결문제 오류에 빠질 것이다.

2 / 진술(陳述, Statement)

1〉 진술이란, 서술적인 문장이 발언되거나 기재(記載)되었을 때 말해진 바를 뜻한다.

2〉 '진술'이 비전문적(non-technical)으로 사용되면 애매해진다. 그것은 어떤 문장이 발언되거나 기재되는 사건을 뜻하기도 하고, 발언되거나 기재된 내용을 뜻하기도 한다. 그런데 우리의 현재 관심은 두 번째 것이다.

3〉 두 발언이나 기재가 어느 때 동일한 진술을 만드는가? 두 발언이나 기재가 '동일한 것에 관하여 동일한 것'을 이야기할 때, 오직 그 때에만 동일한 진술을 한다는 것이 일반적인 설명이다. 단순한 경우에 이러한 설명은 잘 들어맞는다. 예컨대,

"너는 덥다" ("x가 y에게 한 말)
"나는 덥다" (y가 한 말)
"I am hot" (y가 한 말)

이 세 발언은 위의 기준에 의하면 동일한 진술을 만든다. 그러나 이 기준을 정확하게 하기란 어렵다. 왜냐하면, 언제 두 발언이 동일한 것에 대하여 나온 것인지를 밝히기란 항상 쉬운 일이 아니며, 또 언제 두 발언이 그 주어에 관해 동일한 이야기를 하고 있는지 밝히기란, 불분명하기로 이름난 동의성(同義性, synonymy)에 호소해야 하는 관계로 더 더욱 어렵기 때문이다.[32]

▶ 문장과 진술

1〉 다른 단어들을 사용하여 동일한 진술을 할 수도 있다.

2〉 동일한 문장이 다른 문맥에서 다른 진술을 하기 위해 발설될 수 있다.

---

32 수잔 하크, 『논리철학』, 김효명 역, 종로서적, 1984, 98 f. 참조.

3〉 진술은 무언가가 옳거나 그르다고 주장하려고 사용된 문장(서술문)이며, 문장들 중, 질문, 명령, 감탄 등은 옳지도 그르지도 않다.

3 / 명제(命題, Proposition)

1〉 '진술'(statement)과 '명제'(proposition)는 딱 들어맞는 동의어는 아니지만, 논리학자들의 저술들에서 거의 동일한 의미로 사용된다. 또한 '진술'과 '명제'를, 그들이 표현되는 문장들(sentences)을 지시하기 위해 사용하기도 한다.[33]

2〉 동의어적인 서술문장들의 집합에 공통적인 어떤 것을 말한다. 명제가 이러한 의미로 이해될 때, 두 문장은 동일한 의미를 가질 경우 동일한 명제를 표현한다고 할 수 있다. 따라서, 진술의 경우에 있어서와 마찬가지로 여기서도 동의어의 문제에 봉착한다.

3〉 양상논리를 위한 가능세계 의미론이 탄생된 이후 유행하게 된 또 다른 명제해석은, 명제를, 그 명제가 참인 모든 가능세계의 집합 또는 가능세계로부터 진리치로의 함수와 동일시한다. 그러나 이러한 해석이 앞에서 말한 해석과 전적으로 다른 것인지는 확실치 않다. 왜냐하면, 우리는 p가 있는 가능세계와 q가 있는 가능세계를 p와 q를 구별함으로써 구별하기 때문이다.

4〉 명제를 여러 가지 상이한 법(法, mood)으로 표현된 문장들에 공통되는 내용과 동일시하는 해석도 있다 : "톰은 문을 닫았다" / "톰, 문을 닫아라!" / "톰이 문을 닫았는가?"

이 세 문장에 공통적인 내용은 '톰이 문을 닫는다'(Tom's shutting the

---

33 Irving M. Copi, *Symbolic Logic*, fifth edition, NY./London, 1979, 2 참조.

door)는 명제다. 이런 의미에서의 명제는 진리담지자의 후보가 될 것 같지 않다.

5〉 동일한 문장 / 상이한 진술 / 상이한 명제,
동일한 진술 / 상이한 문장 / 상이한 명제,
동일한 명제 / 상이한 문장 / 상이한 진술 등의 조합이 가능하다.[34]

6〉 명제란, 하나의 사실을 진술하는 문장의 내용이다. 우리말로 된 문장과 영어로 된 문장이 꼭 같은 하나의 사실을 진술한다면, 그 두 문장들이 표현하는 명제는 같은 명제라고 한다.

7〉 명제는 어떤 사실을 진술하는 것이므로 참될 수도 있고 거짓될 수도 있다. 명제가 아닌 감탄문이나 명령문 또는 의문문은 참이나 거짓이라는 값을 갖지 않는다.[35]

8〉 명제란, 문장이 의미하는 것이다. 동일한 명제를 표현하기 위해 두 개 이상의 문장이 사용될 수 있다 : 예) ① 뉴욕은 샌 프랜시스코보다 크다. ② 샌 프랜시스코는 뉴욕보다 작다. / 그리고 이와 반대의 경우도 발생한다 : 즉, 어떤 문장이 애매(曖昧)할 때, 그 문장은 상이한 명제를 표현하기 위해 사용될 수 있다 : 예) "He rents the house" ① ~에게 세(貰) 놓다, ② ~로부터 세(貰)를 얻다.

9〉 옳거나 그른 것은 명제다. 그러나 의미를 갖거나 갖지 못한 것은 문장이다. 문장은 의미를 전달하는 수단일 뿐이며, 그 의미가 무엇인지 우리가 아는 경우에만 우리는 그 문장이 표현하는 명제가 옳은지 그른지를 알

34 수잔 하크, ebd., 100 f. 참조.

35 소흥렬, 『논리와 사고』, 이화여자대학교출판부, 1992, 84 f. 참조.

수 있다. 실로, 명제란 "옳거나 그른 어떤 것"이라고 종종 정의되어 왔다.[36]

10〉 명제는, "나는 p임을 믿는다", "나는 p를 원한다" 등과 같이 명제태도 동사들의 대상이 될 수 있다.

▶ 문장과 명제

1〉 명제는 옳든지 그르든지 둘 중 하나며, 바로 이 점에서 명제는 물음(questions), 명령(commands), 감탄(exclamations)과 다르다. 문법학자들은 명제, 물음, 명령, 감탄의 언어적 표현을 서술문(declarative sentences), 의문문(interrogative sentences), 명령문 (imperative sentences), 감탄문(exclamatory sentences)으로 각각 분류한다.

2〉 서술문과, 서술문이 발설되어 주장할 수 있는 명제를 구별하는 것이 중요하다.

① 서술문은 항상 어떤 언어, 즉 그것이 발설되거나 기재된 언어의 부분이지만, 명제는 그것이 표현될 수 있는 언어의 어떤 것에도 속하지 않는다.

② 서술문과 명제의 또 하나의 차이점은, 동일한 문장이 다른 문맥에서 다른 명제를 주장하기 위해 발설될 수 있다는 점이다 [예) 'I am hungry'라는 문장은 다른 사람이 다른 주장을 하기 위해 사용할 수 있다]

3) 명제는 진술의 의미다. 진술은 '명제'를 표현한다. 말도 안 되거나(nonsensical, unsinnig) 일관성이 없는 문장은 어떠한 명제도 표현하지 않는다.

---

36 J. Hospers, ebd., 78 참조.

예)

· 지금 비가 내린다.

· It's raining now.

· Es regnet.

→ 상이한 문장 / 동일한 진술 / 동일한 명제

3. 추리(推理)

● 추리 : 영) reasoning,[37] ratiocination ; illation ; inference[38]

독) Schliessen, Schluß

● 추론(推論)이라고도 한다. 미리 알고 있는 하나 이상의 판단(전제)으로부터 새로운 하나의 판단(결론)을 이끌어내는 것이다.[39]

● 추론을 언표하면 논증(論證, argument)이 된다.

(1) 추리의 종류

1 / 전제가 결론을 지지하는 정도에 따라

① 연역추리(演繹推理), Deduction)

② 비연역추리 : ㉮ 귀납추리(歸納推理, Induction) ㉯ 가설유도추리 (假說誘導推理, Abduction)[40](C.S. Peirce의 구분)

---

37 추리란, 이성이 하는 일이기에 reason에 'ing'를 붙여 이 단어를 만들었다.

38 infer 〈 inferre 〈 in (= into) + ferre (= bring)

39 신기철·신용철 편, ebd., 3294 참조.

40 abduction (〈 ab-ducere = wegführen : '~으로부터 이끌어내다')

① 연역추리

규칙(Regel) : 이 자루 속의 모든 콩은 희다.

상황(Fall) : 이 콩들은 이 자루에서 나왔다.

결과(Resultat) : 이 콩들은 희다.

② 비연역추리

㉮ 귀납추리

상황 : 이 콩들은 이 자루에서 나왔다.

결과 : 이 콩들은 희다.

규칙 : 이 자루 속의 모든 콩은 희다.

㉯ 가설유도추리(가설을 세우는 것에 해당됨 / 퍼스의 용어를 사용하면, 규칙과 결과를 가지고 어떤 상황을 추론하는 것)

규칙 : 이 자루 속의 모든 콩은 희다.

결과 : 이 콩들은 희다.

상황 : 이 콩들은 이 자루에서 나왔다.

※ 그런데 추리를 진술하게 되면 하나의 논증을 구성하게 되므로, 우리는 연역추리, 귀납추리를 연역논증, 귀납논증으로 바꾸어서 사용해 볼 수도 있는데, 이 두 논증의 성격은 다음과 같다

① 연역논증(deductive argument)

• 연역논증만이, 그것의 전제가 절대적으로 확정적인(absolutely conclusive) 근거를 제공한다는 주장을 포함한다.

• '타당한'이나 '부당한'이라는 전문용어는 연역논증의 특성을 나타낼 때, '옳은'(correct)이나 '그른'(incorrect) 대신 사용된다.

② 귀납논증(inductive argument)

• 귀납논증은 그것의 전제가 결론에 대한 약간의 근거들을 제공할 뿐이라는 주장을 포함하고 있다.

• 귀납논증에는, '타당한'이나 '부당한'이라는 용어가 적절히 적용되지 않는다.

• 귀납논증은 그것의 전제가 결론을 제공하는 가능성이나 개연성의 정도에 있어서 다르다.[41]

▶ 연역논증의 예들

1〉 보편 → 특수

사람은 죽는다.
철수는 사람이다.
―――――――――
철수는 죽는다.

2〉 특수 → 특수

다영이는 다라보다 키가 크다.
다라는 다솜이보다 키가 크다.
―――――――――
다영이는 다솜이 보다 키가 크다.

41 Copi, ebd., 3 참조.

▶ 귀납논증의 예들

1〉 특수→특수[아래의 예의 경우는 유비추론(類比推論, analogy)임]

A는 유아원 보육교사다.

B도 유아원 보육교사다.

A는 인내심이 많다.

B도 인내심이 많을 것이다.

2〉 보편→보편

모든 철학과 학생은 IQ가 높다.

모든 철학과 학생은 강한 자신감을 가지고 있다.

모든 철학과 학생은 공부를 잘 할 것이다.

※ 가설유도추리의 예들

1〉 규칙 : 타이핑을 많이 하면 소매가 닳는다.

결과 : 그녀의 소매는 닳아 있다.

상황 : 그녀는 타이핑을 많이 했다.

2〉 규칙 : 비가 오면 땅이 젖는다.

결과 : 땅이 젖어 있다.

상황 : 비가 왔다.

2 / 전제의 수에 따라

① 직접추리

예1) "용각산은 소리가 나지 않습니다." → "소리가 나는 것은 용각산이 아닙니다." (후건부정식, modus tollens)

예2) "이 바나나는 달다." → "이 바나나는 좋은 바나나다." (대전제가 생략된 전건긍정식, modus ponens).

② 간접추리(전제가 두 개 이상임)

▶ Syllogism이란? : '연역논증(추론)'이라는 뜻이다. 아리스토텔레스의 Syllogismos (συλλογισμός)에서 유래하는 용어로, '함께(syl) 말한다(logismos)'라는 뜻이다. 여기에 '3'이라는 의미는 없다. 헬라스어 'syn'(여기서는 'logism'이 'l'로 시작되므로 여기에 동화되어 'syl'로 바뀐 것임)은 '함께(together)'라는 뜻이지 셋(3)이라는 뜻이 아니다.

(2) 추리와 논증

1 / 추리

① 언어적인 것이 아니다 → 심리적 활동

② 추리의 전제 · 결론은 → 의견, 신념, 지식 등이다.

③ 추리를 진술하면, 논증이 된다.[42]

추리는, 그 과정의 출발점으로 받아들여지는 하나 이상의 명제들을 근거로 하여 어떤 명제가 긍정되는 활동이다.[43]

④ 전제로부터 결론으로 가는 것을 추리(추론)라 하고, 결론으로부터

---

42 웨즈리 C. 새먼, 『논리학』, 곽강제 역, 박영사, 1986, 25 f. 참조.

43 Copi, ebd., 2 참조.

전제로 가는 것, 그리하여 결론의 옳음을 드러내는 행위를 '정당화', '증명(입증)'이라고 한다. 이들과 구별해야 할 것으로, '설명'(explanation)이 있는데, '설명'은 결론을 이미 옳은 것으로 승인하고 있는 상태에서 그 이유를 제시하는 것을 가리킨다.

2 / 논증

● 논증이란, 전제와 결론으로 이루어진 일군의 진술이다.

● 일상적 용법으로는 흔히 '논쟁(論爭)'을 뜻하지만, 논리학에서는 대체로, 입증하는 증거와의 관계가 고정되어 있는 한 결론(conclusion)이라고 말할 수 있다. 더 정확하게 말하면, 하나의 논증이란 서로간의 관계가 고정되어 있는 일군의 진술이다. 하나의 논증은 결론이 되는 한 진술과, 그것을 입증하는 증거로서 제시된 하나 이상의 진술들로 구성된다. 증거로서의 진술들을 '전제들'(premises[44])이라 부른다.[45]

● 논증이란, 어떤 하나의 명제나 진술의 진리성의 근거를 제공한다고 주장되는 다른 명제들이나 진술들로부터 그 하나의 명제나 진술이 나온다고 주장되는 일군의 명제나 진술이라고 정의될 수 있다.[46]

(3) **정당화**(justification) · **증명**(proof)

● 결론의 옳음을 입증하려고 하는 작업이다.

● 만일 어떤 논증이 그 결론에 대한 정당화를 시도한다면 두 가지 문제

---

44 premise 〈 praemissa 〈 prae (before) missum, mittere (send) = put before

45 새먼, ebd., 15 참조.

46 Copi, ebd. 참조.

가 일어난다. ① 그 전제들은 옳은가? ② 그 전제들은 결론과 올바르게 관련되어 있는가? 만일 이 둘 중의 어느 하나라도 부정된다면, 그 정당화는 만족스럽지 못하다.

형식논리학은 두 번째 문제에만 관계한다. 어떤 논증이 논리적 분석을 받게 되면, 이 '관계'가 문제의 초점으로 등장한다. 형식논리학은 전제들의 진리성(옳음)을 다루는 것이 아니라, 전제들과 결론 사이의 관계를 다룬다.

논리학의 근본적인 목적들 중의 하나는, 논리적으로 올바른 논증들과 논리적으로 올바르지 못한 논증들을 구별하는 방법들을 마련하는 것이다. 어떤 논증이 지닌 논리적인 올바름과 올바르지 못함은 오로지 전제들과 결론 사이의 관계에만 의존한다. 논리적으로 올바른 논증에 있어서는 그 전제들이 결론에 대하여 다음과 같은 관계를 가진다. 즉, 만일 전제들이 옳다면, 이 사실은 그 결론을 옳은 것으로 받아들여도 좋을 훌륭한 근거를 만들어 준다.

● 논증의 표준형식 : 전제들을 먼저 쓰고 난 다음에 결론을 쓰고, 결론 앞에 ∴표를 사용하여 결론을 표시한다. 그러나 일상의 글들 속에서는 결론이 맨 앞 또는 중간 또는 맨 끝에 오기도 한다.[47]

● '증명'(證明)은 '입증'(立證) 혹은 거증(擧證)이라고 하는데, 여기에는 다음의 두 종류가 있다.

① 논증(論證, demonstration) : 이것은 순전한 이성에 의한 논리적인 증명이다.

47 새먼, ebd., 17 ff. 참조.

② 검증(檢證, verification[48]) : 이것은 감각경험을 통한 증명이다.

(4) 논증에서 고려해야 할 두 요소

1 / 타당성(妥當性, validity)

전제를 옳다고 가정했을 때, 그 전제로부터 결론이 논리적으로 필연적으로 도출될 경우, 그 논증이 갖는 성격

2 / 완벽성(完璧性) / 정연성(整然性) [soundness]

타당한 논증 가운데, 전제가 모두 옳은 논증이 갖는 성격

※ 진술 : '옳다'(right, true) / '그르다'(wrong, false)

논증 : '타당하다'(valid) / '부당하다'(invalid)

• 옳음과 그름은 명제나 진술의 특성을 나타내며, 또한 그들이 표현되는 서술문의 특성을 나타낸다고 말할 수도 있다.

• 그러나 논증은 옳거나 그르다는 말로가 아니라 '타당한'이나 '부당한'이라는 말로 적절히 그 특성을 나타낼 수 있다(그러나 어떤 논리학자들은 논리적으로 옳은 진술의 특성을 나타내는 데, '타당한'이라는 용어를 사용하기도 한다).

• 논증의 결론의 옳음을 확립(입증)하려면 두 가지 조건이 충족되어야 한다. 즉,

① 논증이 타당해야 하며

② 전제가 모두 옳아야 한다. → 이런 논증을 '완벽(정연)하다'(sound)고 한다.

---

48 〈 verus (true) + facere (make)

• 전제의 옳고 그름을 결정하는 것은 일반적인 과학적 탐구가 해야 할 임무다. 왜냐하면, 전제는 적어도 어떤 주제가 되는 문제(subject matter)에 관계될 수 있기 때문이다. 그러나 논증의 타당성 · 부당성을 결정하는 것은 연역논리의 특수한 영역이다.[49]

▶ 다음 논증들은 타당한가 부당한가? 그리고 타당한 경우, 완벽하기도 한가?

1. 모든 사람은 죽는다.
   ―――――――
   모든 동물은 죽는다.

2. 빵은 일정한 기간이 경과하면 부패한다.
   ―――――――
   음식물은 일정한 기간이 경과하면 부패한다.

3. 여자는 죽는다.
   ―――――――
   인간은 죽는다.

4. 사람은 죽는다.
   ―――――――
   철수는 죽는다.

5. 미국의 수도는 Washington D.C.다.
   대한민국의 수도는 서울이다.
   ―――――――
   지구는 태양을 중심으로 공전 · 자전한다.

6. 모든 꽃은 시든다.
   조화(造花)도 꽃이다.
   ―――――――
   조화(造花)도 시든다.

49 Copi, 1979, 4 f. 참조.

※ 위의 모든 논증은 부당한 논증이다 / 특히 7의 경우는, 학생들이 〈타당하기는 하지만, 완벽하지는 않은 논증〉의 예로 제시했다. 그러나 이것은 일견, 〈타당하기는 하지만, 완벽하지는 않은 논증〉으로 보이지만, 실은 〈애매어(曖昧語)의 오류〉을 범하고 있는 논증으로서, 부당한 논증이다 (첫 번째 전제에서의 꽃 : 자연의 꽃 / 두 번째 전제에서의 꽃 : 인공적인 꽃. 따라서, 이 논증을 제대로 분석하여 다시 기술하면 다음과 같다)

모든 자연의 꽃은 시든다.
모든 인공적인 꽃도 자연의 꽃이다.
―――――――――――――
모든 인공적인 꽃도 시든다(※ 두 번째 전제는 자체모순적인 진술이다).

▶ 타당하기는 하지만 완벽하지는 않은 논증의 예들

1. 모든 사람은 죽지 않는다.
철수는 사람이다.
―――――――――
철수는 죽지 않는다.

2. 모든 미인(美人)은 박명(薄命)하다.
춘자는 미인(美人)이다.
―――――――――
춘자는 박명(薄命)할 것이다.

3. 어떤 이름이 있으면, 그것에 대응하는 대상이 실재한다.
신이라는 이름이 있다.
―――――――――
신은 실재한다.

▶ 완벽한 논증의 예들

1. 사람은 죽는다.

   철수는 사람이다.

   철수는 죽는다.

2. 만일 김대중 대통령이 노벨 평화상을 탔다면, 김대중 대통령은 한국 최초의 노벨상 수상자다.

   김대중 대통령은 노벨 평화상을 탔다.

   김대중 대통령은 한국 최초의 노벨상 수상자다.

3

인식론
: 인간과 앎

Ⅰ. 인식론(認識論, epistemology, theory of knowledge)과 인식

● 인식론은 인식(지식)의 문제를 다루는 철학의 분야로, 지식이론이라고도 한다. 즉, 인식론은 인식의 본성, 원천, 범위, 한계 등의 문제를 다루며, 우리가 무엇을 '안다'고 말할 때, 그 '무엇'의 실상(實狀)을 올바로 알 경우 '사실(事實)'을 알았다 혹은 '진리(眞理)'를 알았다고 말하는데, 과연 진리란 무엇인가? 등을 다루는 철학의 분야다. 그것은 한마디로 말하면 '인식의 인식'(epistēmē tēs epistēmēs, ἐπιστήμη τῆς ἐπιστήμης) 작업이다. 인식론을 뜻하는 영어 'epistemology'는 헬라스어 ἐπιστήμη (epistēmē)에서 유래한다. 이는, '참된 앎(인식) [epistēmē]'에 대한 '이론[logy]'이라는 뜻이다. 그런데 헬라스에서 epistēmē는 '앎 전체'가 아니라 특정한 종류의 앎이다. 플라톤은 앎을 네 종류로 구분한다(『국가』 제6권). 플라톤은 우선 '앎'을 현상계에 대한 앎인 'doxa (δόξα)'와 이데아계에 대한 앎인 'epistēmē (ἐπριστήμη)'로 나누고, 또 각각을 두 종류로 나누어 모두 네 종류의 앎을 제시한다. 이는 아래와 같이 구분된다:

1. doxa (δόξα : 의견, 억견, 판단)

   ① aikasia [εἰκασία, 추측(推測), 억측, 짐작]

   ② pistis [πίστις, 신념(信念)]

2. epistēmē [ἐπριστήμη, 진지(眞知)/인식(認識)]

   ③ dianoia [διάνοια, 추론적 사고(推論的 思考)]

   ④ noēsis [νόησις, 이성적 사고(理性的 思考)]

이때, 두 종류의 참된 인식[epistēmē]은 눈에 보이는 것들[ὁρατά]이나 감각대상들이 아니라 눈에 보이지 않는 것들[ἀόρατα], 즉 비가시계인 지성의 대상들[νοητά]과 관계한다. 플라톤이 말한 참된 앎의 한 종류인 ③ dianoia (추론적 사고 / 509 c5 이하)의 대상은 수학적 대상[μαθηματικά]으로서, 수학적인 것들(도형들, 홀 · 짝수 등)을 대상으로 삼는다. 수학자가 다루는 추상적인 대상은 이데아와 마찬가지로 영원성과 불변성이라는 특성을 지닌다. 그리고 이런 대상들은 생성의 세계가 아닌 존재의 세계에 속한다. 하지만 이들은 일상적인 평범한 대상들이 지니는 특성도 공유한다. 즉, 이들은 하나가 아니라 다수다. 기하학자가 다루는 원은 원의 이데아와는 달리 서로 교차할 수 있으며, 산술학자가 다루는 둘(two)은 오직 유일할 뿐인 둘의 이데아와는 달리 서로 더해져서 넷을 만들어 낸다(525 c-526 a 참조).

④ noēsis (이성적 사고)의 대상은 원리(原理)들[원질(原質)들, ἀρχαί]이다. 이는 철학자의 담당분야인 이데아 혹은 형상(形相)들을 대상으로 삼는다.

II. 진리란 무엇인가?

• "진리란 무엇인가?"라는 물음은 일찍이 빌라도가 예수에게 던진 것으로 알려진 물음이기도 하다 : "빌라도가 그에게 '진리가 무엇이냐?'라고 말한다"(λέγει αὐτῷ ὁ πιλᾶτος. τί ἐστιν ἀλήθεια, 요한복음 18:38).[1]

• 진리(眞理) : 영 : truth / 독 : Wahrheit / 불 : vérité / 라 : veritas / 헬 : aletheia (ἀλήθεια)

• '진리'는 크게 두 가지 의미를 지니고 있다.

1. '진리'는 우선 '참된(眞) 이치(理)' 혹은 '참된(眞) 원리(理)'를 뜻한다. 이것은 다시 ① 현실 속의 참된 원리(이치)와 ② 현실을 초월한 참된 원리(이치)로 나눌 수 있다. 현실에 존재하는 참된 원리에는 여러 종류가 있는데, 예컨대 많은 자연법칙들과 사회를 움직이는 원리들, 수학적 원리들이 여기에 속한다. 두 번째로 언급한, '현실을 초월한 참된 원리(이치)'에 대해서는 찬반양론이 있다. 모든 현상을 자연적인 것으로 해석하고, 초자연적인 것을 인정하지 않는 사람들은 이 두 번째의 영역을 인정하지 않는다. 그러나 다른 한편의 사람들은 자연적인 것을 가능케 하는 초자연적 영역, 예컨대 우주를 있게 한 어떤 초자연적 존재자와 그 원리를 인정한다. 이 영역은 신비(神秘, mystery)[2]의 영역이다. 신비한 것이기에, 그것에 대해 '말할 수 없다'[언어도단(言語道斷)].

---

1 빌라도가 예수를 심문할 때 던진 물음이다. 예수는 이 물음에 대해서는 대답하지 않았다.

2 신비(神秘)를 뜻하는 mystery라는 말은 헬라스어 μυστήριον (mysterion)에서 유래하며, 이 말은 '(입)을 닫다"라는 뜻을 지닌 μυώ로부터 나왔다. '신비'는, 드물게 발생할 수도 있고 자주 발생할 수도 있는 현상이지만, 그 이유나 원리를 모르는 현상을 가리키는 말이다. 즉, 이론과 인식을 초월하여 불가사의한 비밀이다. 예컨대, 우리는 '우주발생의 신비'나 '생명체 발생의 신비'라고 말한다.

2. 두 번째로, 이러한 참된 이치나 원리가 〈언표(言表)된 것〉(언어화 · 문자화된 것)을 '진리'라고 한다. '지구는 태양을 중심으로 공전 · 자전하고 있다'라는 진술을 생각해보자. 내가 이 사실을 알든 모르든, 그리고 그것을 사실로 인정하든 인정하지 않던 간에, 지구는 태양을 중심으로 공전 · 자전하고 있다. 이것은 객관적인[3] 사실이자 진리다. 이런 객관적인 사실에 대하여 우리가 진술할 때, 사실을 올바로 진술할 수도 있고 그렇지 않을 수도 있는데, 전자의 경우를 '참'(진리, 옳은 진술)이라 하고 후자의 경우를 '거짓'(허위, 그른 진술)이라 부른다.[4]

※ 진리는 〈존재(자)〉의 측면(①과 ②-①)과 〈언어〉의 측면(②-②)이라는 두 측면을 갖고 있다.

---

3 이때의 '객관적(客觀的)'이라는 말은 '나도, 너도, 우리 모두가 인정하는' 혹은 '상호주관적(相互主觀的)'이라는 의미의 '객관적'이 아니다. 어떤 사태가 인식주관 쪽에 있는 것이 아니라 인식대상 혹은 인식객관 쪽에 있다는 의미의 '객관적'이다. 예컨대 로크가 물리적 대상의 성질을, 대상(객관) 자체가 가지고 있는 제1성질(primary qualities)과, 제1성질이 우리의 감각을 자극함으로써 나타나는 제2성질(secondary qualities)로 나눌 때, 제1성질이 우리 인식주관이 아니라 인식대상(객관)에 속한 '객관적인' 성질이라고 할 때의 의미와 같다. 예컨대 로크에 의하면, 〈모양, 운동, 정지, 수〉 등은 외적 대상 자체에 속하는 객관적 성질이다. 야구공은 둥글게 보일 뿐만 아니라 실제로 둥글며, 움직이는 것으로 보이는 데 그치지 않고 실제로 움직이는 것이다. 그러나 제2성질은 물리적 대상이 우리의 감각을 자극함으로써 우리의 주관에 나타나는 '주관적인' 성질이다. 〈차다든가 달다〉와 같은 성질은 물(物) 자체 — 물론, 칸트가 말하는 물 자체가 아님 — 가 지니고 있는 성질이 아니라 우리가 물(物)에 대해 느낀 것에 불과하다. 설탕은 사람에게는 달다고 느껴지지만, 그것은 우리의 미각의 느낌에 불과하고, 우리의 미각을 떠나서 설탕 자체가 단 것은 아니라고 본다.

4 이때, '올바로'라는 말이 과연 무엇을 뜻하는가 하는 것은 쉽게 대답할 수 없는 문제다. 그러나 이 문제에 관해서는 뒤의 〈진리의 기준〉에 관한 항목에서 좀 더 자세히 살펴볼 것이다.

① 초현실계 : 초경험적 영역	② 현실계 : 경험의 영역	
	②–① 사물의 세계	②–② 언어의 세계
• 현실을 초월해 있는 초경험적 원리 · 이치(언어로 표현 · 파악 불가능) • 불립문자(不立文字) • 언어도단(言語道斷) • 꿈 · 환상[기술(記述) 가능] • 도(道) · 태극(太極) 등으로 기술(記述)하지만, 궁극적으로는 언표할 수 없는 영역	사실 · 현상의 영역	②를 표현하는 진술(언어 · 문자)의 영역

①의 영역은 언어로 표현 불가능하다고 한다. 이 영역은

● 종교적 믿음의 영역이고

● 선불교(禪佛敎)에서 말하는, 〈깨달아야만 하는〉 영역이다. 불가(佛家)의 『능가경(楞伽經)』에 나오는 '손가락과 달'의 비유에서, 손가락은 언어 · 문자의 영역이고, 달은 초경험적 진리의 영역을 가리킨다.

● 노자가 "도가도 비상도. 명가명 비상명(道可道 非常道. 名可名 非常名)"이라고 말할 때, '도(道)'로 가리키는 내용도 여기에 해당한다.

● 비트겐슈타인은 자신의 『논리 · 철학론』을 "말할 수 없는 것에 대해서는 침묵해야 한다"(Wovon man nicht sprechen kann, darüber muß man schweigen)라는 주장으로 끝맺고 있다.

※ 〈이성적 · 비이성적 · 반이성적 · 초이성적〉의 구별

이성적	비(非)이성적		
	비(非)이성적 (좁은 의미)	반(反)이성적	초(超)이성적
	감정내용 의지내용	모순 contradiction	신비 mystery

▶ 진리를 가리키는 헬라스어 aletheia (ἀλήθεια)

• '망각(忘却)'을 뜻하는 'lēthē' (λήθη)에 부정접두어 'a'가 붙은 것. 기억(記憶) 또는 상기(想起)의 의미로도 사용한다. 하이데거는 이를 〈비은폐(非隱蔽)〉, 혹은 〈탈은폐(脫隱蔽)〉(Unverborgenheit)로 번역하였다. 즉, 원래 헬라스어 ἀλήθεια는 '잊어버린 것을 다시 기억해 냄'이라는 의미를 지니고 있는데 비해, 이에 대한 하이데거의 해석은 '감추어진 것을 드러냄'이라는 의미를 지니고 있다. 그런데 전자와 후자의 공통점은, 〈무엇을 있는 그대로 드러내는 것〉이라는 점이다. 또한

• 위에 말한, 진리의 첫 번째 의미인 1의 '참된 이치'와 '비은폐'의 공통점도, 진리란 〈무엇을 있는 그대로 드러내는 것〉임을 나타낸다는 점이다. 그런데 여기에는, 진리의 가장 전통적인 기준인 〈일치설〉 내지 〈대응설〉이 포함되어 있다.

Ⅲ. 인식의 원천에 관한 견해들

1. 이성주의(rationalism)

• 이성주의(rationalism)란, 인식의 원천이 인간의 이성(라: ratio[5], 영: reason)이라고 주장하는 입장을 가리킨다. 이 입장은 주로 유럽대륙을 중심으로 전개되었기에 이를 '대륙의 이성주의'라고 부르기도 한다. 이성주의는 인간의 인식이 필연성과 보편타당성을 지녀야 한다고 주장한다. 그러나 우리의 감각경험은 단지 사실만을 보여줄 뿐이며, 경험이 반드시 그러해야만 한다는 '필연성'을 제공해주지 않는다. 또한 감각경험은 어떤 특정한 시간과 장소에서 어떤 특정한 사람이 하는 것으로서, 모든 사람의 감각경험이 동일하다는 것을 보증하지 못한다. 그러므로 이성주의자들은 참된 지식은 감각경험이 아니라 오직 이성을 통해서만 성립할 수 있다고 생각한다.

• 이런 입장을 지닌 이성주의자들은 따라서 수학(기하학)을 모든 학문의 이상(理想)·모범(模範)으로 생각하고, 수학의 방법을 통해 자신들의 철학을 구축하고자 했다. 데카르트는 독창적인 수학자로서 해석 기하학(혹은 분석기하학)을 창시하였고, 스피노자 또한 자신의 철학을 '기하학의 방법에 따라' 서술하였으며, 라이프니츠 역시 미·적분의 발명자라는 것은 주지의 사실이다. 그러면 과연 이들은 무엇을 주장했는지 살펴보도록 하자.

▶ 이성주의자들이 자신의 방법으로 채택한 것들 : 수학(기하학)의 연

---

5 이성을 뜻하는 라틴어 ratio는 헬라스어 logos (λόγος)를 번역한 것인데, 번역되면서 ratio에서는 logos가 갖고 있는 '말', '언어'의 의미는 탈락되고 '이성'이라는 의미만이 남게 되었다.

역적 방법(거미의 방법)

• 데카르트는 진리탐구의 방법으로 수학적 방법, 특히 기하학적 방법을 본받았다. 기하학은 그 공리(公理)[6]를 인정하면 나머지 전 체계도 인정해야 하는 필연적인 논증체계, 즉, 공리에서 출발하는 연역체계(演繹體系)다.

• 기하학에서는 이러한 공리가 자명(自明)한[self-evident] 명제로서 주어지지만, 이런 기하학의 체계를 도입하고자 하는 철학에서는 이 제1원리를 스스로 찾아야 한다. 그것은 주어지는 출발점이 아니라 탐구되어야 할 도달점이다. 이 제1원리를 찾는 작업을 데카르트는 〈제 1철학〉이라 불렀다.

• 스피노자도 자신의 『윤리학』을 이런 식으로 서술하였다. 이 책의 본래의 제목은,『기하학적 질서에 따라 논증된 윤리학』(*Ethica ordine geometrico demonstrata*)이다(원문은 라틴어로 쓰임). 책은 5부로 구성되어 있다. 각 부는 정의(定義)와 공리(公理)로 시작되고, 그 다음에 나오는 명제들은 정의와 공리, 그리고 앞선 명제들에 의거하여 증명되는, 연역적으로 조직된 체계다 : [정의(定義, Definition/Definition) → 공리(公理, Grundsatz/Axiom) → 정리(定理, Lehrsatz/Proposition) → 증명(證明, Beweis/Demonstration) → 계(系, Folgesatz/Corollary[7]) → 주(석)[註(釋), Anmerkung, Note (scholium)] → Q.e.d. [Quod erat demonstrandum] ['이

---

6 유클리드는 '자명한 것'으로 생각되는 명제, 즉 증명을 요하지 않는 명제 중, 기하학 특유의 명제를 〈공준(公準)〉(postulate), 보다 일반적인 것을 〈공리(公理)〉(axiom)라고 함("임의의 두 점을 연결하는 직선을 그을 수 있다"는 등의 기하학적인 5개의 공리). 점차로 공리에서 '자명한 이치'라는 뜻이 약해지고, 단지 〈이론의 기초〉로 가정한 명제를 그 이론의 〈공리〉라고 하게 됨.

7 corollary는 기하학의 체계 밖에서는 '보충', '여론(餘論)' 등의 의미로도 사용된다.

상(以上)이 증명되어야 할 점이었다': 이 표현은 유클리드 용어의 답습임]

● 이성주의는 연역적 방법으로 보편타당한 지식을 도출하려고 한다.

● 보편성 · 필연성은 있으나, 경험적 실재성이 문제가 될 수 있다. 즉, 감각경험을 무시하고 논리적 모순만 없으면 진리라고 주장함으로써 독단적으로 된다.

● 인간의 선험적(先驗的) 지식을 인정한다.

2. 경험[8]주의(empiricism)

● 인식의 원천을 감각경험이라고 주장하는 입장을 경험주의(empiricism[9])라 하는데, 이 입장은 주로 영국을 중심으로 전개되었기 때문에 이를 '영국의 경험주의'라고 부르기도 한다.

● 경험주의자들은 인간이 선험적 지식을 가지고 있다는 것을 부인한다. "이미 감각 속에 존재하지 않은 것은 지성 속에 존재하지 않는다"(Nihil est in intellectu, quod prius non fuerit in sensu)는 것이, 경험주의자들이 오래 전부터 가지고 있는 주장이다. 우리가 어떤 것을 경험하기 전의 우리의 의식의 상태는 '아무 것도 쓰여 있지 않은 지워진 서판(書板)'과도 같다.

---

8 '경험(經驗)'(experience/Erfahrung)은 가장 넓은 의미로는, 인간과 환경이 관련하는 방법 내지 성과의 총체를 의미하는데((『세계철학대사전』, 46 참조), 인간의 의식(意識)이 겪는 모든 일, 그리고 그로 인해 발생한 의식의 내용 모두를 가리킨다. 이에 비해, '체험(體驗)'(experience/Erlebnis)이란, 인간이 몸(體)을 통해 어떤 일을 겪는 일, 그리고 그로 인해 발생한 의식의 내용을 가리킨다. 경험(혹은 체험)은 ① 경험작용과 ② 경험을 통해 얻은 내용이라는 두 가지 의미를 지닌다. 이것은 '의식'이라는 용어의 경우도 마찬가지다(① 의식작용과 ② 의식내용). 그런데 인식론에 있어서의 '경험주의'에서 말하는 경험은 '감각경험'을 가리킨다.

9 he empeiria (ἡ ἐμπειρία) : experience / empirical: (라 : empiricus 〈 헬 : empeirikos, empeiros (experienced) 〈 em: (in) + peira (trial) + al)

▶ 일반적으로 '빈 서판'으로 번역되고 있는 라틴어 tabula rasa는, 글자 그대로는, '(글이나 그림 등이) 지워진 서판'(erased tablet)이라는 뜻을 지니고 있다. 'rasa'는, '지우다'를 뜻하는 'radere'의 여성 과거분사형이며, tabula는 tablet이라는 의미인데, 고대에는 밀랍이 입혀져서, 글을 쓴 다음에 완전히 지워질 수 있는 서판을 가리켰다.[10] 예컨대 유대·기독교의 성서에서 말하고 있는 모세가 시내산에 올라가 신으로부터 십계명을 받기 전에 '아무 것도 쓰여 있지 않은 돌판'이 tabula rasa다. 이런 것을 헬라스어로는 'pinax agraphos'(πίναξ ἄγραφος, unbeschriebene Tafel)라고 한다. 그것은 '아무 것도 쓰여 있지 않은'(agraphos) '판(板)'(pinax)이다. 이것을 라틴어로 번역한 것이 바로 tabula rasa다. 그런데 헬라스어로 된 표현은 경험주의가 주장하는 사태를 올바로 나타내고 있다. 즉, 우리가 감각경험을 하기 전의 우리의 의식의 상태는 마치 포맷(format)만 되어 있고 아무런 자료도 저장되어 있지 않은 디스크와도 같다. 그러나 라틴어 번역은 '이미 무언가가 쓰여졌다가 지워진 서판'을 가리키고 있기에, 본래의 경험주의의 취지를 제대로 나타내고 있지 못하다. 로크는 『인간지성론』(*An Essay concerning Human Understanding*, 1689) 제2권 제1장: '관념 일반 및 그 기원에 관하여'에서 이 상태를 "아무런 문자도 적혀있지 않은 백지(白紙)"[11]라고 표현하고 있다.

---

10 http://de.wikipedia.org/wiki/Tabula_rasa-, 그리고 http://dictionary.reference.com/browse/tabula+rasa 참조.

11 "§ 2. 그렇다면 마음이, 말하자면, 아무런 문자도 적혀있지 않고 어떤 관념도 없는 백지라고 생각해보자. 어떻게 해서 마음은 관념을 갖추게 되는가?"(§ 2. Let us then suppose the Mind to be, as we say, white Paper, void of all Characters, without any Ideas: — How comes it to be furnished?"(*An Essay concerning Human Understanding*, ed. with an introduction, critical apparatus and glossary by Peter H. Nidditch, Oxford, 1975, 104.

그러나 고대에 아이스퀼로스(Αἰσχύλος, Aischylos, Aeschylus, BC 525 경- BC 456 경)도 이미, 체험들은 "감각의 서판 속으로" 새겨진다고 말한다.[12] 아리스토텔레스에 있어서도 『혼에 관하여』(*Περί Ψυχῆς*)에서 혼과 밀납서판의 비교를 발견하게 된다. "우리는 그것을, 아직 아무 것도 실제로 쓰여 있지 않은 서판처럼 생각해야 한다."[13]

스토아학파에서도 혼과 밀납서판의 비교가 발견된다. 중세로부터 이 사상은, 알버투스 마그누스(Albertus Magnus, 1200 경-1280), 프란시스쿠스 메르쿠리우스 반 헬몬트(Franciscus Mercurius van Helmont, 1614 - 1698 경) 그리고 토마스 아퀴나스 등 여러 철학자들에 의해 받아들여졌다. 토마스는 다음과 같이 말한다: "그런데 인간의 지성은 예지적인 것(Intelligiblen)과 관련된 능력을 가지고 있지만, 아리스토텔레스가 *De anima*의 제3권에서 말하는 것처럼, 처음에는 아무 것도 쓰여 있지 않은 서판[„**tabula rasa**"]과 같다. 여기서 분명하게 드러나는 사실은, 우리가 처음에는 가능적으로만 지성적(intelligent)이지만, 나중에는 현실적으로 지성적으로 된다는 것이다."[14]

● 귀납적 방법(꿀벌 · 개미의 방법) → 경험적 실재성은 있으나 보편

---

12 Arnim Regenbogen, Uwe Meyer, ***Wörterbuch der philosophischen Begriffe***, Hamburg, 2005: tabula rasa.

13 *De anima* (*Über die Seele*) III 4, 429b29 – 430a2.

14 "Intellectus autem humanus [⋯] est in potentia respectu intelligibilium, et in principio est sicut tabula rasa in qua nihil est scriptum, ut philosophus dicit in III de anima. Quod manifeste apparet ex hoc, quod in principio sumus intelligentes solum in potentia, postmodum autem efficimur intelligentes in actu."(Thomas von Aquin, Summa Theologiae I q.79 art.2 corr (http://www.corpusthomisticum.org/sth1077.html#31730). 이상 https://de.wikipedia.org/wiki/Tabula_rasa 참조.

성 · 필연성은 확보할 수 없고 〈개연성〉만 확보(사례를 아무리 많이 모은다 해도 전체가 될 수는 없기 때문) → 극단적으로 가면 〈회의론〉으로 됨.

• 이성주의가 일반적으로, 사유의 필연성과 보편타당성이라는 인식 〈이상(理想)〉을 묻는 반면에, 경험주의는 인간의 지각이 어떻게 현실을 우리에게 제시하는가 하는 인식〈현실〉에서부터 출발한다. 인식현실이 우리에게 보여주는 바는, 인간지식의 형성이 광범위한 감각의 참여로써 이루어진다는 점이다. 우리는 감각기관을 통하여 세계 속의 사물에 관한 지식을 얻는다. 만일 감각기관이 없다면 세계는 우리에게 봉쇄된 채로 있을 것이며, 마치 봉인(封印)된 책과도 같은 것이 될 것이다. 이렇게 보면 모든 현실적 지식은 경험에 의존하고 있는 것 같이 보이며, "이미 감각 속에 존재하지 않은 것은 지성 속에 존재하지 않는다"고 한 저, 중세로부터 전해져 오고 있는 경험주의의 진술이 지적하는 바와 같이, 감각적 인식이 본질적인 것처럼 보인다.

• 이러한 사상적 입장은 이미 고대의 소피스트들이나 스토아(Stoa)학파 및 에피쿠로스(Epicuros)학파에 의해서도 취하여졌었지만, 경험주의의 체계적인 구성은 근세철학의 산물이며, 그것의 정초자(定礎者)는 로크(John Locke, 1632-1704)라 할 수 있다. 로크는 베이컨(Francis Bacon, 1561-1626)과 홉스(Thomas Hobbes, 1588-1679)의 경험주의를 계승하는 한편, 1690년에 발표된 『인간지성론』을 통하여 계몽철학의 새 기원을 열었다. 그리고 아일랜드의 버클리와 스코틀랜드의 흄(David Hume, 1711-1776)에 의하여 영국경험주의는 한층 발전되어갔다.

▶ 경험주의자들이 자신의 방법으로 채택한 것들 : 자연과학의 관찰과 귀납의 방법(개미의 방법)

cf. 베이컨: 기존의 경험주의자와 자신의 방법을 차별화하여, 자신의 방법을 〈꿀벌의 방법〉이라고 함[단순한 자료의 집적(集積)이 아니라 새로운 것의 창출(創出)].

3. 칸트의 비판철학

칸트의 인식론은 (독단적) 이성주의의 입장과 경험주의의 입장을 종합하여 이루어졌다. 즉, 인간의 인식은 이성만으로도 감각경험만으로도 성립할 수 없고, 양자의 종합에 의해 이루어지는 것으로 칸트는 보았다. 그는 인간의 두 인식능력을, 직관의 능력으로서의 감성(感性, Sinnlichkeit)[15]과 사유의 능력으로서의 지성(知性, Verstand)의 둘로 구분했다. 감성이란, "대상에 의하여 촉발되는[16] 방식에 의해 표상을 받아들이는 능력(수용성)"(A 19, B 33)이며, 지성은 "이들 표상을 통해서 대상을 인식하는 능력(개념의 자발성)"이다. 감성에 의해 "우리에게 대상이 주어지고", 지성에 의해 이 "대상이 표상과의 관계에 있어서 사유된다."(A 50, B 74)

다시 말하면, 인식이 이루어지기 위해서는 우선 우리 외부에 존재하는 대상 — 그러나 그 자체가 어떤 것인지는 우리에게 알려지지 않는다. 칸트는 이것을 물 자체(物 自體, Ding an sich)라고 부른다 — 이 우리의 감관(感官)을 촉발(觸發, affizieren)해야 한다. 대상은 감성 속에 있는 시간과 공간이라는 선험적인 두 직관형식을 통해 우리에게 수용됨으로써 혼란한

15 이에 비해, 감각내용으로서의 〈감각〉은, "우리가 대상으로부터 촉발되는 한, 대상이 표상능력에 미치는 결과다."(A 19, B 34).

16 '촉발(觸發)하다' = affizieren [=affect 〈ad +facere (do), 영향을 미치다]

다양(多樣) (die chaotische Mannigfaltigkeit)을 낳는다. 그러나 이것만으로는 인식이 성립하지 않는다. 이 상태는 필름식 사진기를 예로 들어 설명하자면, 아직은 음화(陰畵, negative film)의 상태다. 음화를 암실(暗室)에 들어가서 약품처리를 해야 비로소 그것이 어떤 대상인지를 식별할 수 있는 양화(陽畵, positive film)로 바뀐다. 인식에서 이런 역할을 하는 것이 바로 지성이다. 그런데 칸트는 지성 속에 12개의 선험적 개념들, 즉 범주(範疇, Kategorie)들이 있다고 한다. 그런데 직관에 의해 주어지는 다양을 종합·통일하여 판단을 성립시키는 것이 지성의 작용인데, 범주들이 선험적 개념들로서 지성 속에 구비되어 있으므로, 이 범주들에 의해서 다양이 정돈되어 인식이 성립하게 되는 것이다.[17]

Ⅳ. 인식의 방법(철학하는 방법)에 관한 견해들

1. 연역적 방법

● 이 방법은 기하학적인 방법이라고도 할 수 있는데, 이성주의자들이 택한 방법이다.

2. 귀납적 방법

● 이 방법은 경험주의자들의 방법으로서, 실험과 관찰을 통해 많은 자

---

17 따라서 칸트는 다음과 같이 말한다 : "인간의 인식에는 두 줄기[간(幹)] — 그것은 아마 하나의 공통된, 그러나 우리에게는 알려지지 않는 뿌리로부터 생겼을 것인데 — 즉 감성과 지성이 있다. 전자에 의해 대상이 우리에게 주어지고, 후자에 의해 그것이 사유된다."(A 15, B 29) 또는 "감성 없이는 우리에게 어떠한 대상도 주어지지 않으며, 지성 없이는 어떠한 대상도 사유되지 않는다. 내용 없는 사유는 공허하며, 개념 없는 직관은 맹목이다."(B 75).

료를 수집함으로써 결과를 도출해낸다.

3. 칸트의 실험적 방법

• 칸트가, 수학이나 자연과학을 성공케 하였고, 형이상학에도 도입하려고 한 방법은, "우리가 사유방식의 변화된 방법이라고 생각하는 것, 즉 우리가 사물에 관하여 선험적으로 인식하는 것은, 우리 자신이 사물 속에 투입하는 것뿐이다"[18]라는 사고법을 가리킨다. 따라서, "자연연구자를 모방한 이 방법은 순수이성의 제 요소를 실험에 의하여 확증하고, 또는 부정되는 것 속에서 구하는 것"(B. XIX Anm.)이다. 우리는 이 방법을 〈실험적 방법〉이라고 부를 수 있을 것이다. 왜냐하면 칸트 자신이 자연과학에 적용된 이 사고법을 실험적 방법이라고 부르고 있기 때문이다(B. XIII, Anm).

4. 분석철학의 방법

• 분석철학은 존재자의 본성이나 우리의 의식(意識)내용을 탐구하지 않고 우리의 언어의 의미를 분석한다. 언어는 의식을 주제로 삼기 위한 수단이 더 이상 아니라 철학함의 중심주제요 매개체다. 철학의 문제들은 언어분석의 도움을 받아 해명될 수 있다. 특히 초기에 언어분석철학의 주된 관심사는 언어를 논리적으로 분석하는 것이었는데, 예컨대 논리적 원자

18 "(…) was wir als die veränderte Methode der Denkungsart annehmen, daβ wir nämlich von den Dingen nur das a priori erkennen, was wir selbst in sie legen."(KrV, (B. XVIII).

론(logical atomism)에서는 복합명제를 요소명제들로 분해하여 그 의미를 명확히 드러내려고 하였다[예컨대 비트겐슈타인의『논리 · 철학론』의 그림이론(picture theory)]. 분석철학의 중요한 두 방향은 일상언어철학(the ordinary language philosophy)과 이상(理想)언어철학(the ideal language philosophy)이다.[19]

5. 직관(直觀, Intuition)의 방법

● 예컨대 베르그송(H. Bergson)같은 생철학자들의 경우, 그리고 훗설(E. Husserl)이나 쉘러(M. Scheler)가 취한 본질직관(本質直觀, Wesensschau)의 방법. 예컨대 훗설은 의식의 본질인 순수의식을 본질직관에 의해서 직접 구체적으로 파악하기 위한 방법을 가리켜서 〈현상학적 환원(還元)〉[Phänomenologische Reduktion] 혹은 〈현상학적 판단중지(判斷中止)〉[Phänomenologische Epoche]라고 불렀다. 그리고 현상학적 환원에는 〈형상적(形相的) 환원〉[eidetische Reduktion]과 〈선험적 환원〉[transzendentale Reduktion]의 두 단계를 구별하여 설정했다.

(1) 형상적 환원은 〈사실〉의 영역에서부터 〈본질-형상〉의 영역에로의 이행 · 전환을 의미한다. 그런데 이것은 보는 입장의 자유로운 변경을 기초로 해서만 가능하다. 훗설은 이 형상적 환원(본질 직관)의 과정을 셋으로 나누고 있다. 먼저,

---

19 Ulfig, ebd., 26 f. 참조. 분석철학의 역사적 개관을 위해서는 한스 요한 글로크 저,『분석철학이란 무엇인가?』, 한상기 역, 서광사, 2009, 특히 59-127을 참조할 것.

1〉 어떤 대상에서 출발하여 자유로운 상상에 의해서 무한히 많은 모상(模象)을 만들어가면(자유 변경)

2〉이 모상의 다양 전체를 통해서 서로 겹치고 합치하는 것이 종합 · 통일되어

3〉 여기에서 이 변경 전체를 통하여 영향을 받지 않는 불변적인 일반성, 즉 본질을 가려내서 이것을 직관에 의해서 능동적으로 포착한다. 이렇게 보면 본질직관(형상적 환원)은 지극히 어려운 일로 생각된다. 그러나 훗설은 본질직관이란 어떤 신비로운 인식작용이 아니라 우리가 일상적으로 늘 하고 있는 정신활동이라고 한다. 가령, 종이 위에 3각형을 그려놓고 수학문제를 풀 때 우리는 본질로서의 3각형을 다루고 있는 것이다.

(2) 선험적 환원이란, 형상적 환원에 의해서 획득된 초월적 본질을 괄호에 넣어서 무력하게함으로써 그 잔여를 선험화하는 것이다. 즉 형상적 태도로부터 선험적 태도에로, 초월적 본질에서 내재적 본질로 전환하는 것이다. 이 환원을 통해서 일체의 초월적 존재가 순수의식 속으로 내재화된다. 이것은〈나〉라고 하는 개인적 자아로의 환원이기 때문에 〈자아론적 환원〉[egologische Reduktion] 이라고도 한다. 여기에 남아있는 현상학적 잔여로서의 순수의식은 현상학 고유의 연구영역이기도 하다. 이때의 순수의식은 칸트에서처럼 초개인적 · 형식적인 것이 아니라 충만한 내용을 지니고 있는 개인적 주관이며, 〈체험류 (體驗流)〉[Erlebnisstrom] 또는 〈경험적 체험〉이라고도 하는 것이다.

6. 변증적 방법

• '변증적 방법'(he dialektike methodos)이라는 용어는 플라톤이 사용한 용어로서, '변증적'(dialektike)이라는 말이, '대화하다'를 뜻하는 dialegesthai (διαλέγεσθαι)라는 동사로부터 유래했다는 사실이 말해주듯, 대화를 통해 문제를 제기하고, 대답 속에서 다시 문제를 발견하여 물음을 제기하고 대답하는 반복된 과정을 통하여 진리에 접근하는 방법이다. 근대에는 특히 헤겔에 의하여 이 방법이 강조되었다. 헤겔에 있어서의 변증적 방법이란, 첫째로, 이념[Idee]이자 로고스인 절대정신이 자기(自己)를 전개해 나가는 방식이며 — 이것은 존재자의 변증법이다 — 두 번째로는, 이렇게 자기를 전개하는 절대자 내지 대상을 파악하는 우리의 사유의 방법 — 이것은 인식의 변증법이다 — 이기도 하다.

헤겔에 있어서 절대자(무한자)는 유한자와 대립되어 — 이것은 사실은 절대자가 아닌 상대자다 — 존재하지 않고, 자신(自身) 속에 유한자를 포함하고 있으며, 유한자의 전개를 통해 자기를 전개해 나간다. 헤겔에 있어서 모든 존재자는 스스로를 전개하는 절대자의 계기들이다. 진무한[die wahrhafte Unendlichkeit]은 자신 속에 유한자를 포함하고 있으면서, 유한자 전체 속에서 자신을 실현해 나가는 절대자(진무한 = 악무한 + 유한)이므로, 우리가 절대자를 인식하기 위해서는 유한자에 대한 인식에서 출발해야 한다. 그러나 이러한 유한자는 정지(停止) · 고정(固定)되어 있는 것이 아니라 끊임없이 유동(流動) · 변화(變化)한다. 그러므로 이렇게 유동 · 변화하는 유한자를 파악하기 위해서는 우리의 사유도 고정되어 있어서는 안 되고 유동 · 변화해야 하는 바, 바로 이렇게 변화하는 대상을 파악하기 위한 인식의 방법, 사유의 방법이 변증법이다[인식(사유)의 변증법].

요컨대 헤겔의 변증법은 운동·변화하는 유한자를 파악함으로서 마침내 "절대자의 내적 본질파악(innere Wesenserfassung des Absoluten)"[20]에 이르고자 하는 사유의 방법이다.

그러나 헤겔에 있어서는 인식의 변증법만이 존재하는 것이 아니다. 유한자 자체가 끊임없이 운동·변화하고 있는데, 이 과정 자체 역시 변증적으로 진행한다고 그는 생각한다[자연(물질·실재)변증법]. 그것은 또한 절대자가 자기 자신을 전개하는 방식이기도 하다. 로고스의 학으로서의 Logik만이 이 변증법을 적절하게 제시할 수 있다고 헤겔은 생각한다(GW 11, 24 f. 참조).

• 헤겔은 다음과 같이 말한다 : "나는 『정신현상학』에서 이 방법에 관한 한 가지 예를 좀 더 구체적인 대상을 통해서, 즉 의식을 통해서 제시한 바 있었다."

• 『정신현상학』의 별칭(別稱)은 〈의식의 경험의 학〉인 바, 그것은 우리의 의식이 자신의 경험을 통하여 저차적인 단계로부터 고차적인 단계의 의식과 지(知)에 이르는 과정을 서술하고 있다. 즉 의식은 자신의 경험에서 문제점을 발견하고 그것을 부정하여 좀 더 발전된 형태의 의식으로 이행하는 〈자기 부정〉의 과정을 거듭하면서 성장해 나간다.

• 그런데 이와 같은 부정(否定)은, 이전(以前) 단계의 의식의 내용의 전면적 부정이 아닌 제한적 부정, 특정한 사상(事象)의 부정, 즉 변증적 부정인 지양(止揚, Aufheben)이다.

• 또한, 이전 단계를 부정하여 이루어진 그 다음 단계로서의 부정태(否定態)는 결코, 이전 단계와 모순된 관계에 있는 것이 아니라, 단지 이전 단

---

20 Niclolai Hartmann, *Die Philosophie des Deutschen Idealismus*, Berlin/NY., 1974, 375.

계의 것이 아닌 다른 것일 뿐이다.

• 그리하여 우리의 의식이 부정을 통하여 다른 형태의 의식으로 전개해 나감으로써 우리의 의식은 이전보다 더 풍부한 내용과 규정을 지니게 된다.

Ⅴ. 진리의 기준에 관한 이론들

1. 대응론(Correspondence Theory)

• 진리 대응론은 어떤 명제가 객관적 실재와 대응할 때 진리로 본다. 예컨대 "지금 밖에 비가 오고 있다" 혹은 "여기에 책상이 있다"는 명제와 실제의 상황을 비교함으로써 명제의 참 · 거짓을 가릴 수 있다는 입장이다.

• 일찍이 아리스토텔레스는 "존재하는 것을 존재하지 않는다고 말하거나 존재하지 않는 것을 존재한다고 말하는 것은 그르고, 존재하는 것을 존재한다고 말하거나, 존재하지 않는 것을 존재하지 않는다고 말하는 것은 옳다"(『형이상학』, 1011 b25)고 말한 바 있다. 또한 그는 『범주론』에서도 이와 유사한 주장을 한다 : "다시 말해, 한 사람이 존재한다면, 우리가 '한 사람이 존재한다'고 말하는 진술은 참이다. 그리고 그 역도 성립한다. 왜냐하면 우리가 사람이 존재한다고 말하는 진술이 참이라면, 한 사람이 존재하기 때문이다. 그런데 참인 진술은 결코 사실이 존재하는 원인이 될 수 없지만, 사실은 어떤 의미에서 진술이 참이 되는 원인인 것으로 보인다. 왜냐하면 사실이 존재하는지 존재하지 않는지에 의해서 진술이 참 또는 거짓이라고 불리기 때문이다."[21]

---

21 Categories, Ⅻ. 14b 16 ff.

• 이것은, 판단이 객관적 실재를 있는 그대로 파악하는 경우에는 옳고, 그렇지 않을 경우에는 그르다고 하는 주장이다. 여기서 일반적으로, 진리란 〈판단과 실재의 일치〉 또는 〈사유와 대상의 일치〉라고 하는 고전적 진리관이 성립하며, 이것이 중세의 스콜라 철학자들에게도 계승되어 〈지성과 사물의 일치〉[adaequatio intellectus et rei] 혹은 〈사물과 지성의 일치〉(adequatio rei et intellectus)라고 하는 진리의 정의를 낳게 되었다.

'진리는 지성과 사물의 일치다'(Veritas est adaequatio intellectus et rei)'라는 표현은 때때로 "주관과 객관의 일치", "관념과 대상의 일치", "판단과 실재의 일치" 등으로 표현되기도 한다. 그런데 위의 표현 중, 'adaequatio'라는 단어는 '충전(充塡)[=to be filled up]'이라고도 번역되는데, 이 말은 '빈틈이 없이 꽉 차있음'을 뜻한다(수학에서의 '합동(合同)'과 같이 '완전히 포개짐'을 뜻함). 우리가 어떤 대상에 대해 가지고 있는 '관념'이 실제의 대상에 꼭 들어맞을 때, 그리하여 양자가 빈틈없이 포개져 하나가 될 때, 그것을 '진리'로 보는 입장이다. '진리'는 우리말로 '참'이라고도 하는데, 우리말 '참'은 이러한 사태를 아주 잘 나타내고 있다. 즉 참된 것은 어떤 것이 비어 있는 곳이 없이 '차 있는 상태', 즉 '참[fullness]'을 뜻한다. 이러한 사태는 라틴어 adaequatio와 정확히 일치한다. 이것은 언어나 진술이 사상(事象)에 [ad=to] 일치하는 것[aequatio=equation]을 가리킨다.

• 비트겐슈타인의 초기 *Tractatus*의 사상은 소위 '언어는 세계의 그림'이라는 〈그림이론〉[Gemäldetheorie, picture theory][22]으로서, 대응론의 입장에 서 있다. 그의 주장은 아래와 같이 도식화된다:

---

22 *Tractatus Logico-Philosophicus*, NY. and London, 1961, esp. 4.03 ff, 4.06 ff. 참조. 이와는 별도로, 영어의 'word'(단어)와 'world'(세계)라는 말의 철자의 유사성이 흥미롭다.

(언어) (세계)

이름 [Name, name] → 대상[Gegenstand, object]

요소명제 → 사태[Sachverhalt, state of affairs][23]

[Elementarsatz, elementary proposition] → 사실[Tatsache, fact]

+ 논리적 조작사[logical operators (connectives)

: 예) and, not, therefore, all, none, (…)]

↓

분자명제[Molekularsatz, molecular proposition] → 복합사태[Sachlage]

※ 언어와 세계의 관계는 악보(樂譜)와 연주된 음악의 관계와 유사함.

▶ 대응론의 문제점

• 감각은 종종 우리를 속인다. 정상인의 경우에도, 곧은 막대기를 물속의 넣으면 굽은 것으로 보인다[착각(illusion) /가상(假象, Schein)]. 환각(幻覺, hallucination)의 경우는 어떠한가? 착각이란, 우리의 감각을 야기하는 대상이 현실에 존재하지만, 그것을 있는 그대로 올바로 지각하지 못하는 경우이지만, 환각이란, 물리적인 대상이 실재하지 않음에도 불구하고 실재하는 것으로 우리 눈에 보이는 경우를 가리킨다. 예컨대 사막에 오아시스(oasis)가 실재하지 않음에도 불구하고 빛의 굴절현상으로 인하여 오아시스의 상(象)이 나타나게 되는데, 그것이 바로 신기루(蜃氣樓, mirage)다. 이처럼 우리는 실재하지 않는 것을 실재하는 것으로 잘 못 감

---

23 사태(事態)가 실현(實現)되면 사실(事實)[Tatsache, fact]이 된다.

지할 수 있다.

• 사람에 따라 감각이 다르고, 동일한 사람도 상태에 따라 감각이 다르다. 예컨대 똑같은 포도주도 건강상태가 좋을 때는 맛있지만, 건강이 안 좋을 때는 쓰게 느껴진다.

• 근본적으로, 인간의 감각에는 한계가 있다. 예컨대 우리의 시각능력으로는 자외선과 적외선을 보지 못하며, 너무 멀리 있는 것도 보지 못한다. 우리는 너무 큰 소리나 너무 작은 소리는 듣지 못한다.

• 우리는 관념을 벗어나서 실재에 도달할 수 없다. 우리는 실재를 있는 그대로 파악할 수 없다. 우리가 할 수 있는 것은 하나의 판단(또는 그것들의 집합)을 다른 판단과 비교하는 길 밖에 없다. 결국 우리는 관념과 관념의 비교 밖에 할 수 없다(언어나 사고를 벗어나서 실재와 직접적으로 대면할 수 없다). 실재에 관한 지식은 언제나 매개를 거친 것이지, 직접적인 것이 아니다. 그러므로 우리의 판단을 실재와 비교할 수 있으려면 실재에 도달해야 하는데, 거기에 도달할 방도가 전혀 없다. 우리가 할 수 있는 것은 하나의 판단(또는 그것들의 집합)을 다른 판단과 비교하는 길 밖에 없다.[24]

• 감각경험으로는 확인할 수 없는 대상들이 존재한다.(감각경험의 대상이 될 수 없는 지식의 문제). 예컨대 수학적 지식의 경우, 수학적 진술이 옳다는 것을 감각경험에 의해 확인할 수 있는가? 이것은 또한 전칭판단(보편진술)의 진리성을 확인하는 문제와도 관련되어 있다. 보편진술에 대응하는 실재란 존재하지 않기 때문에, 감각경험을 통해서는 보편진술의 참 · 거짓을 가릴 수 없다.

---

24 D.W. Hamlyn, *The Theory of Knowledge*, Garden City, NY, 1970, 123 f. 참조.

▶ 참 · 거짓 / 옳음 · 그름

'참'이라는 말은 원래 우리말에서 '차 있음, 참(fullness)'을 뜻한다. 겉 다르고 속 다른 것도 아니고 겉은 멀쩡한데 속이 텅 비어있거나 훼손된 것이 아니라 꽉 차있음을 말한다. 이에 반해 거짓된 것이란 — 이 말은 '가죽', '거죽', '껍질' 등과 동계어다 — 겉과 속이 일치하지 않은 것, 거죽만 번드르르한 것을 말한다. 우리말의 참, 거짓은 인식론적 용어이기 이전에 존재론적 용어임을 알 수 있다.

진리 대응론에서의 진리란, 진술이 그것의 대상에 대응(對應)할 때 그 진술이 소유하는 성질이라고 간주된다. 헤겔은 지(知)와 실체의 동등성[Gleichheit]을 진리라고 말하기도 하지만(PG, 34), 보통은 이에 대해 '옳음' [Richtigkeit]이라는 표현을 사용한다. 그것은 아마도 우리의 통상적인 인식은 부부적인 것이어서 대상을 충전적으로 드러내지 못하기 때문일 것이다. 이에 반해 헤겔은 더 깊고 철학적인 진리의 의미를 구별하는데, 그것은 어떤 대상(객관)과 그것의 '개념'의 일치를 가리킨다.[25]

이 경우의 '참'은 '진짜' 혹은 '진정한 것'이라고도 표현할 수 있다. 예컨대 진짜 다이아몬드와 가짜 다이아몬드를 구분하는 기준은 무엇인가? 우리는 어떤 것이 그것이 마땅히 지니고 있어야 할 본질에 들어맞을 때, 그것

---

25 이 점에 관해 헤겔은 다음과 같이 말한다: "(…) 이와는 반대로, 더 깊은 의미의 진리는 바로, 객관성이 그 개념과 동일하다는 데에 존재한다. 이러한 더 깊은 의미의 진리는, <u>진정한</u> 국가나 <u>진정한</u> 예술작품에 관해 말할 때에 문제가 되는 바로 그런 의미의 진리다. 이러한 대상들은 그들이 <u>마땅히</u> 있어야 할 바대로 있는 경우에, 즉 그들의 현실(**Realität**)이 그들의 개념과 일치할 때 <u>참된</u> 것이다. 이렇게 파악해 볼 때, 거짓된 것(das Unwahre)이란, 나쁜 것(das Schlechte)이라고도 불리는 것과 동일하다. 나쁜 사람이란 거짓된(진정하지 않은) 사람, 즉 사람이라는 개념이나 사람의 본분에 적합하지 않게 행동하는 사람이다"(Enz § 213 Zus., TW 8, 369 그리고 Enz § 24 Zus. 2, TW 8, 86도 참조). 예를 들면 우리는 참된 친구에 관해 말하는데, 우리는 참된 친구를, 그의 행동방식이 친구임(우정)이라는 관념에 들어맞는 사람이라고 이해한다. 따라서, 우리는 어떤 존재자가 자기의 본분이나 기능을 제대로 발휘할 경우, 그것을 참되다거나 좋은 것이라고 말한다.

을 '참'되다고 말한다. 즉, 본질에 '들어 참'이라는 뜻이다. 진짜 다이아몬드, 참된 다이아몬드는 다이아몬드의 본질이라는 기준에 들어맞는 다이아몬드다. 참된 친구란 어떤 친구인가? 그것은 친구의 본질 ─ 이것은 '친구임'(friendship), 즉 우정(友情)을 잃어버리지 않은 사람인 것이다.

'참된 학생'이란 어떤 학생인가? 그것은, 학생의 본질 · 본분에 일치하는 학생일 것이다. 참된 법원(法院)은 법원의 본질에 합당한 법원이다. '법원'이라는 이름[명(名)]만 있고 그 현실(실재)[실(實)]이 법원의 본질이나 규정과 일치하지 않는다면, 그 법원은 유명무실(有名無實)한 것이다.

→ 이념[Idee] = 개념[Begriff] + 실재[Realität]

명실상부(名實相符) = 명(名) + 실(實) →cf. 유명무실(有名無實)

(wirklich, vernünftig, ideell)

• 김광규 시인의 「법원」이라는 시를 음미해보자.

법원 / 김광규

지루하게 긴 생애를 살아
허리 굽은 노인이
종교를 믿지 않고
법원으로 간다

아무도 반기지 않는 사무실마다
쌓여있는 기록과 법령집들
미농지와 도장과 재떨이 사이에
법이 있으리라 믿으며
억울한 노인은 지팡이를 끌고

아득히 긴 회랑을 헤맨다

법을 끝내 찾지 못하고
어두운 현관문을 나서며
노인은 드디어 깨닫는다
법원은 하나의 건물이라고
검사실과 판사실과 법정뿐만 아니라
구내식당 다방 이발소 양복점이 있고
주차장에는 자동차들이 즐비한
법원은 호텔처럼 커다란 건물이라고

• 헤겔 『법철학』 서문의 "이성적인 것, 그것은 참되고(진정한 것이고), 참된(진정한) 것, 그것은 이성적이다"("Was vernünftig ist, das ist wirklich; und was wirklich ist, das ist vernünftig," TW 7, 24)라는 유명한 진술도 이러한 의미를 가지고 있다.

2. 정합론(Coherence Theory)

• 정합론은 명제가 기존의 진리체계와 모순되지 않고, 그 체계 안에 정합적으로 포함될 때 진리로 본다.

• 이 이론은 예컨대 ① 수학 · 논리학과 같은 형식과학의 진술들의 진리성, 그리고 보편진술의 진리성 여부를 판별하기에 적합한 이론이다.

• 그러나 이 이론도 몇 가지 문제점을 지니고 있다. 즉,

(1) '정합성'이라는 개념 자체가 진리라는 개념을 전제로 하지 않고서는

설명하기 어렵다. 예를 들어 한 이론의 진술들이 서로 잘 부합(符合)한다(cohere)는 말은, 그것 가운데 어떤 것이 참이라는 사실이 다른 것이 참이라는 사실에 대해 영향을 미쳐 그것을 확증하게 된다는 것을 뜻한다.

(2) 정합성이라는 개념은 모호하다. 함축(entailment[26]) 내지 일관성(consistency[27]) 따위의 논리적 성격을 가진 다른 개념을 가지고 정합성 개념을 해명하려고 하는 것은 무의미한 시도다. 함축관계는 정합성이 뜻하는 바를 공정하게 평가하기에 너무 강한 개념인 반면, 논리적 일관성은 너무 약한 개념이다.[28]

① 함축관계 : 사람은 죽는다 ⊃ 동물은 죽는다 → 전건은 후건을 함축하지 않는다. 그럼에도 불구하고 후건은 '참'이다.

② 양립관계(논리적 일관성) : 어떤 진술이 참이라고 인정되는 기존의 진술과 양립 가능하다는 것은, 그 진술이 그르지 않다는 것, 즉 참이라는 것을 뜻한다. 그러나 우리가 요구하는 것은 '옳음'의 기준이 무엇인가 하는 것이었다. 그렇다면 위의 기준은, '옳은 것은 옳은 것이다'라고 하는 동어반복일 뿐이다. 따라서 이 기준은 햄린의 말대로 '너무 약한 개념'이 아니라, 부적절한 개념(기준)이다.

(3) 형식과학은 정합성만을 요구한다. 그러나 경험과학은 정합성 외에도 '체계와 실재의 일치'를 필요로 한다.

---

26 '수반, 일으킴, 을 필요로 함, 상속인을 한정함'이라는 뜻.

27 con (=together) + sistency (=stand 〈 sistere) : '양립(兩立)하다, 병립(竝立)하다'라는 뜻. 다시 말하면 어떤 진술과 '모순되지 않는다'는 뜻.

28 Hamlyn, ebd., 117 f. 및 124 f. 참조.

(4) 정합적인 체계는 여러 개가 가능한데, 그것들 가운데 어떤 것을 진리로 인정해야 하는가 하는 문제가 발생한다. 예컨대 소설가가, 현재의 세계와는 정합하지만 실제의 과거와는 전혀 다른 과거를 꾸며낼 경우, 그것을 진리로 인정해야 하는가? 또한 공상과학(SF) 소설의 경우처럼, 상상력을 발휘하여 정합적인 내용의 허구(虛構)를 만들어 낼 경우 허구가 진리가 되는가? 뿐만 아니라, 과학이나 철학의 경우, 동일한 주제에 관한 상반된 두 개 이상의 가설(假設)이 각각 정합성을 가지고 성립되는 경우 어떤 것을 진리로 인정해야 하는가? 예컨대 빛이 파동(波動, wave)이라고 주장하는 '파동설'과 입자(粒子, particle)라고 주장하는 입자설 모두가 기존의 진리체계와 모순되지 않는다면 이들 모두를 참으로 인정해야 하는가? 또한 이 두 이론은 빛이 파동이면서 입자(wavicle)라고 하는 '파동입자설'에 의해 지양(止揚)되었는데, 이 세 이론 모두 진리로 보아야 하는가?

(5) 기존(旣存)의 진리체계의 진리성은 무엇으로 확증할 수 있는가 하는 문제가 남아있다.[29]

3. 실용론[Pragmatic Theory, Pragmatism, Pragmaticism (Perice의 용어)]

• 실용론은 명제가 실생활에 유용한 효과(실제적 효과, 만족스러운 효과)를 가져올 때 진리로 본다.

• 예컨대 제임스(William James, 1842-1910)는 다음과 같은 예를 들고 있다. "숲속에서 길을 잃어 곤경에 빠진 사람이 소의 발자국을 발견하고, 그것을 따라가면 인가(人家)가 나오리라 생각하고 따라갔더니 과연 인가

29 소광희 외, 『철학의 제문제』, 지학사, 1984, 46 f. 참조.

(人家)가 있어 구제되었다."

이 경우, 소의 발자국을 따라가면 인가가 나올 것이라는 생각 · 관념은 그 사람에게 유용한 효과를 가져다주었기 때문에 진리가 된다. 그러나 이와는 반대로, 그가 그러한 생각을 가지고 그 생각을 실행했지만, 예상한 것과는 달리 인가가 나오지 않아 곤경에 처하게 될 경우, 그의 생각은 거짓이 된다.

• 실용론자들은 관념이 이렇게 행위를 인도해 가는 과정이 순탄하게 진행되면 '정합적'이라 하고, 예상한 대로 인가가 발견되는 것을, '관념과 실재의 대응 · 일치' — 이 일치가 바로 유용이다 — 라고 주장한다.

• 그러나 실용론이 지니고 있는 문제점은,

(1) 실제적인(만족스러운) 효과는, 보는 입장에 따라 다를 수 있다는 점이다. 예컨대 핵물리학의 진리를 이용해 제조된 원자폭탄이 가공(可恐)할 결과를 초래한다고 해서, 그런 진리를 허위라 해야 하는가?

(2) 명제의 진리성은 그 실제적 효과가 경험에 의해 검증됨으로써 확증된다면, 경험이 달라져 그 실제적 효과도 달라짐에 따라 진리도 변하게 되는가?

(3) 유용한 효과를 가져 오기 때문에 진리인 것인가, 아니면 진리이기 때문에 유용한 것인가 하는 물음을 제기할 수 있다.[30]

4. 협의론(토의론)

• 실용주의의 아버지로 평가되는 미국 철학자 퍼스(C.S. Peirce, 1839-

30 소광희 외, ebd., 48 f. 참조.

1914)는, 하나의 진술은 그것이 하나의 지식집단에 의해 최종적으로 수락되었을 때 진리가 된다는 진리기준을 제시하였다 : "탐구하는 모든 사람들에 의하여 최종적으로 받아들여지게 될 의견이 바로 우리가 진리라는 말로 의미하는 것이다."[31]

• 하버마스(J. Habermas, 1929-)는 이러한 견해를 계승하고 일반화하여, 이른바 진리토의론(Diskurstheorie[32])을 전개했다. 토의론에 의하면, 억압 없는 토의 참여자들이 합의하는 것, 바로 그것이 진리다.

▶ 토의(討議, Diskurs)

• 수용된 사실과 공유된 규범들에 대한 합의된 기초가 문제시될 때 토의가 등장하게 된다. 토의란, 논증적으로 대화하는 것을 말한다. 즉 하버마스는 "문제시된 타당성의 요구가 주제로 되고, 그것의 권리(Berechtigung)가 탐구되는 의사소통의 형태, 즉, 논증이라는 특징을 지닌 의사소통의 형태를 나는 토의라는 표제어로 도입한다"[33]고 말한다.

• 의사소통행위는 현존하는 규범과 도덕을 토대로 한 논증행위이며, 토의는 그 논증의 전제가 되는 현존하는 진리 · 정의(正義)에 대한 정당성을 문제시하는 논증이다. 즉 사회적 문제를 해결하기 위한 의사소통행위가

---

31 "The opinion which is fated to be ultimately agreed to by all who investigate is what we mean by truth, (…)"[C. S. Peirce, "How to Make our Ideas Clear," in: Philip P. Wiener (ed.) Charles S. Peirce : *Selected Writings*, NY., 1958 (113-136), 133].

32 Diskurs : 이야기, 담화, 강연(설교), 논술, 연주 등의 뜻. 〈 라 : discursus 〈 dis (=away) + currere (run) : '뛰어다니다, 이야기가 사방(四方)에 미치다'[이것은 '이리저리 뛰어다닐 필요가 없는 '직관'(intuition)과 대비된다].

33 J. Habermas, "Wahrheitstheorien," in: H. Fahrenbach (hg.), *Wirklichkeit und Reflexion. Zum 60. Geburtstag für Walter Schulz*, Pfullingen, 1973 (211-265), 214.

토의다.

• 하버마스에게 있어서 토의는 "의사소통의 합리성을 보여주는 곳"(Schauplatz kommunikativer Rationalität)이다. 이런 의미에서 토의는, 주장들의 진리(성)와 규범들의 정당성(Legitimität)에 대해 말해지는, 논증적 대화(ein argumentativer Dialog)다. 그때그때마다 이성적인 것으로 간주되는 것은 공동체의 모든 구성원들에 의해 승인된 상호주관적 진리다.

▶ 토의의 논리

• 하버마스는 『진리론』에서 상호소통의 두 형태를 행위와 토의라고 하여, "행위의 연관성에서는 주장들이 경험의 대상들에 대해 알려주고, 토의에서는(in Diskursen) 사실들에 관한 진술들이 토론된다"[34]고 말한다. 그리하여 토의의 목적은 "논증적으로 유도하여 입증된 협정 내지 의사소통"[35], 즉 〈합의〉다.

• 지배로부터 자유로운 토의 혹은 "이상적인 발화상황"(idealen Sprechsituation)에서는 모든 토의참여자들이 발화행위(Sprechakte)를 선택할 수 있고, 물음을 제기할 수 있고, 경고(Warnungen)를 할 수 있고, 해석을 시도할 수 있는 동일한(대칭적인) 기회를 갖는다. 또한 모든 사람이 사실에 관한 주장을 할 수 있는 권리, 가치에 관해 입장표명을 할 수 있고 규범들의 타당성을 비판할 수 있는 동일한 권리를 가진다. 이런 토의는

---

34 Ebd., 218.

35 "Vorbereitende Bemerkungen zu einer Theorie der kommunikativen Kompetnez," in: J. Habermas/N. Luhman, *Theorie der Gesellschaft oder Sozialtechnologie. Was leitet die Sozialforschung?*, Ffm., 1971, 115.

"됐어!" 혹은 "그런데 이제 충분해!" 같은, 권위와 결합된 (비대칭적인) 제스처를 미리 배제한다. 정초된 모순이 아직도 존재한다면, 모든 이에게 생산적인 합의(진리합의설)가 발견될 때까지 토론이 계속되어야 한다: "이상적인 발화상황은 의사소통의 체계적인 왜곡을 배제한다. 그럴 때야만 더 나은 논증의 독특하게(고유하게) 강요 없는 강요가 전적으로 지배한다 (…)"[36]

문제점)

• 퍼어스의 견해의 경우, '최종적인' 견해가 시간이 지남에 따라 폐기되고 다른 견해가 '최종적인' 견해로 등장할 수 있다.

하버마스의 견해의 경우, 이 세상에는 한 번도 토의의 대상이 된 적도 없고 앞으로도 되지는 않겠지만 진리인 진술들이 얼마든지 있다. 이 개념은 오히려 〈억압 없는 대화〉를 설명하는 데 더 유용한 것으로 보인다. 즉, 한 집단 내에 여러 가지 상충되는 견해들이 있을 때, 사회적 실천의 전제로서 어떤 견해를 채택할 것인가를 결정하는 과정에서 유용하게 채택될 수 있는 개념이다.

• 그러나 이러한 방법론적 개념이 진리의 탐구와 확보의 과정에 적용되는 경우, 그것은 진리의 객관성에 대한 부정과 진리의 상대성 이론으로 쉽게 연결될 수 있다.

---

36 "Die ideale Sprechsituation schlieβt systematische Verzerrung der Kommunikation aus. Nur dann herrscht ausschlieβlich der eigentümlich zwanglose Zwang des besseren Arguments (…)"("Vorbereitende Bemerkungen zu einer Theorie der kommunikativen Kompetnez," in: J. Habermas/N. Luhman, ebd., 137).

Ⅵ. 인식대상의 실재성 여부 : 관념론(觀念論)과 실재론(實在論)

철학사에서 관념론(觀念論)과 실재론(實在論)은 크게 세 가지 맥락에서 논의된다. '관념론'이나 '실재론'이라는 철학의 입장은 '~이 관념적으로 존재한다'거나 '~이 실재한다'는 주장으로서, 이때 '~이'라는 곳의 주어가 무엇인가에 따라 다른 종류의 관념론과 실재론이 존재한다.

그 첫 번째 경우는, 주어가 '보편자'(the universal)인 경우다. 이 경우, 보편자가 실재한다고 주장하면 '보편자 실재론'이 되고, 보편자를 단지 우리의 머릿속에 존재하는 관념에 불과한 것으로 보면 '보편자 관념론'이 된다. 예컨대 아리스토텔레스는 자신의 스승인 플라톤이 말한 이데아들은 이데아의 세계에 존재하는 것이 아니라, 현실개체 속에 본질로서 내재해 있는 것 혹은 이름에 불과하다고 주장함으로써 보편자 관념론의 시조(始祖)가 되었고 이것이 중세에 유명론(唯名論, nominalism) — 즉, 보편자는 '이름'(라 : nomen / 헬 : onoma)에 불과한 것이라는 주장 — 으로 이어졌다. 그러나 플라톤은 이데아들이 단지 우리 머릿속에 관념으로 존재하는 것이 아니라 하늘 저편(hyperouranios topos)에 독립적으로 존재한다고 (『파이드로스』, 247 C 이하) 주장함으로써 보편자(이데아) 실재론(實在論, realism)의 원조(元祖)가 되었다.

이와는 달리, 두 번째 종류의 관념론과 실재론이 존재한다. 이때의 관념론과 실재론에 있어서의 주어는 '인식주관 외부의 물리적 대상'이다. 이 경우의 관념론은, 우리의 관념으로부터 독립적으로 존재하는 외계의 물리적 대상(실재물)을 인정하지 않는 입장으로서, 외계의 물리적 대상에 관하여 우리가 알 수 있는 것은 오직 우리의 관념일 뿐이라고 주장한다. 이에 반해 실재론은, 외계의 물리적 대상에 대한 우리의 (주관적인) 관념으로부터 독립하여 존재하는 (객관적인) 실재물이 있다고 주장한다.

세 번째 의미의 관념론은 존재하는 모든 것의 근본적(fundamental), 혹은 일차적인(primary) 성질이 정신적이라는 주장, 즉 정신주의(spiritualism)와 같은 의미로 사용되는데, 사실 이 표현은 적절치 않은 것이다. 왜냐하면 관념이란, 의식을 가진 존재자의 '생각' 혹은 '이미지'라는 뜻이기 때문이다. 어쨌든, 이 경우의 관념론에 반대되는 입장은 유물론(materialism)[37]으로서, 존재자의 근본성질이 물질적이라는 주장이다. 그런데 예컨대 헤겔에 의하면, 진정한 존재자는 유한자가 아니라 무한자로서의 정신, 즉 신이다. 그리고 이러한 입장에 서는 것을 그는 관념론이라고 부른다. "철학의 관념론은 유한자를 참된 존재자로 인정하지 않는 데 있다."[38] 그는 관념론을 다음과 같이 정의한다: "대자존재자 외에 유한한 현존재자를 자립적으로 존속하지 않는 것으로"[39] 보면 관념론이고 그렇지 않으면 실재론이다. "유한자는 관념적이다 라는 명제가 관념론을 이룬다."[40]

---

37 유물론은 materialism, Materialismus의 번역어다. 글자 그대로 옮기면 '물질주의' 혹은 '물질론'이 되겠으나, 유물론이라는 번역어도 가능하다고 생각한다. 다만 이때의 '유'(唯)의 의미를 정확히 규정 내지는 이해하는 것이 필요하다. 유물론은, 이 세계를 구성하고 있는 두 가지 요소, 즉 물질 내지는 물질적인 것과 정신 내지는 정신적인 것이라는 요소가 있는데, 이들 중 물질 내지는 물질적인 것이 본질적·1차적(primary)인 것이고, 후자의 요소는 전자로부터 파생된 비본질적·2차적인 것이라고 주장하는 형이상학적 입장을 말한다. 그러므로 유물론은 결코, 이 세계가 오직 물질 내지는 물질적인 것만으로 이루어져 있다고 주장하는 것이 아니다. 이 점을 오해하지 말아야 한다. 그러면 이때의 '유'(唯)는 어떻게 해석되어야 하겠는가? 그것은 바로, 물질과 정신 두 요소 중에 진정한 것, 즉 독립적으로 존재하는 것은 오직 물질뿐이고, 정신은 물질에 의존하는 부차적인 것이라는 의미다.

38 Hegel, *Wissenschaft der Logik I. Theorie Werkausgabe in zwanzig Bänden*, Redaktion von Eva Moldenhauer und Karl Markus Michel, Ffm., 1969 ff.(=TW). TW 5, 172.

39 Ebd., 178.

40 Ebd., 172.

Ⅶ. 진리의 유형

1. 절대적 진리와 상대적 진리

모든 시대(시간)와 지역(공간)을 초월하여 불변하는 절대적인 진리는 존재하는가? 아니면 모든 진리는 시간과 장소(공간)에 따라 가변적인 상대적인 것일까?

헬라스의 소피스트들은 상대주의적 진리관을 가진 자들이었다. 예컨대 프로타고라스(Prothagoras, BC 490-420 경)는 "인간은 만물의 척도다. 존재하는 것들에 대해서는 그것들이 존재한다는 사실의 척도요, 존재하지 않는 것들에 대해서는 그것들이 존재하지 않는다는 사실의 척도다."[Pantōn chrēmatōn metron estin anthrōpos, tōn men ontōn hōs estin, tōn de me ontōn hōs ouk estin. (πάντων χρημάτων μέτρον ἐστὶν ἄνθρωπος, τῶν μὲν ὄντων ὡς ἔστιν, τῶν δὲ οὐκ ὄντων ὡς οὐκ ἔστιν.)][41]라고 주장함으로써, 인간이 진리의 기준이라는 소위 '인간척도'(homo mensura)설을 제시했다. 그런데 이 주장은 우선, 신이 아닌 〈인간〉이 척도가 된다는 뜻이며, 보편적 인간이 아닌 〈개인으로서의 인간〉이 척도라는 뜻을 지니고 있다. 이 두 번째의 의미에 초점을 맞추어 생각하면, 어떤 문제에 있어서 너는 네가 진리를 판별하는 기준이며, 나는 내가 진리를 판단하는 기준이 되며, 이렇게 각 사람이 진리의 기준이 된다는 말이다. 따라서 이 주장은 상대주의적 진리관을 표방하고 있다. 그렇다면 진리와 허위를 어떻게 판별하고 결정할 수 있겠는가? 그것은 불가능하다.

---

41 Plato, *Theaetetus*, 385E ff. 또한 *Diog. Laert*. IX, § 51. 그리고 Protagoras, B. Fragmente 1, in: *Die Fragmente der Vorsokratiker*. Griechisch und Deutsch von Hermann Diels, hg., v. Walther Kranz, Bd. II, Weidmann, 1972, 263. 또한 Plato, *Cratyl*. 385E f.와 *Theaetetus*, 152a도 참조.

따라서 이런 입장에 서게 되면 궁극적으로 진리를 결정할 수 없기 때문에, 중요한 것은, 상대방이 자기의 의견에 동조하도록 말을 잘 하는 능력을 키우는 것이다. 그런데 이러한 능력 내지 기술이 바로 웅변술 · 수사학이므로 소피스트들은 이러한 능력을 키우는 것이 중요하다고 생각했다.

어떤 사람을 소개하는 내용을 그 사람의 프로필(profile[42])이라고 하는데, 이 용어는 '옆모습'[43]이라는 의미를 지니고 있다. 그러나 '옆모습'은 어떤 대상이 가지고 있는 수 많은 모습들 가운데 하나일 뿐이다. 한 대상은 그것을 어떤 위치와 각도에서 보느냐에 따라 천차만별의 모습을 띠고 우리에게 나타난다. 그 가운데 어느 하나의 모습만이 그 대상의 모습이라고 할 수는 없다. 즉, 각각의 모습은 그것대로 각각의 진리값 내지 의미를 지니고 있다는 말이다. 우리는 어떤 사람을 그 사람이 우리에게 나타나는 대로 판단한다. 따라서 그 사람에 대한 우리들 각자의 경험이 다르다면, 그 사람에 대한 판단도 달라지게 마련이다. 그 판단들 가운데 어느 하나만이 옳다고 할 수는 없다. 모든 판단이 그를 수도 있고, 모든 판단이 옳을 수도 있고, 일부만이 옳을 수도 있다.

예컨대 A라고 하는 사람은 1, 2, 3, (…), n이라는 여러 측면 내지는 기능 · 역할들을 지니고 있다. 이 때, A는 1의 속성을 지닌 동시에 2, 3, (…), n이라는 속성을 가지고 있다고 말할 수 있다. 어떤 사람은 'A는 속성 1을 지니고 있다'고 말하는 데 반해서, 다른 어떤 사람은 '아니야, A는 속성 2를 지니고 있다'고, 그리고 또 다른 사람은 '아니야, 둘 다 틀렸어, A는 속성 3

---

42 profile 〈 It. profilo 〈 profilare (draw in outline) 〈 L. pro (before) + filum (thread)

43 '옆모습'이 가리키는 것은, 그 사람을 '객관적인 시각에서' 보았다는 사실이다. 즉, 그 사람을 제3자의 관점에서 보고 평가한 내용을 가리킨다.

을 지니고 있다'고 하는 등, A에 대해 상이한 여러 진술들이 대립할 수 있다. 이 경우 어떤 사람의 진술이 참인 것일까? 만약 각각의 사람이 자신의 관점에서 A를 올바로 판단했다면 그들 모두의 진술이 옳을 수 있다. 이 경우 각각의 진술은 '상대적인 진리'가 된다. 그러나 각자가 자신의 입장에서 판단하여 이루어진 A에 관한 진술만이 진리라고 주장할 경우, 그 진술은 거짓이 된다. 우리가 잘 알고 있는 예를 생각해보자. 석가모니 부처는 장님과 코끼리에 관한 다음과 같은 이야기를 우리에게 들려주고 있다. 즉, 옛날 사바티 성시(城市)의 전왕(前王)이 장님들을 모두 모아 여러 무리로 나누어 놓으라고 명한 다음, 각 무리에게 코끼리를 데려가 코끼리의 서로 다른 부분 — 머리, 귀, 다리, 이빨, 꼬리 등을 만져보게 했다. 그런 다음 각 장님 무리에게 코끼리의 특징을 이야기 해 보라고 했다. 머리를 만졌던 사람들은 코끼리를 물 항아리 같다고 했다. 귀를 만진 사람들은 삼태기같이 생긴 동물이라고 했다. 다리를 만진 사람들은 기둥 같다고 했고, 이빨을 만진 사람들은 코끼리가 뿔난 소같이 생겼다고 했고, 꼬리를 만진 사람들은 뱀같이 생겼다고 했다. 그 무리들은 서로 자신들의 주장만이 옳고 다른 사람의 주장은 틀렸다며 다투었다."[44] 이 경우, 장님들의 잘못은, 부분을 전체로 착각한 점이다. 즉, "코끼리는 전체모습이 물 항아리와 같다"라는 식으로 주장한 것이 잘못이다. 그러나 만약에 그들이, 코끼리라는 동물은 물 항아리같이 생긴 측면도 있고, 삼태기같이 생긴 측면, 기둥처럼 보이는 측면 혹은 뿔난 소 같은 측면, 그리고 뱀 같은 측면도 있다는 식으로 말했다면 아무런 문제가 없었을 것이다. 이론적으로는, 한 사람의 장님 또는 여러 명의 장님들이 코끼리 전체를 그 부분을 나누어 순차적으로

44 데미엔 키언, 『불교란 무엇인가?』, 고길환 역, 1998, 16쪽을 참조하여 필자가 부분적으로 수정함.

살펴보고 그 모양을 순차적으로 부가 · 종합해 나간다면, 마침내 코끼리의 온전한 모습을 파악할 수도 있을 것이다. 이러한 대상파악 방법이야 말로 본래의 변증적인 사유방식이며, 이는 바로 우리의 인식이 부분적 · 저차적인 단계로부터 점차로 고차적 내지는 온전한 인식에로 이르는 과정이며 방법인 것이다. 이 경우, 그 각각의 모습인 '1, 2, (…) n'은 프레게의 지시론적 의미론으로 말하면 의미(Sinn)에, 그리고 A라는 물체는 지시대상(Bedeutung)에 해당하는 것으로 볼 수 있다.[45] 또한 '1, 2, (…) n'의 각각은 부분적 진리라고 할 수 있다. A에 대한 전체적 진리 · 온전한 진리는 우리가 1부터 n까지를 모두 파악함으로써 얻을 수 있다.

또한 A라는 사람은 '선생인 동시에, 학생이며, 아버지이기도 하고 아들'이기도 하다. 이 진술들 가운데 모순이 발생하지는 않는다. 예컨대 이 진술들 가운데 앞의 진술이, 'A라는 사람은 선생인 동시에, 선생이라는 그 점에서 선생이 아닌 학생이다'라는 의미로 사용되었다면, 모순이 발생한다. 왜냐하면 뒤의 진술이 앞의 진술을 전면적으로 부정하고 있기 때문이다. A는 동시에 동일한 관점에서 a이기도 하고 a가 아니기도 할 수는 없다. 그러나 '동시에'라는 표현은 액면 그대로 'simultaneously'라는 의미가 아니라, '그뿐만 아니라 다른 측면(한편)에서는'(on the other hand)이라는 뜻으로 사용될 수도 있다. 위의 진술은 이런 의미로 사용된 것이며, 따라서 이 진술은 자체 모순된 표현이 아니다. 우리의 사유는 부분적 · 일면적 ·

45 백훈승, 『자연변증법 비판』, 『범한철학』 제28집, 2003 (235-255), 245 ff. 참조. Frege의 「의미와 지시대상에 대하여」("Über Sinn und Bedeutung")의 주장에 의하면, 이순신(1545-1598)이라는 지시대상(Bedeutung, denotation, reference)은 ① 시호(諡號)가 충무(忠武)인 사람, ② 난중일기의 저자, ③ 한산대첩을 승리로 이끈 장군, ④ 삼도수군통제사를 지내다 백의종군한 장군, ⑤ 노량해전에서 전사한(1598.11.19) 장군 등의 의미(Sinn, meaning, sense)를 지니고 있다.

편협한 사유로 머물러서는 안 되며, 부분적인 것으로부터 전체적인 것에로 나아가야 한다. 우리는 우리의 시선 및 관심을 어느 한 부분에만 국한하여 집중시켜서는 안 되고, 그것과 동시에 다른 부분들도 잘 살펴보아야 한다. 이러한 총체적 · 변증적 사유의 특성을 잘 나타내는 것으로, "이것도, 그리고 저것도"(sowohl ~ als auch), 혹은 "그렇기도 하고 아니기도 하다"(Jein=Ja und Nein)라는 표현이 있다. 즉, 어떤 대상을 한편에서 보면 그러하지만, 다른 한 편에서 보면 그렇지 않다는 말이다. 그렇기 때문에 우리는 한 대상을 제대로 파악하려면 그 대상을 가능한 한 모든 면에서 보려고 노력해야 한다.

이러한 사태는 해석학에서도 마찬가지로 발생한다. 예컨대 한용운(韓龍雲, 1879-1944)의 「님의 침묵」이라는 시(詩)에서의 '님'은, ① 사랑하는 연인, ② 부모, ③ 조국, ④ 절대자, 등으로 다양하게 해석이 가능하다. 이것들 중 어떤 하나의 의미만을 지니고 있는 것이 아니다. 즉, '님'의 의미는 상대적이며 개방되어 있어서, 어느 하나만이 옳다고(진리라고) 할 수 없다. 그러나 이들 가운데 그 어떤 의미로 '님'을 해석하는 경우에도, 부분의 의미는 전체 속에서 드러나고, 전체의 의미는 부분을 통해 드러난다(해석학적 순환). 혹자는 이것이 순환논법의 오류라고 이야기하지만, 사실은 그렇지 않다. 어떤 시(詩)를 A라고 하고, A를 구성하고 있는 각 연(連)들을 a, b, c, (…), z라고 하자. 해석학적 순환이 순환논법의 오류를 범하고 있다는 사람들의 주장에 의하면, a를 알기 위해서는 A 전체, 즉 'a, b, c, (…), z' 모두를 알아야 한다. 그러나 여기에는 a도 포함되어 있으므로 오류가 발생한다는 것이다. 그러나 해석학적 순환이란 그런 것이 아니다. a의 타자인 'b, c, (…), z' 모두를 알기 전에는 a에 관해 아무 것도 알 수 없는 것이 아니다. 우리는 a를 대하고, a에 대해 '어떤' 지식을 얻는다. 그러나 이러한 지식은 a에 대한 부분적인 지식에 불과하다. 다시 우리는 b에로 우리의 시선을 돌린다. 그리고 b에 대한 일면적인 지식을 얻는다. 그리고 다시 이러한 과정은 c, d, (…) 등에로 계속 이어진다. 이렇게 되면, a만을 알았을 때보다는 훨씬 풍부한 지식을 얻게 된다. 왜냐하면 b에 대한 지식을 가지고 다시 a와 c 등을 보게 되면 그들의 새로운 면을 알게 되기 때문이다. 이렇게 우리의 지식은 우리의 지식의 대상들 사이를 왔다 갔다 하면서, 변증적으로 발전하게 된다.

그렇다면 절대적인 진리는 존재하지 않는가? 우선은, 이미 발생한 특수한 사실들에 대한 진술은 절대적인 진리라고 할 수 있다. 예컨대 '임진왜란(壬辰倭亂)은 서기 1592년에 일어났다'거나 '안중근 의사는 이등박문(伊藤博文)을 살해했다'와 같은 진술은 부정될 수 없는 확실성을 지닌 절대적 진리다. 또한 일반적인 진술들 가운데 어떤 것들은 절대적인 진리다. 예컨대 '인간은 먹지 않고는 살 수 없다' 와 같은 일반적인 진술도 의심할 여지가 없이 확실한 진리다. 뿐만 아니라 'A=A' 혹은 'A=~(~A)' 등과 같은 논리적 진리도 절대적 진리다. 그것이 아닌 경우는 생각될 수 없기 때문이다. 그러면 "2+3=5"는 수학적 진리는 절대적 진리인가? 물론 데카르트와 같은 철학자는 더 이상 의심하려야 할 수 없는 절대적인 진리를 발견하기 위한 방법으로 수학적 지식과 같은 보편지에 대해서도 — 해석기하학을 고안해 낸 수학의 전문가로서 그는 물론 실제로는 수학적 지식의 확실성에 대해서 의심하지 않았으리라 생각되지만 — 의심을 품어보았지만, 그것은 방법이나 수단 · 절차로서의 의심일 뿐, "2+3=5"는 절대적 진리다. 단, 여기에 단서(但書)를 달아야 한다. 즉, '6진법 이상의 체계에서'라는 조건 하에서는 절대적인 진리다. 예컨대 4진법이나 5진법에서는 '5'가 나올 수 없다. 그래서 이 진리는 '조건적 · 절대적 진리'라고 말할 수 있을 것이다.

2. 필연적 진리와 우연적 진리

• '필연(必然)'이라는 것은 '반드시 그러하다'는 것이며, 어떤 하나의 길 외에 다른 길이 없는 경우를 가리킨다. '우연(偶然)'이라는 것은 '우발적(偶發的)으로 그러하다'는 것이며, 여러 개의 갈래 길이 있어서 그 길들 가운데 어떤 한 길만이 아니라 다른 어떤 길로도 갈 수 있는 가능성이 있는 경우를 가리킨다.

• 필연적 진리는, 진리는 진리인데, 반드시 옳을 수밖에 없는 경우를 말한다. 예컨대 바로 위에서 든 'A=A'라는 논리적 진리나 "2+3=5"라는 수학적 진리가 필연적 진리다. 이러한 진리를 라이프니츠는 '추론의 진리'(vérité de raisonnement)[46]라고 불렀다. 그에 의하면 추론의 진리는 모순율에 따르며, 우리는 이성적 진리를 〈논리〉에 의해 인식한다. 이성적 진리는 필연적 진리이며, 그것을 부정하면 모순에 빠지게 된다. 이성적

---

46 Nicholas Rescher, *G.W.Leibniz's Monadology. An Edition for Students*, Univ. of Pittsburgh Pr., 1991, § 33. 라이프니츠는 '이성'(raison)이라는 표현이 아니라 '추론'을 뜻하는 raisonnement이라는 표현을 사용하였다. 영어번역본은 'truths of reasoning'으로, 원문 그대로 번역하였으나[Robert Latta (London, 1951) 역, C.R. Morris (1950, NY.) 역, G.R. Montgomery (Lasalle, Illinois, 1962) 역, L.E. Loemker (Dortrecht/Boston, 1976) 역], 독어번역본은 '이성의 진리'(Vernunftwahrheiten)로 번역하고 있다[H. Glockner (Stuttgart, 1954) 역, A. Buchena (Darmstadt, 1960) 역, A. Buchenau und E. Cassirer (Hamburg, 1966) 역, G. Krüger (Stuttgart, 1967) 역]. 추론은 결국 이성이 하는 작업이니 이것을 '이성의 진리'라고 옮긴 것으로 생각된다. 그런데 라이프니츠 자신의 구분에 의하면 예컨대 'A=A'라는 논리적 진리가 이에 속한다. 그러나 'A=A'라는 진리는 추론에 의해 얻은 진리가 아니라 직관적 진리라고 보아야 한다. 그렇다면 라이프니츠 자신의 견해에 입각해볼 때, 이것을 '추론의 진리'가 아니라 '이성의 진리'라고 하는 것이 더 적절할 것 같고, 원문과는 다르게 번역한 독일어번역본이 오히려 라이프니츠의 진의(眞意)를 잘 나타낸 것이 아닌가 생각한다.

진리가 필연적인 이유는, 사용된 용어의 의미 자체와 인간의 지성의 양상은 어떤 사물들이 참임을 요구하기 때문이다. A는 A다, A는 A가 아닌 것이 아니다와 같은 모든 명제는 참이다. 왜냐하면, 그것을 부정하면 모순이 되기 때문이다. 이성적 진리는 동어반복이다. 왜냐하면, 그러한 명제 속의 주어가 이미 포함하고 있는 내용을 술어는 단지 반복하는 것에 지나지 않기 때문이다. 이성적 진리는 자명한 진리이며 분석명제이어서, 그 명제의 술어가 이미 주어 속에 포함되어 있으며 술어를 부정하는 것은 모순에 빠지는 결과를 초래한다. 라이프니츠는 이것을 '필연적 진리'(les Verités Necessaires, *Monadology* § 46; § 33도 참조), 혹은 '영원한 진리'(vérité eternelle, *Monadology* §§ 43, 45, 46 참조)라고도 불렀다. 이와는 달리 두 번째 종류의 진리인 '사실의 진리'(vérité de fait, *Monadology* § 33)는 충족이유율에 따르는데, 충족이유율[47]이란, 어떠한 사물도 충분한 이유 없이는 존재할 수 없다고 하는 원리로서, 우리는 이 원리에 의거하여 경험적인 사물의 원인을 구명해 갈 수가 있다. 그러나 사실의 진리는 경험적 인식의 소산이기 때문에 필연적이지 않다. 예컨대 "전북대학교는 전주시 덕진동에 있다"는 진술은 경험적 진리요 우연적 진리다. 전북대학교가 덕진동에 자리 잡게 된 데에는 그렇게 된 충분한 이유가 있다. 그러나 전북대학교가 반드시 덕진동에 있을 수밖에 없던 것은 아니다. 단지 여러 가능성들 가운데 하나의 가능성이 현실화되었을 뿐이다. "전북대학교는 호성동에 있다"고 말한다고 해서 논리적인 모순이 발생하는 것은 아니며, 단지 그른 진술이 될 뿐이다.

그러나 진리의 이러한 구별은 인간의 지성에만 존재할 뿐이며, 신의 지

47 '충분한 이유의 원리'(the principle of sufficient reason).

성에 있어서는 사람에 있어서 사실의 진리로 밖에 보이지 않는 것까지도 영원한 진리로 인식할 수 있기 때문에, 신에 있어서는 이성의 진리와 사실의 진리가 하나라고 라이프니츠는 말한다. 그렇다면 라이프니츠에 의하면 '모든 사건은 결정되어 있다는 것', 즉 필연적이라는 말인가? 모든 것이 필연적으로 일어나는 것이라면 인간에게 자유의지가 있다고 말할 수 없지 않은가?

3. 분석적 진리와 종합적 진리

이와 같은 라이프니츠의 구분은 칸트에 의한, 분석판단과 종합판단의 구별로 이어지게 된다.[48] 칸트에 의하면, 모든 판단은 분석판단과 종합판단의 두 종류로 분류된다. 분석판단(analytisches Urteil)은 해명판단(Erläuterungsurteil)이라고 불리기도 하는데, 이것은 술어개념이 이미 주어개념 속에 포함되어 있는 판단이다. 종합판단(synthetisches Urteil)은 확장판단(Erweiterungsurteil)이라고도 불리며, 술어개념이 주어 속에 포함되어 있지 않은 판단을 말한다.[49]

이러한 구분은 흄에 의해서도 이루어진 바 있다. 그는 다음과 같이 말한다 :

---

48 프레게가 말하듯, 분석판단과 종합판단의 구별은 '정당화'와 관련되어 있다: "따라서 우리가 어떻게 판단에 도달했는가 하는 물음은, 그 주장의 정당성을 우리가 어디에서 이끌어냈는가 하는 물음과는 일반적으로 구별되어야 한다."(Frege, *Die Grundlagen der Arithmetik*, 『산수의 기초』, 박준용·최원배 역, 아카넷, 2004, 44).

49 칸트가 말하는 분석판단과 종합판단은 분석진술과 종합진술이라고 바꾸어 표현해도 무방(無妨)하다. 원래, 판단은 마음의 작용이고, 판단을 언표한 것이 진술이다. 칸트에 의한 두 종류의 판단의 구분에는 문제점이 있으므로 여기서 자세한 논의는 피하기로 한다.

1. 인간의 이성이나 탐구의 모든 대상은 자연스럽게 두 가지 종류, 즉 관념들의 관계(relations of ideas)와 사실의 문제(Matters of Fact)로 나누어질 수 있다. 첫번째 종류에 속하는 것들은 기하학, 대수학, 산수 등의 학문, 간단히 말해서 직관적으로 혹은 논증에 의해서 확실한 모든 주장들이다. 직각삼각형에서 빗변의 제곱은 나머지 두 변의 제곱의 합과 같다는 것은 이 꼴들 사이의 관계를 표현하는 명제다. 5 곱하기 3은 30의 절반과 같다는 것은 이 숫자들 사이의 관계를 표현한다. 이런 종류의 명제는 세계의 어디엔가 존재하는 것에 의존하지 않고 단순한 사유작용에 의해 발견할 수 있다. 자연 속에는 삼각형이나 원이 존재한 적이 한 번도 없지만 유클리드에 의해 논증된 진리들은 그것들의 확실성과 명증성을 영원히 유지할 것이다.

2. 인간 이성의 두 번째 대상인 사실의 문제는 이와 같은 방식으로 확인되지도 않고, 또 그것의 진리에 대해 우리가 갖는 증거는 비록 아무리 크다고 하더라도 앞에 것과 같은 성질의 것은 아니다. 모든 사실의 문제의 반대(contrary)는 여전히 가능하다. 왜냐하면 반대는 결코 모순을 함축할 수 없고, 마치 원래의 것과 마찬가지로 실재에 잘 들어맞는 것인 양 꼭 같은 용이함과 분명함을 가지고 마음에 의해서 생각되기 때문이다. 태양은 내일 뜨지 않을 것이라는 것은 태양이 내일 뜰 것이라는 진술과 꼭 같이 이해할 수 있는 명제일 뿐만 아니라, 둘 다 모순을 함축하고 있지 않다. 그러므로 그것이 거짓임을 논증하려는 것은 헛된 일이다. 그것이 만약에 논증적으로 볼 때 거짓이라면, 모순을 함축하고 있을 것이고, 결코 마음에 의해서 명료하게 생각되지 않을 것이다.[50]

50 D. Hume, *An Enquiry Concerning Human Understanding*, ed. by Stephen Buckle, Cambridge Univ. Pr., 2007, section 4. Sceptical doubts concerning the operations of the understanding, 28-29.

Ⅷ. 유가(儒家)의 지식론

• 여기서는 지식에 관한 유가의 견해를 나타내고 있는 '격물치지(格物致知)'에 대해 살펴본다. 격물(格物)'과 '치지(致知)'는 원래 『예기(禮記)』의 한 편(篇)인 『대학(大學)』에 처음으로 나온다. 거기서 격물과 치지는 도덕적 수양 — 성의(誠意) · 정심(正心) · 수신(修身) — 과 이에 근거한 사회적 실천 — 제가(齊家) · 치국(治國) · 평천하(平天下) — 의 선행조건으로 제시되었다. 그런데 치지(致知)를 위해서, 즉 '앎에 이르기' 위해서 필요한 조건이 바로 격물(格物)인 것이다.

• 주희(朱熹)는 『대학』을 학문방법론의 차원에서 이해하고 그 편제를 '격물치지'를 중심으로 재구성하고, 『격물치지전(格物致知傳)』(보망장(補亡章)을 보충했다.[51]

• '격물치지'에서 '치지'는 비교적 쉽게 이해된다. 그것은 '앎(知)에 이르는 것(至)'을 말한다. 그리고 '물(物)'은 대체로 '사(事)'와 '좁은 의미의 물(物)'을 포함하는 '사물(事物)'의 의미로 이해할 수 있다. 그런데 '격물'이라고 할 때의 '격(格)'이 과연 무엇을 뜻하는가에 대해서는 구구한 주장들이 있다. 정현(鄭玄)은 '격(格)'을 '오다(來)'로 보았고, 장재(張載)는 '제거하다' 혹은 '밖에 두다'로 보아 '격물'을 마음에 있는 물을 제거하는 것으로 해석했다. 그는 외부의 사물과 그에 대한 관념을 버려야만 미혹에 빠지지 않고 참된 인식이 가능하다고 생각했기 때문이다. 이런 해석은 사마광(司馬光)에게도 보여, 그는 '격'을 '막다'의 뜻으로 해석하여, 외부의 사물을 막아야 지극한 도를 알 수 있다고 하였다.

51 한국사상사연구회, 『조선유학의 개념들』, 예문서원, 2006, 350-1 참조.

한편, 정이(程頤)는 '이르다' 혹은 '궁구하다'로 보았고, 주희도 정이의 해석에 따라 '사물에 나아가 사물의 이(理)를 탐구하는 것'으로 해석했다. 왕수인(王守仁)은 '격'을, '바르게 하다'로, '물'을 '일(事)'로 보아, 격물을 '일을 바로잡는 것'으로 해석했다. 또한 안원(顔元)은 '격'을 '손으로 맹수를 때려잡다', '손으로 때려죽이다'는 것으로 보아, '손으로 때리고 치고 마음대로 다룬다'는 뜻으로 해석했다.[52]

● 그런데 나는 '격'을 '치다'(때리다, 싸우다)라는 의미로 해석해본다. 예컨대 '격투(格鬪)'라고 할 때의 '격'은 이런 의미로 사용되고 있다. 앞에 말했듯, 앎에 이르기 위한 필요조건이 '격물'이다. 그래서 이것은 '격물⊃치지'가 아니라 '치지⊃격물'로 된다. 우리가 어떤 대상을 알기 위해서는 그 대상을 탐구해야 한다. 그런데 이러한 탐구의 과정은 그 대상에 대해 우리가 묻고 또 묻는 반복의 과정을 거쳐야만 하는 것이다. 단 한 번의 사유로 어떤 대상을 파악하는 일은 그리 쉽지 않은 일이다. 대상의 인식은 인내심을 가지고 인식대상과 씨름하면서 묻고 되묻는 변증적 과정을 통해 힘들게 얻어지는 것이지 결코 안이(安易)한 관조(觀照) 속에서 얻어지는 것이 아니다. '연구(硏究)한다', '탐구(探究)한다'를 영어로 'study'라고 한다. 사실, 한자의 '구(究)'는 원래 단순한 '찾음', '조사(調査)'라는 의미가 아니라 '더 이상 파헤칠 것이 없는 데까지 나아감'을 의미한다. 이 글자는 '동굴(穴)'의 '끝(九)'까지 도달한 것을 가리킨다. 십진법 체계에서의 구(九)는 가장 높은 수이기 때문이다. 그래서 동굴의 끝까지 이르러 더 이상 갈 곳이 없는 상태가 바로 '구(究)'다. 그래서 '연구'나 '탐구'의 본래적인 의미는 독일어의 forschen이 아니라 erforschen에, 혹은 erschöpfen에 대응한다.

---

52 한국사상사연구회, ebd., 351 ff. 참조.

'erforschen'은 다 조사가 되어서 더 이상 조사할 것이 없는 데까지 이른 상태를, 'erschöpfen'은 더 이상 길어낼 것이 없는 데까지 물을 길어내는 것을 의미한다. 영어 'study'의 본래 의미도 이런 것이었다. 'study'는 프랑스 고어(古語) estudie에서 유래하며, 이 말은 '열심, 집중적인 적용'을 뜻하는 라틴어 studium에서 나온 것이다. 다시 studium은 '열중하다 · 연구하다'를 뜻하는 studēre에서 나왔는데, 이것은 궁극적으로는 인도유럽어 steud-, teud-에 그 토대를 가지고 있는 것으로 보인다. 그리고 여기에서 '치다, 때리다(hit)'를 뜻하는 라틴어 tundere가 생겼다.[53] 따라서 study의 어원은 라틴어 'tundere'에까지 소급된다. 그런데 tundere는 '때리다, 두드리다'(to beat, strike, thump, buffer, stoßen, schlagen)라는 의미를 지니고 있다. 우리가 사물을 탐구하여 사물에 관한 지(知)를 얻기 위해서는 몇 번이고 거듭하여 사물에 대해 물음을 던져야 한다.

대장간에서 하나의 연장을 만들기 위해서는 쇠를 달군 뒤 망치로 수십 · 수백 번 내리친 후 담금질하는 과정을 반복해야 한다. 이처럼, 하나의 연장을 얻기 위해서 '치고 때리고 두드리는' 반복작업은 우리가 대상을 파악하기 위한 과정에서도 마찬가지로 이루어져야 한다. 나는 그래서 '격물(格物)'의 '격(格)'을 라틴어 tundere에 해당하는 '치다', '두드리다'로 해석한다.

---

53 http://www.perseus.tufts.edu/hopper/morph?l=tundere&la=la,http://www.dictionarycentral.com/definition/study.html, http://www.collinsdictionary.com/dictionary/american/study,http://de.pons.com/%C3%BCbersetzung/latein-deutsch/tundere그리고 http://www.latein.me/latein/tundere 등 참조.

Ⅸ. 불가(佛家)의 인식론

● 불가에서는 좁은 의미로는 〈인간〉을, 넓은 의미로는 〈모든 존재자〉를 가리켜 5온(五蘊)이라고 부른다. 5온의 온(蘊, skandha)은 '모임', '집합(集合)'이라는 뜻으로, 때로는 '음(陰)'이라고도 번역한다.

● 인간을 '5온'이라고 부르는 까닭은, 인간이 물질적 요소인 '색'(色, 육체)과 정신적 요소인 '수(受), 상(想), 행(行), 식(識)'의 5개의 요소로 이루어져 있기 때문이다.

● 인간만을 특별히 구별해서 말할 때는 '5온'이라는 말 대신에 '5취온(五取蘊)'이라는 표현을 사용하기도 하는데 그것은, 5온으로 이루어져 있는 것을 고정적인 자아(ātman)라고 생각하고 그것에 '집착'(取, upādāna)한다는 의미에서다.[54]

● ① 몸(육체)은 색온(色蘊, rupa)이며, ② 정신은 '수(受), 상(想), 행(行), 식(識)'의 4요소로 구분된다. 수(受)는 괴롭다 · 즐겁다 · 괴롭지도 즐겁지도 않다 등으로 느끼는 마음의 작용을 말하며, 상(想)은 외계의 사물을 마음속에 받아들이고 그것을 상상하여 보는 마음의 작용, 곧 연상을 말한다. 행(行)은 인연 따라 생겨나서 시간적으로 변천하는 마음의 작용, 곧 반응을 말하며, 식(識)은 의식하고 분별하는 마음의 작용을 말한다.[55]

● 불교에서 인식의 문제는 바로 의식하고 분별하는 마음의 작용인 식(識)과 관련되는데, 이 문제를 다루고 있는 불교의 분야가 유식사상(唯識思想)이다. 유식사상은 불교의 심리학 내지 인식론에 해당한다.

---

54 동국대학교불교문화대학불교교재편찬위원회, ebd., 95-6 참조.

55 네이버 지식백과, 색수상행식(色受想行識) (원불교100년 기념 성업회, 『원불교대사전』).

식(識)을 설명하기 전에 우선 12처(處) 혹은 12입(入)[ayatana: ayat (들어오는, 入) + ana (것, 곳)]인 6근(根)과 6경(境)을 알아보자. 6근(根)은 안근(眼根), 이근(耳根), 비근(鼻根), 설근(舌根), 신근(身根), 의근(意根)이라는 6개의 뿌리인데, 앞의 다섯 가지는 감각기관을, 여섯 번째의 의근은 정신을 가리킨다. 6경은 6근에 상응하는 여섯 개의 대상인 색경(色境), 성경(聲境), 향경(香境), 미경(味境), 촉경(觸境), 법경(法境)을 가리킨다. 6근은 여섯 개의 기관(器官)이라는 의미 외에도 각 기관이 가지고 있는 기능도 포함한다. 즉, 안근은 눈이라는 감각기관만을 가리키는 것이 아니라 볼 수 있는 눈의 기능까지 포함하는 것이다. 6근을 6내처(內處)라고도 한다. 6근에 상응하는 외계의 대상, 즉 빛깔과 형태, 소리, 냄새, 맛, 닿을 수 있는 것, 생각[색성향미촉법(色聲香味觸法)]을 6경 또는 6외처(外處)라고 한다. 이 중, 법(法)은 마음으로 생각할 수 있는 모든 것, 즉 12처 가운데서 11처에 포함되지 않는 모든 현상을 가리킨다. 여섯 개의 감각대상 내지 인식대상인 6경을 다른 말로는 '명색'(名色, nāmarūpa)이라고 한다. 명(名, nāma)은 정신적인 것을, 색(色, rūpa)은 물질적인 것을 가리킨다. 식(識)이 발생하기 위해서는 식(識)의 대상인 명색과, 그것을 인식할 수 있는 기관 내지 기능인 6근이 있어야 한다.[56]

• 식(識)은 소승불교에서는 6식으로 보지만, 대승불교의 유식유가행파에서는 8식으로 나눈다. 5근(根)에 해당하는 안식(眼識), 이식(耳識), 비식(鼻識), 설식(舌識), 신식(身識)을 전5식(前五識)이라 하고 의식(意識)을 제6식이라고 하며 제7식은 말라식(末那識)[57]으로서 욕망과 번뇌를 주관

56 동국대학교불교문화대학불교교재편찬위원회, ebd., 1999, 85-6 참조.

57 '말나'는 산스크리트어 '마나스'(manas)를 음역한 것이다.

하는 식이고, 제8식이 저장 기능을 지닌 아뢰야식(阿賴耶識[58])이다.[59] 제6식부터 제8식까지를 '후삼식(後三識)'이라고 부른다.

• 제8식에는 우리의 업(業, karma)이 습기(習氣)나 종자(種子)의 형태가 되어 저장되어 윤회한다고 본다. 그리하여 아뢰야식을, 업이 저장되는 곳이라는 의미에서 '장식(藏識)' 또는 '함장식(含藏識)'이라고도 부르며, 전7식에 의해 선악업을 지어 어떤 결과를 가져오더라도 그것을 중성(中性)의 상태인 무기성(無記性)을 지닌 것으로 저장하기에[이숙무기성(異熟無記性)], '이숙식(異熟識)'이라고도 한다. 또한 스스로 생성하고 생각의 씨를 일으킨다는 의미로 '종자식(種子識)' 이라고도 하며, 만유를 굳게 보지하여 잃지 않기 때문에 무몰식(無沒識)이라고도 한다.[60] 이 외에도 '본식(本識)'이나 '택식(宅識)'으로 불리기도 한다.[61]

• 또한 유식학에서는 이 제8식에서 그치지 않고 제9식인 아마라식(阿摩羅識)[62]을 말한다. 이것은 제8식인 아뢰야식이 다시 미망(迷妄)에서 완전히 벗어나 무명(無明)이 없어진 깨끗해진 상태를 가리킨다. 그러므로 '진

---

58 산스크리트어 알라야 비스냐나(ālaya vijñāna)의 음사(音寫). 뇌야식(賴耶識), 아라야식(阿羅耶識) 혹은 아리야식(阿梨耶識)이라고도 쓴다. 아뢰야(阿賴耶)는 산스크리트어 ālaya의 음사로, 거주지·저장·집착을 뜻함. 식(識)은 산스크리트어 vijñāna의 번역. 아뢰야(阿賴耶)를 진제(眞諦)는 a(無)+laya(沒)로 보아 무몰식(無沒識), 현장(玄奘)은 ālaya로 보아 장식(藏識)이라 번역하였다([네이버 지식백과] 아뢰야식 [阿賴耶識] (시공 불교사전, 2003. 7. 30., 시공사).

59 http://ko.wikipedia.org/wiki/%ED%8C%94%EC%8B%9D 참조.

60 http://ko.wikipedia.org/wiki/%EC%95%84%EB%A2%B0%EC%95%BC%EC%8B%9D,그리고 http://www.sejon.or.kr도 참조.

61 네이버 지식백과, 아뢰야식(阿賴耶識) [문화콘텐츠닷컴, 『문화원형 용어사전』, 한국콘텐츠진흥원, 2012].

62 아마라는 아말라(阿末羅), 암마라(菴摩羅), 아마락가(阿摩洛迦)로도 음역하는데, 이것은 산스크리트어 amala의 음역이다.

식(眞識)', '무구식(無垢識)', '백정식(白淨識)'이라고도 한다. '마라(摩羅)'는 '악(惡)' 또는 '더러운 때'라는 의미를 지니고 있는데 '아마라'는, 이것이 없다는 의미다. 『해심밀경(解深密經)』 같은 유식계통의 경전에서는 이 제9식을 사실상 반야(般若)로 인정하고 있다.[63]

• 전5식(前五識)은 감각(感覺)에 해당하며, 제6식인 의식은 지각 및 지성적 인식(知性的 認識)[64]에 해당된다. 그리하여 6식 전체는 '대상의식(對象意識)'에 해당된다. 제7식은 '자기의식(自己意識)'이며, 제8식은 '잠재의식(潛在意識, sub-consciousness)'과 '무의식(無意識, unconsciousness)'에 해당된다.

63 http://studybuddha.tistory.com/entry/%EC%95%84%EB%A7%88%EB%9D%BC%EC%8B%9D%E9%98%BF%E6%91%A9%E7%BE%85%E8%AD%98 참조.

64 불교에서는 보통 '오성적 인식(悟性的 認識)'으로 표현한다.

8

형이상학(形而上學) : 무엇이 존재하는가?

Ⅰ. 형이상학의 의미와 유래

1. 형이상학이라는 말의 유래

'형이상학(形而上學)'은 서양어 metaphysica (metaphysics)의 번역어인데, 일본인 니시 아마네(西周)가, 『주역』의 계사상전(繫辭上傳)의 "형이상자 위지도, 형이하자 위지기(形而上者 爲之道, 形而下者 爲之器)"라 한 데로부터 차용 · 번역한 데서 유래한다. 그것은, metaphysics가 '형체를 가지고 있지 않은 도(道)'를 다루고 있다고 생각하였기 때문인 것으로 보인다.

2. metaphysics라는 말의 유래와 의미

• 아리스토텔레스는 '철학'(Philosophia, φιλοσοφία)이라는 용어를 그 말의 원래의 어원적 의미로, 즉 철학을 학과 동등하게 사용했다. 이 때문에 그는, 우리가 오늘날 여러 가지의 과학들을 말하듯이 여러 철학들을

말했다. 그는 여러 철학들 중에서 하나를, 이 철학들의 근본이 되는 것으로 구별하여 '제1철학'(prōtē philosophia, πρώτη φιλοσοφία) 또는 신학(theologikē, θεολογική) 또는 지혜(sophia, σοφία)라고 불렀다.

• 그는 자연(천문, 기상, 동식물, 마음 등)에 관한 연구를 '자연학'(physikē=제2철학)이라 하고, 이것을 먼저 배운 후에 존재자 전반에 걸친 근본원리를 연구하는 학문인 제1철학 또는 신학을 배우는 것이 마땅하다고 학문의 순서를 말한 바 있다. 그러나 제1철학은, 공부순서로는 두 번째에 오는 것이지만, '본성적으로는'(tē, physei, τή φύσει) 제1의 것이다. 즉, 존재일반은 '우리에 대해서(pros hēmas, πρὸς ἡμᾶς)는 최종적인 것이다. 우리에게 탐구되어 알려지는 순서에 있어서는 맨 마지막에 온다.

• 아리스토텔레스 사후(死後), 안드로니코스(Andronikos von Rhodos, BC 1C)가 그의 저작을 편찬할 때, 제목 없이 쓰인 부분(제1철학에 관한 14권의 책들)을 Physica (자연학)의 뒤(meta)에 놓았다. 이 때문에 제1철학에 관한 책들은 자연에 대한 책들 다음에 오는 책, 혹은 간결하게 라틴어로 metaphisica (ta meta ta physica)라고 불려졌다. 오랫동안 사람들은 이 제목을, 실용적으로 자연학 다음에 순서가 매겨진 저술들의 도서관식 표기법으로만 생각했다. 이렇게 하여 metaphisica라는 용어는 제1철학을 지칭하는 것으로 되어버렸다. 그러나 오늘날 사람들은 이 이름이 예전부터 이미 어떤 내용적인 의미를 늘 지니고 있었다고 공공연히 인정한다. 이 이름은 '존재하는' 것 일체의 기초를 놓기 위해, '물리적으로' 주어지고 감각적으로 경험할 수 있는 것을 넘어가고 뛰어넘는(초월하는) 것을 의미한다.[1] 자연물들이 형이상학적 근거들을 향해 초월되고 또 이 근거들로부터

---

1 헬라스어 및 라틴어 meta에는 '뒤'(after)라는 뜻 외에 '~을 넘어서', '~을 초월하여'(beyond)라는 뜻도 있다.

해명된다. 이렇게, metaphysica라는 제목은 저 아리스토텔레스의(제1철학에 대한) 책들의 관심사와 내용을 잘 드러내주고 있고, 그래서 이 제목이 전체 철학전통 속에서 이 학문에 대한 익숙한 이름으로 자리 잡게 되었다.[2]

• 아리스토텔레스에 의하면 제1철학은 '존재자로서의 존재자'(on hē on, ὄν ἧ ὄν)를 탐구한다. 그가 존재자로서의 존재자라는 말로 뜻하고자 한 것은, 어느 특정한 존재영역이 아니라 전(全) 존재영역을 포괄적 · 총체적으로 파악하되, 부분에 관한 인식들의 단순한 총화로서가 아닌 '존재일반'에 관한 통일적인 이해를 추구한다는 것이다. 즉, 개별과학들은 존재자의 특정한 부분들을 취급한다. 예를 들면 생물학은 생물을, 심리학은 심리현상을, 그리고 수학은 수라는 존재자를 다룬다. 그러나 제1철학은 존재자 자체, 존재자 일반을 다룬다.

• 아리스토텔레스는 제1철학에서, 존재자의 원인의 계열을 더듬어 올라가 그것의 최종원인인 신에 도달하며, 따라서 신을 문제 삼는 것이 제1철학의 궁극적 과제가 되었다. 그는 신을, 자연을 초월해 있는 자로 취급했다. 제1철학에 대해 저술된 책이 자연을 초월하여 무엇이 존재하는가를 탐구했다는 사실은, 후세에 metaphysica라는 용어에 다양한 어원적 해석이 주어진 이유가 되었다. metaphysica란, 초월적인 것을 취급하는 학으로 생각되었다. 우리는 실로 신, 그리고 사후의 삶과 같은 초자연적인 주제들이 metaphysica의 질문들의 범위 안에 포함된다고 말할 수 있다. 그러나 이러한 문제들만이 metaphysica의 주제인 것은 아니다.[3] 아리스토텔레스

---

2 에머리히 코레트, 『전통 형이상학의 현대적 이해』, 김진태 역, 카톨릭대학교 출판부, 2000, 7 참조.

3 K. 아두키에비츠, 『철학, 그 문제와 이론들』, 송병옥 역, 서광사, 1988, 100 참조.

는 제1철학에서, 자연학 및 다른 작품들에서 상당히 많이 논의되는 문제들과 중복되는 문제들을 논하고 있다.

3. 아리스토텔레스가 규정한 형이상학의 내용

1〉 존재론(ontologikē, οντολογική)

"존재자 자체(존재자로서의 존재자, ὄν ᾗ ὄν)와 이것에 본질적으로 속해있는 모든 것을 고찰하는 한 가지의 학문이 있다."(『형이상학』 제4권 제1장, 1003a 21). 이렇게 보면 형이상학은 존재에 관한 학문, 즉 존재론이다(예 : 동일, 반대, 서로 다름, 유, 종, 전체, 부분, 완전성, 통일, 필연성, 가능성, 현실성 등의 개념을 탐구함)

2〉 제1철학

"첫 번째 것과 원인"(τὰ πρῶτα καὶ τὰ ἄιτια, 『형이상학』 제1권 제2장 982b 2-3)에 관한 학문.

3〉 "영원하고 움직여지지 않고 분리할 수 있는 것"(ἀιδιον καὶ ἀκίνητον καὶ χωριστόν"에 관한 학문, "분리할 수 있고 움직여지지 않는 것들에 관한(περὶ χωριστὰ καὶ ἀκίνητα)" 학문, 즉 신학(θεολογική, theologikē) (『형이상학』 제6권 제1장, 1026a 11, 16-17, 19-20)

4. 형이상학과 존재론

(1) 형이상학과 존재론의 구별

• 위에서 본 것처럼, 아리스토텔레스에 있어서 제1철학, 즉 형이상학은

곧 존재자를 존재자로서 다루는 존재론인 동시에, 존재자의 궁극근거를 다루는 신학이었다. 그러면 현대에 있어서도 이러한 입장이 동일하게 유지되고 있는가? 현대에도 형이상학은 곧 존재론인가?

• 근세에 들어와서 형이상학의 분화가 시작된다. 클라우베르크(Johannes Clauberg, 1622—1665)에 있어서 '일반 형이상학'으로서의 존재론은 '자연신학'까지도 포함하는 포괄적인 지위를 얻는다.[4] 볼프(Christian Wolff, 1679-1754)는 형이상학을 일반형이상학(metaphysica generalis)과 특수형이상학(metaphisica specialis)으로 나누었다. 이 구분에 의하면 전자는 존재론이며, 후자는 이성적 심리학(자아론)[rational psychology], 이성적 우주론(세계론)[rational cosmology], 그리고 이성적 신학(rational theology)으로 나뉜다. 이성적 자아론은 혼(魂)에 대한 학문인 심리학(살아있는 모든 것들의 혼, 특히 인간의 영혼 : 철학적 심리학)이며, 이성적 우주론은 이성적 자연철학이며, 이성적 신학은 자연신학(theologia naturalis : 철학적 신론)이다. 서양근대철학의 아버지라 불리는 데카르트를 여기에 적용시키면, 이성적 심리학에는 정신계의 철학 즉, 사유물(res cogitans)의 철학이 대응하고, 이성적 우주론에는 물질계의 철학, 즉 연장물(res extensa)의 철학이 대응하며, 본래적인 의미에서 실체로 불릴 수 있는 신에 관한 철학이 마지막 것에 대응한다.

• 일반형이상학, 즉 존재론의 과제는, 특수형이상학의 모든 부분들에 대해서 전제되어야 하는 가장 일반적인 문제들을 다루는 것이다. 그러므로, '존재하는 것'에 관한 모든 문제가 곧 존재론이나 형이상학의 문제인 것은 아니다. 예컨대 "내 책장에는 몇 권의 책이 있나?", "지금이 몇 시인

4 http://de.wikipedia.org/wiki/Ontologie#Problem-_und_Begriffsgeschichte 참조.

가?”, “오늘저녁 강연에 몇 명이 참석했는가?” 등과 같은 물음은 형이상학의 물음이라고 불리지 않는다. 이러한 물음들은 일반적인 성격을 지니지 않고, 형이상학적인 관심을 끌지 않는 ‘국부적(局部的)인’ 물음이다.

그런데 과학은 아주 일반적인 물음들을 다루고 법칙을 발견하려고 하며, 현상들을 설명하기 위한 이론들을 만들려고 한다. 그러나 이러한 현상들은 경험적인 영역 내에 존재하기 때문에, 이러한 물음들은 그들의 일반성에도 불구하고, 형이상학적인 물음들이 아니라 과학적인 물음들로 간주된다.

(2) 존재론(存在論, ontology)

1 / 존재론

존재론에 대응하는 영어는 ontology인데, 이 말은 헬라스어 ontologikē (οντολογική) 및 이를 번역한 라틴어 ontologia에서 왔다. ontologia는 ‘onto (〈 onta) + logia’로 구성된 단어로서, onta는 존재자를 뜻하는 on의 복수형 명사다. 따라서 ontologia는 글자 그대로는 ‘존재자론’이라는 뜻이다.[5] 그런데 존재자론은 결국 존재자의 ‘존재방식’, ‘존재양상’, ‘존재의미’를 문제 삼으므로 ‘존재론’으로 옮겨도 무방할 것으로 보인다. 존재론을 본체론 혹은 실체론이라고도 번역하는 경우도 있다.

2 / 존재자와 존재

● 참된 것과 참됨이 다르고, 선한 것과 선이 다르고, 아름다운 것과 아름

5 ‘on’ : 헬라스어의 be동사인 ‘einai’의 현재분사형, 즉 ‘being’으로서, ① ‘존재하는’이라는 뜻과, ② ‘존재자’라는 뜻을 가진다.

다움이 다르듯이, 존재자와 존재는 다르다. 참된 것, 선한 것, 아름다운 것 등은 다수지만, 진(眞), 선(善), 미(美)는 하나이듯이, 존재자는 다수지만 존재는 하나로서 동일하다. 존재론이 탐구하고자 하는 '존재일반'이란 바로 이런 것이다.

· 존재(存在) : to be, das Sein, l'Etre (l'existence), esse, einai
존재자(存在者) : being, das Seiende (Seiendes), l'Etre (l'existant), ens, on

※ 우리말 '존재'는 '있음'(有)이라는 의미만을 가지는 데 반하여, 우리말 '존재'에 대응하는 위의 서양어들에는 '있다'(有)라는 뜻 외에도 '이다'(是)라는 뜻도 포함되어 있다.

II. 형이상학의 주요개념과 문제

1. 범주[範疇, 영 : Category, 독 : Kategorie, 헬 : katēgoria (κατηγορία), 라 : praedicamenta]

● 범주(範疇)라는 말은, category (Kategorie)를 번역한 용어인데, 'category'는 헬라스어 'katēgoría (κατηγορία)'[katēgorein (κατηγορεῖν)의 명사형]에서 유래한다. 이 말은 본래는 '소송하다'라는 뜻을 지니고 있고, 넓게는 '진술하다'라는 뜻을 지닌다. '카테고리'는 아리스토텔레스가 만든 용어인데, 그는 카테고리라는 표현을, 어떤 것에 대한 언급을 표시하기 위해서 즉, 서술을 위해서 사용했다. 나중의 언어사용에 따르면 아리스토텔레스의 카테고리들을 아리스토텔레스 자신은 "진술의 도식들"(*Metaphysica* V 7, 1017a23) 혹은 "진술들의 유(類)"(*Topica* I, 9, 103b20) 라고 불렀다. 그리고 완전성을 요구하지 않고 그는 그 가운데서 10개의 카

테고리를 구별했다.[6] 그리고 '범주'라는 용어는 '홍범구주'(洪範九疇)에서 가져온 말인데, 홍범구주란, 중국 하(夏)나라 우왕(禹王)이 남겼다는 정치이념으로서, 홍범은 대법(大法)을 말하고, 구주는 9개 조(條)를 말한다.

• 플라톤은 범주를 다섯 개로 나누었는데, 그것은 "존재자(ὄν), "정지(στάσις)", "운동(κίνησις)", "같은 것(ταὐτὸν)", "다른 것(θάτερον)"[7]이다. 이에 비하여 아리스토텔레스는 범주를 열 개로 나누었는데, 그것은 "실체(οὐσία, ousia, substantia, die Substanz)", "양(ποσόν, poson, quantitas, die Quantität)", "질(ποιόν, poion, qualitas, die Qualität)", "관계(πρός τι, pros ti, relatio, die Relation)", "어디서", 즉 "장소(πού, pou, ubi, Wo)", "언제", 즉 "시간(ποτέ, pote, quando, Wann)", "상태(κεῖσθαι, keisthai, situs, die Lage)", "가짐", 즉 "자격을 갖춤(ἔχειν, echein, habitus, das Haben)", "함", 즉 "능동(ποιεῖν, poiein, actio, das Wirken)", "당함", 즉 "수동(πάσχειν, paschein, passio, das Leiden)"[8]이다.

2. 실체 · 기체 · 속성과 본질

(1) 실체(헬 : ousia / 라 : substantia / 영 : substance / 독 : Substanz)

• '우시아'(ousia)는 '존재'를 뜻하는 헬라스어 'einai (εἶναι)'의 여성 현재

---

6 M. Gessmann (hg.), *Philosophisches Wörterbuch*, Darmstadt, 2009, 380 참조.

7 Platon, *Sophistes*, 254 d4 ff..

8 Aristoteles, *Topica* I, cap. 9, 103b 20 ff.; De categoriis, cap. 4-9, 1b 25 ff..

분사형으로서 글자 그대로 말하면 '[진정으로(참으로)] 존재하고 있는'이라는 의미를 지니고 있다. 이것이 명사로 사용될 때에는 '진정으로'(참으로) 존재하는 것, 즉 — 진실존재자라는 의미에서의 — '실재자(實在者)'혹은 '실체(實體)'라는 의미를 갖게 되고, 두 번째로는, '본질(本質)'이라는 의미를 갖는다. 왜냐하면 시시각각 변화하는 우연적 성질들은 '진정으로'(참으로) 존재한다고 말하기 어렵기 때문이다. 그래서 'ousia'는 본질이라는 의미도 갖게 된다. 그런데 우시아의 1차적인 의미인 '진정으로'(참으로) 존재하는 것이란, '독립적으로 존재하는 것'이라고도 할 수 있다. 그렇다면 독립성의 정도에 따라 진정성 내지 실재성의 정도를 말할 수 있을 것이다. 만약에 신이 존재한다면 정의(定義)상, 신만이 독립적인 존재자일 것이므로 신만이 실체의 자격을 가지며, 신에 의해 창조된 모든 것들은 신에 의존하는 것들이므로 실체라고 부를 수 없을 것이다. 그러나 상대적인 독립성을 생각할 수 있다. 신을 일단 고려대상에서 제외하고 보면, 물리적 세계 속에 존재하는 현실적인 개체들 — '현실개체'를 줄인 말도 '실체'다 — 만이 독립적으로 존재하고, 그것들을 분류하는 유개념이나 본질 등은 부차적인 것이 되므로, 현실개체가 실체가 된다. 또 다른 측면인 '질(質)'의 측면에서 보면, 어떤 것을 어떤 것이라고 부를 수 있는 이유인 '본질(本質)'은 자기동일적으로 존속하는 데 반하여, 어떤 개체에 부차적으로 속해 있는 우연한 성질들은 시시각각 변한다. 따라서 이러한 우유적 성질들과의 관계에서 보면 '본질'이 실체라고 할 수 있다. 더 나아가 서양 근대의 미립자론(微粒子論) 철학자의 한 사람인 로크의 경우에서처럼, 변화하는 여러 성질들의 근저에서 그것들을 떠받치고 있는 미립자(corpuscle)로서의 물질 또한 실체라는 이름으로 부르고 있다. 왜냐하면 물체의 여러 성질들은 변화하지만, 미립자로서의 물질은 변화의 근저에서 자기동일적으로 독립적으로 존재한다고 생각했기 때문이다.

● 이렇듯 실체 개념은 맥락에 따라, 철학자에 따라 다르게 사용되고 있지만, 그 기본적인 의미는 아리스토텔레스에 의해 주어졌다. 그는 실체를, 그것으로부터 어떤 것이 서술될 수는 있으나 그것 자신은 그 밖의 어떤 것으로부터도 서술될 수 없는 것이라고 말한다. 예컨대 '한 송이 붉은 장미'가 있을 때, '붉음'이라고 하는 성질은 장미나 그 밖의 실체를 떠나 독립적으로 존재할 수 없지만, '붉음'이라는 성질을 소유하고 있는 이 특별한 장미는 자기가 존재하기 위하여 다른 기초를 필요로 하지 않고 그 스스로 존재한다. 그리하여 스콜라철학자들은 이러한 자존성(自存性, aseity)을 실체의 본질로 생각하고, 실체를 "그 자체로 혹은 자신을 통하여 성립하는 것"(res, cui convenit esse in se vel per se)이라고 정의하였다.[9]

● '실체'로 번역되고 있는 위의 용어들은 맥락에 따라, 철학자에 따라 다르게 사용되고 있다. 아리스토텔레스는 『형이상학』의 어의(語義)편에서 존재를 다룬 다음 장에서(V 8, 1017b 10-26) 실체를 거론한다. 실체란 역사적으로 여러 가지 뜻이 있었는데,

1〉 (탈레스와 같이) 물, 불같은 단순한 물체로 보기도 하고,

2〉 (아낙시메네스와 그 후계자들처럼) 동물에 있어서의 혼(魂, psychē, ψυχή)과 같이 내재하는 존재의 원인으로 보기도 하고,

3〉 (피타고라스와 그 후계자들처럼) 수(數)와 같이 모든 것을 규정하는 것으로 생각하기도 하고,

4〉 (플라톤과 같이) 그 개념이 정의(定義)인 바, 본질로서 사용되기도 했다.

9 K. 아두키에비츠, ebd., 104 참조.

▶ 이 네 가지 용법을 아리스토텔레스는 다시 두 개로 요약했다. 즉, 그 중 하나는 다른 것의 술어가 될 수 없는 〈최후의 주체〉(hypokeimenon eschaton, ὑποκείμενον ἔσχατον)이고, 다른 것은 개체적인 성격을 주면서 독립적인 성격을 지닌 〈형상(形相)〉이다. 우리는 여기서 이미 실체의 양의성(兩義性)을 짐작한다.

1/아리스토텔레스의 실체론

1〉 아리스토텔레스의 『범주론』에서의 '실체'

실체의 양의성은 『범주론』 제5장의 실체에 관한 논증에서 가장 뚜렷이 나타난다. 그는 여기에서 실체를 제1실체(prōtē ousia, πρώτη οὐσία)와 제2실체(deutera ousia, δευτέρα οὐσία)로 나누었다.

① 제1실체는 "어느 기체(基體)에 대하여 진술되는 것도 아니고, 또 어느 기체(基體) 가운데 있는 것도 아니며, 이를테면 어떤 특정한 인간 내지 어떤 특정한 말[馬]이라고 하는 따위의 것이다."(Cat. V. 2a 11-13). 다시 말해서, 이 특정한 개별자가 가장 우월하고 제1차적이며 가장 많이 얘기되는 본래적 의미에 있어서의 실체라는 것이다. 한편 제2실체는, "제1차적 의미에 있어서의 실체를 그 안에 포섭하고 있는 종(種)개념이요, 다시 또 이와 같은 종개념을 그 안에 포섭하고 있는 유(類)개념이다. 이를테면, 어느 특정한 개인이 인간이라는 종개념에 속하고, 이 종개념은 다시 동물이라는 유개념에 속하거니와, 이와 같은 것, 인간 내지 동물, 다시 말해서 종

개념 내지 유개념이 제2실체다."(Cat. V. 2a 14-18).[10]

다시 말하면 여기서 말하는 제1실체란, 문장에서 주어의 위치에만 놓일 수 있고 술어의 위치에 놓일 수는 없는 것. 즉, 제1실체는 '이것'이라는 말 이외에 달리는 표현할 수 없는 그 어떤 존재자인데, 그것은 결국 개체다. 그리하여, "이것은 붉다"와 같은 문장에서 "이것"이라는 말에 의해 지시되는 구체적 사물이 바로 제1실체다. 제1실체는 성질들을 가지고 있는 그 무엇이다.

② 제2실체는 주어와 술어 모두에 위치할 수 있는 말로 표현된 것. 즉, '책상', '연필', '소', '사람' 등과 같은 말로 표현될 수 있는 그 어떤 존재자로서, "이것은 사람이다"와 같은 문장에서처럼 술어의 위치에도 올 수 있으며, "사람은 이성적 동물이다"에서처럼 주어의 위치에도 올 수 있는 말로 표현되는 그 어떤 것이다. 이런 것을 그 후 철학사에서는 보편자라 불렀다.

2〉 아리스토텔레스의 『형이상학』에서의 실체

• 『형이상학』 제7권 제1장(1028 a 11)의 용어에 의하면, 『범주론』에서의 제1실체는 '개물(個物)'이고, 제2실체는 '본질'에 해당된다. 그러나 아리스토텔레스는 『형이상학』 제7장(1032 b 1-2)과 제11장(1037 a 29 이하)에서는 『범주론』에서와는 반대로, 현실개체의 형상(形相) 혹은 본질을 제1실체라고 하고, 현실개체를 제2실체라고 말한다.

• 따라서 아리스토텔레스의 실체 개념의 의미에 혼란이 있는 것으로 보인다. 그러나 『범주론』에서 말하는 "제1의 것"은 '존재의 서열(序列)에서'(tē taxei, τη ταξει) 본 것이고, 『형이상학』에서는 '정의(定義)와 인식에

---

10 조요한, 『아리스토텔레스의 철학』, 경문사, 1988, 87-8 참조.

따라서'(logō kai gnōsei, λόγῳ καὶ γνώσει) 본 것이라는 점이 다르다. 존재의 서열로 보면 인간이 '있다'는 사실이 앞서고, '인간이 있다'는 명제는 뒤따라온다(Cat., XII, 14 b 11 이하). 그러나 정의와 인식에 있어서는 인간의 본질을 알면, 인간을 완벽하게 아는 것이 되기 때문에(Met., Z. 1, 1028 a 32-b 1), "제1의 것"이 달라진다.

2 / 데카르트의 실체론

• 데카르트는 '실체'를 다음과 같이 정의한다 : "실체라는 말로 우리는, 그것이 존재하기 위하여 다른 아무 것도 필요로 하지 않는 것이라고 이해할 수밖에 없다."[11]

• 실체에 대한 데카르트의 정의는 존재론적 정의다. 데카르트 자신의 이 정의에 따르면, 신(神)만이 실체다. 그런데 데카르트는 실체를 무한실체와 유한실체 두 종류로 나누어, 신을 무한실체, 물질과 정신을 유한실체라고 부른다. 그러나 그 자신의 정의에 따르면 유한이라는 개념과 실체라는 개념은 양립 불가능하다. 왜냐하면 유한자는 자존자(自存者), 독립적 존재자가 아니라, 자기가 존재하기 위하여 그 어떤 타자를 필요로 하기 때문이다. 그럼에도 불구하고 데카르트는 이 용어의 의미를 약화시켜, 실체라는 용어를 유한자인 정신과 물질에도 사용하는데, 그것은, 그것들이 신에 의해 창조된 점에서는 실체가 아니지만, (신을 고려하지 않고) 정신과 물질 양자만을 놓고 볼 때는, 서로가 서로에게 아무런 영향을 주지 않고 〈독립적으로〉 존재하므로, 〈유한〉이라는 수식어를 붙여 〈유한 실체〉라고

11 "Per substantiam nihil aliud intelligere possumus, quam rem quae ita existit, ut nulla alia re indigeat ad existendum."(R. Descartes, *Die Prinzipien der Philosophie*, Lateinisch-Deutsch. Über. und hg. v. Christian Wohlers, Hamburg, 2005, Erster Teil § 51).

한 것인데, 이러한 견해는 나중에 스피노자의 비판을 받게 된다.

3 / 스피노자의 실체론

• 스피노자는 실체를 다음과 같이 정의한다[12]: "나는 실체를 그 자체로(즉자적 · 독자적으로) 존재하며, 자신을 통하여 파악되는 자라고 이해한다. 즉, 그 개념이 그것으로부터 자기가 형성되어야만 할 다른 어떤 것의 개념을 필요로 하지 않는 자라고 이해한다."[13] 이를 통해 스피노자는 실체가 존재론적으로 독립적일 뿐만 아니라, 개념적으로도 독립적인 자라는 점을 말하고 있다.[14] 실체가 개념적으로 독립적이라는 것은, 그것이 다른 어떤 개체를 언급하지 않고서도 확인될 수 있다는 뜻이며, 실체가 존재론적으로 독립적이라는 것, 즉 실체가 다른 어떤 것 속에 존재하지 않아야 한다는 요구로 스피노자가 말하고 있는 것은, 실체는 술어의 주어이며 다른 어떤 것의 술어가 아니라는 점이다.[15]

실체는 자족적(自足的)이고 모든 것을 포괄하는 체계로서 유한한 존재자들을 그 안에 소유한다. 동일한 속성을 지닌 실체는 오직 하나만 존재할

---

12 스피노자의 실체관에 대해서는 필자의 논문 「스피노자는 범신론자인가?」[『동서철학연구』 제64호 (303-325)], 307 ff.의 내용을 부분적으로 수정하여 가져왔다.

13 "Per substantiam intelligo id, quod in se est et per se concipitur; hoc est id, cujus conceptus non indiget conceptu alterius rei, a quo formari debeat."(Baruch de Spinoza, *Ethik in geometrischer Ordnung dargestellt*. Neu übersetzt, herausgegeben, mit einer Einleitung versehen von Wolfgang Bartuschat. Lateinisch-Deutsch, Hamburg, 2010, 제 1부. 정의 3).

14 이러한 정의와 비교하여, 실체에 대한 데카르트의 정의는 존재론적 정의다.

15 Olli, Koistinen, "Causation in Spinoza," in: *Spinoza. Metaphysical Themes*, ed. by Olli Koistinen and John Biro, Oxford, 2002 (60-72), 63 f. 참조.

수 있다고 스피노자는 말한다.[16] 왜냐하면, 같은 속성을 가진 두 개의 사물은 서로 상대편에 제약을 가할 것이며, 제약을 받는 자는 유한자일 것이기 때문이다. 마찬가지로 이 세상에는 서로 다른 속성을 가진 두 개 이상의 실체도 있을 수 없다. 왜냐하면, 속성이 다른 두 사물은 서로 상대편의 성질을 부정하는 일면을 가지고 있을 것이며, 따라서 그 본질이 무한히 풍부할 수 없을 것이므로, 이들도 역시 실체가 아닐 것이기 때문이다.[17]

그런데 스피노자가 말한 실체의 정의는 데카르트의 정의와 결국 일치하며, 단지 거기에 "자신에 의해 파악되는"이라는 규정이 첨가된 것이다. 그러나 스피노자에 의하면, 데카르트는 그 정의를 실제로 적용할 때 자기 자신의 정의에 충실히 따르지 않았다. 데카르트의 정의에 따르면, 신만이 자존성(自存性)을 지니므로 신만이 실체의 자격을 지니며, 물질과 정신은 신의 피조물이므로 신에 의존하는 존재자요, 따라서 실체라고 할 수 없기 때문이다.

스피노자는 데카르트와는 달리 용어사용에 일관성을 유지하고 있다. 즉, 신만이 실체요, 이러한 실체를 그는 '자연'이라고도 말한다["신 또는 자

---

16 제1부 정리5: "우주에는 같은 본성이나 속성을 지닌 두 개 이상의 실체가 존재할 수 없다."("In rerum natura non posunt dari duae aut plures substantiae ejusdem naturae sive attributi.").

17 그러나 이에 대한 반론이 가능하다. 예컨대, 헤겔이 악무한이라고 불렀던 내용을 생각해 보자. 즉, 그것은 무한수열이다. 우리는 자연수의 수열[1, 2, 3, 4, (…)]을 생각할 수 있고, 짝수인 자연수의 수열[2, 4, 6, 8, (…)]과 홀수인 자연수의 수열[1, 3, 5, 7, (…)]도 생각할 수 있다. 이 경우에, 첫 번째 수열에만 마지막 수가 없는 것이 아니라 두 번째, 세 번째의 수열에도 마지막 수는 없고, 그러나 그들은 서로 구별된다. 이 수열들 중 하나를 우리가 아무리 멀리까지 진행시킨다고 해도 결코 다른 수열에 도달하지 못한다. 이 양자 중 어떤 것도 다른 것과 결합하거나 그것을 제한하지 않는다. 따라서 이들 역시 무한하다. 이에 대해 스피노자는 무어라고 대답할 것인지 궁금하다(Michael J. Inwood, *Hegel*, London, etc., 1983, 362 및 Ivan Soll, *An Introduction to Hegel's Metaphysics*, Chicago, 1969, 118 참조. 이점과 관련하여 백훈승, 『헤겔과 절대자』, 『범한철학』 제 32집, 2004, 283 f. 참조.

연(Deus seu natura)"].[18] 그리고 물질과 정신은 신 속에 존재하는, 즉 신에 의존하는 존재자들이므로 실체가 아니라 실체의 변용(變容, affectio) 또는 양태(樣態, modi)라고 부른다. 그는 결코 모든 것이 신이라고 말하지 않고, 모든 것은 신 속에 있다고 말한다. 신만이 유일한 실체이며, 정신과 물체를 포함한 모든 유한자는 이 유일한 실체의 양태일 뿐이다.

그렇다면 스피노자의 실체 개념과 아리스토텔레스의 그것과는 어떤 공통점과 차이점이 있는가? 그것은 아리스토텔레스 실체개념과 전적으로 다른가? 결론적으로 말하면 스피노자의 실체개념은 아리스토텔레스의 그것을 더욱 철저히 극단적으로 밀고 나간 결과로 볼 수 있다. 스피노자가 말하고 있는, "그 자체로 존재하는 것"과 "다른 것 속에 존재하는 것"이란 과연 무엇을 뜻하는가? 아리스토텔레스의 『범주론』에 의하면 어떤 것은 그것이 주체인 것 속에 존재하지 않을 때에, 즉 그것으로부터 독립하여 존재할 수 있을 때에 바로 이런 의미에서 다른 어떤 것 속에 존재하지 않는 것이다.[19] 아리스토텔레스의 전통에서 우유적(遇有的) 존재자란, 그 자신에 의해 존재할 수 없고, 그것이 그 안에서 존재하는 주체(주어)로 간주되는 어떤 것을 필요로 하는 존재자다. 그러므로 우유적 속성은 주체 속에 내재한다고 말해지는 반면에 실체는 자존자다. 우유적 속성은 그것이 내재하고 있는 실체에 의존해 있지만 실체는 자기의 우유적 속성에 의존하고 있지 않다. 실체는 주체(주어) 속에 존재하지 않는다. 그러므로 실체는

---

18 "신 또는 자연"이라는 표현은 제 4부의 머리말과 정리 4의 증명에서 발견되는데, '신'과 '자연'을 연결하는 단어는 주로 'seu'이고, 'sive'는 "바로 신 혹은 자연의 능력(ipsa Dei sive Naturae potentia)"(정리4의 증명)에서만 사용되고 있다.

19 울프슨(Harry Austryn Wolfson)은 아리스토텔레스의 『범주론』 Kap. 2, 1a 24-25에 의존하고 있다(Robert Schnepf, *Metaphysik im ersten Teil der Ethik Spinozas*, Würzburg, 1996, 85 참조.)

존재론적으로 우월한 지위를 가지고 있다. 예컨대 '노랑'은 우유적 속성이어서 궁극적으로는 어떤 실체 속에서만 존재할 수 있다. 스피노자는 실체(substance)와 우유(accident)에 대한 이러한 고전적인 구별을 따르고 있다.[20]

그런데 스피노자의 입장에서 보면, 우유적 속성의 주체인 개물이나 질료 속의 형상들도 진정한 의미에서 그 자체로 존재하는 것이 아니고 신에 의해 존재하는 것이다. 따라서 개물들은 진정한 의미의 실체라고 할 수 없다. 우리는 이렇게 생각할 수 있다. 개물들도 우유적 속성에 대해서는 독립성을 지니고 있다는 점에서는 실체라고 할 수 있지만, 이러한 독립성은 상대적 독립성이다. 개물들의 독립성은 궁극적으로는 신에 의존하고 있으므로 그것은 진정한 독립성, 최고의 독립성은 아니다. 진정한 독립성, 완전한 독립성을 지닌 자는 신 밖에 없다고 스피노자는 생각하고 신만이 진정한 의미의 실체라고 말하는 것이다. 그러므로 우리는 울프슨(Wolfson)이 말한 대로, 실체에 대한 스피노자의 정의는 중세의 정의와 본질적으로 다르지 않고 다만 그는 "그것의 엄격한 논리적 적용을 완강하게 주장함으로써" 그것의 적용을 "신에게만"[21] 제한하고 있다고 볼 수 있다.

4 / 라이프니츠의 실체론

● 스피노자는 데카르트의 실체개념을 철저화 함으로써 절대적 무한자로서의 신만이 실체라고 했지만, 스피노자는 이 무한한 실체로부터 어떻

---

20 Valtteri Viljanen, "Spinoza's Ontology," in: The Cambridge Companion to Spinoza's Ethics, ed. by Olli Koistinen, Cambridge Univ. Pr., 2009 (56-78), 57 참조. 그리고 Harry Austryn Wolfson, The Philosophy of Spinoza. Two Volumes in One, Cambridge, Mass./London, 1983, 68 ff. 참조.

21 Wolfson, ebd., 66, 76.

게 유한한 존재자들이 발생하는가 하는 문제를 적절히 설명하지 못하였다 하여 〈무세계론(無世界論)〉(Akosmismus)이라는 비난을 받기도 하였다. 그리하여 라이프니츠는 차라리 유한한 존재자들 자체 속에서 실체를 생각하려고 하였다.

• 그는 분할 불가능성(分割 不可能性)을 실체의 조건으로 보았다. 따라서, 연장물(延長物, res extensa)인 물질은 분할 가능하므로 실체가 될 수 없다. 이로써 그는 데카르트와 스피노자의 주장을 비판하고 있는 것이다.

• 그는, "실체란 활동할 수 있는 존재자다"(La substance est un être capable dáction)라고 말함으로써, 실체를 생생한 활동 · 능동적인 힘으로 파악하고 있다. 그리고 스피노자와는 달리, 이러한 자립적 힘을 가진 개체적 실체가 다수 존재한다고 하면서 이러한 실체를 〈실체적 형상〉(forme substantielle)[22], 〈실체적 단위〉(unité substantielle) 또는 가장 일반적인 명칭으로는 〈단자(單子)〉(la monade[23])라고 하였다. '모나드'는 '1'을 뜻하는 헬라스어 monas (μονάς)에서 유래하며, 궁극불가분의 단순한 정신적 실체로서의 개체를 의미한다.

• 그는 우주를 무수한 정신적 실체인 단자들의 계층적 체계로 보았다. 최고의 단자는 신이고, 신의 밑에 이성적인 단자들, 감각과 욕망을 동반하는 동물의 단자들, 식물의 단자들이 존재한다. 이들 단자들은 모두 자기

---

22 G.W. Leibniz, *Metaphysische Abhandlung*. Übersetzt und mit Vorwort und Anmerkungen hg.v. Herbert Herring, Hamburg, 1958, 26 (XII). / G.W. Leibniz, *Discours de Métaphysique et Correspondance avec Arnauld*, Introduction, Texte et Commentaire par Georges Le Roy, Sixième édition, Paris, 1993, XVII. Leibniz A Arnauld. A Hanovre, 28. nov./8 déc. 1686., 144 ff. 실체가 '형상(形相)'이며 '활동성'을 지니고 있다는 주장은 아리스토텔레스의 영향을 받은 것으로 생각된다. 아리스토텔레스에게 있어서 형상(Eidos)는 바로 '활동적 존재자'(energeia on)이기 때문이다.

23 독 : die Monade, 영 : monad; monade라는 용어는 라이프니츠가 1696년(50세)에 처음으로 사용함.

자신 속에 완전의 가능성을 내포하고 있는 까닭에 〈엔텔레케이아〉라고 부를 수 있을 것이다.

● 단자 하나하나는 전 우주를 반영하며 — 각 단자는 '우주의 살아 있는 거울'(un miroir vivant de l'univers)이라 불리며, '소우주(小宇宙)'(microcosmos)를 이루고 있다 — 우주에 존재하고 발생하는 모든 사상(事象)[24]에 관한 관념들을 — 그 관념이 혹은 분명하고 혹은 희미한 차이는 있지만 — 그 자체 안에 가지고 있다. 모든 단자들의 모든 경험은 "그 단자 자체에 관하여는 완전한 자발성으로 인하여, 그러나 단자 외부의 사물들과는 완전히 일치하도록 모든 것이 그 자신의 근거로부터 발생하는 것이 분명하다."[25]

● "그리고 단자는 자연의 진정한 원자이며, 한 마디로 말하면 물(物)들의 원소(元素)다"("Et ces Monades sont les véritalbles Atomes de la Nature et en un Mot les Elemens des choses." *Monadolgie*, § 3)라고 라이프니츠는 말하며, 이러한 원소로서의 단자는 다음과 같은 특징들을 지니고 있다.

① 이들은 아무런 형태가 없다. 왜냐하면 형태란 〈분할가능성〉을 함축할 것이기 때문이다.

② 이들은 실체로서, 자연적으로 산출되거나 절멸될 수 없다 (*Monadolgie*, § 4, § 5).

③ 이들은 (신이 행하는) 창조에 의해서만 생기고 절멸에 의해서만 멸한다 (*Monadolgie*, § 6).

---

24 사물(事物)과 현상(現象).

25 G.W. Leibniz, "Das neue System," in: Gottfried Wilhelm Leibniz. *Philosophische Schriften*. Bd.1, hg. u. übers. v. Hans Heinz Holz, Darmstadt, 1985 (191-319), 218 (XIV).

④ 이들은 자립적 존재자로서, 창(窓)이 없다. 어떤 실체나 어떤 규정도 이들로부터 나와서 밖으로 영향을 미치거나 이들 속으로 영향을 미칠 수 없다(*Monadolgie*, §7).

⑤ 이들은 개별적이다. 즉 어떤 모나드도 다른 모나드와 같지 않다(*Monadolgie*, §9).

⑥ 그럼에도 불구하고 이들은 영속적으로, 그리고 내적으로 변화한다. 단자의 모 든 변화는 오직 내적 원리로부터만 생겨난다. 즉, 완전에의 충동, 소위 욕망(appétitions)이, 한 상태로부터 다른 상태에로 연속적으로 이행하도록 작용한다. 이러한 상태들을 그는 '지각(知覺)'(perceptionen)이라고 부른다.

▶ 그런데 여기서 라이프니츠가 단자를 "물(物)들의 원소(元素)"(les Elemens des choses) → 출처 라고 말할 때, 이 원소를 물질적인 것으로 보면 안 된다. 예컨대 고대 헬라스의 자연철학자들 가운데 데모크리토스와 에피쿠로스는, 만물은 원자(原子, atom)들로 구성되어 있다고 주장한 바 있다.[26] 그러나 그들이 말하는 '원자'는 – 그 당시 그들의 생각으로는 '더 이상 분할될 수 없다고 본' – 물질이므로 라이프니츠가 보기에는 실체로서의 자격이 없는 것이다. 즉, 단자는 비물질적 실체로서의 불가분의 '형이상학적인 점'(point métaphysique)[27]이다.

• 이러한 단자는 '지각'(perception'과 '욕망'(appétition)[28]이라는 두 가지

---

26 맑스(K. Marx)의 박사학위 논문: 『데모크리토스와 에피쿠로스의 자연철학의 차이』

27 G.W. Leibniz, ebd., 214 (X I).

28 영) appetition, appetite, desire / 독) Begehren, Streben

작용을 한다.

① 지각 : 지각이란, 하나(一)인 단자가 여럿(多)을 표상하는 것[29]이다. 지각작용은 어떤 상태의 정적(靜的)인 재현(再現)으로 이해되어서는 안 된다. 단자는 새로운 지각들을 늘 만들어내며 지각으로부터 늘 새로운 지각들에로 전진한다. 지각으로부터 새로운 지각들에로의 전진은, 라이프니츠가 'appetitus'라고 부르는 '추구'을 통해 이루어진다.[30] 단순한 일자(一者)이면서 그 1 속에 일체를 포섭하는 것은 바로 정신에서만 가능하다면, 단자는 바로 그러한 정신이다. 마치 원의 중심은 점이면서도 무한한 다(多)의 직경을 포함하는 것처럼, 정신은 그 자신이 1이면서 과거, 현재, 미래에 걸친 무한다(無限多)의 표상을 내포할 수 있다. 정신은 바로 다(多)를 '표현'(représentation), '표출'(express)하는 1인 것이다. 단자는 이처럼 그 단일성 속에서 다(多)를 표현하는 '우주의 살아 있는 거울'이다.

② 욕망 : 욕망이란, 이러한 다양성의 통일로서의 어떤 표상에서 타(他)의 표상에로 향하는 경향력(conatus)을 말한다. 그리고 이들 서로 다른 무수한 모나드가 전혀 무의식적인 어두운 표출력을 지닌 '잠자는 모나드'(식물의 모나드)에서, 무한하게 밝고 판명한 표출력을 지닌 최고의 모나드[=모나드들의 모나드(monas monadum)]인 신에 이르기까지 연속적 계열을 형성하고 있다.

---

29 "die Perzeption(…) ist die Repräsentation der Vielheit in der Einheit.", *Die philosophischen Schriften* (=*GP*), hg. v. C.I. Gerhardt, 7 Bde, Berlin 1875-1880, Nachdruck Hildesheim 1960-61 u.a., 3, 622.

30 Nobert Hoerster (hg.), *Klassiker des philosophischen Denkens, Bd 1*, München, 1992, 295 참조.

5 / 로크의 실체론

• 로크는 정신적 실체와 물질적 실체 모두를 상정하는데, 정신적 실체에 관해서는 "우리는 물질과 사고함의 관념을 갖지만, 아마도 어떤 단순한 물질적 존재자가 사고하는지 사고하지 않는지는 결코 알 수 없을 것"(*Essay*, 제4권, 3, 6; II, 192)이라고 말한다.

물질적 실체에 관해서도, 여러 성질들의 담지자로, 이러한 여러 성질의 근저에 독립적으로 존재하는 기체(基體, substratum) 혹은 지지체(支持體, support[31])를 상정하여 이를 실체라고 부른다. 이와 같이 로크는 '기체'를 '실체'와 동일시하는데, 이러한 기체 내지 실체의 본질이 무엇인가 하는 물음에 대해서는 '무엇인지 내가 알 지 못하는 것'(something I know not what)이라 하였다.

6 / 버클리의 실체론

• 버클리는 로크의 로크를 다음의 세 가지 점에서 비판하고 있다.

① 로크가 제 1성질과 제 2성질을 구별한 점
② 추상적 일반관념에 대한 비판
③ 우리가 지각할 수 없으므로 마땅히 부정되어야 할 물질적 실체 (material substance)의 존재를 로크가 명확한 근거 없이 인정한 점

• 그는 로크가 말한 불가사의한 "물질적 실체'를 부정한다. 버클리는 물질적 실체는 부정하고 정신적 실체는 인정하면서 다음과 같이 말한다 :

31 sub (under) + portare (=bear)

"무한히 많은 여러 가지 관념들 혹은 인식의 대상들[32] 이외에 이것들을 지각하거나 인식하는 '어떤 것'이 있다. 이 '어떤 것'은 인식의 대상들에 관해서 의욕하고 상상하고, 기억하는 등의 가지각색의 활동을 한다. 나는, 이 지각하는 능동적 존재자를 마음, 정신, 영혼 혹은 나 자신(mind, spirit, soul or myself)이라고 부른다. 이 말들은 내가 가지고 있는 관념들 중의 어느 하나도 가리키지 않는다. 이 말들은 나의 관념들과 전혀 다른 어떤 것, 즉 그 속에 관념들이 들어있는 것[33]을 가리키는 말이다."

그런데 정신과 정신 속에 있는 관념은 전적으로 이질적(異質的)이다. 정신은 능동적이요 생산적이며, 관념은 수동적이고 타성적이다. 정신은 분할할 수 없고 변하지 않는 실체요, 관념은 분할할 수 있으며 변화하는 것이다. 정신은 그 자체로서 스스로 존재하지만, 관념은 그 자체만으로는 존속할 수 없고, 다만 정신 속에서만 존재하는 의타적인 존재자다. 그러므로 버클리에 있어서는 정신 — 혹은 마음, 영혼 — 만이 실체요, 정신인 신 또한 실체다.

그러나, 버클리가 물질적 실체[34]의 존재를 부정했고 해서 그가, 우리에게 지각된 관념으로서의 산이나 나무의 존재를 부정했다는 것이 아니고, (칸트가 말하는 '물 자체'와도 같은) 물체 자체의 존재를 부정했다는 것이다. 즉, 그가 부정한 것은 철학자들이 주장하는 물질적 실체, 즉 '미립자'(微粒子, corpuscle)다. 이 점을 확인하기 위해 1710년에 발표한 다음과

---

32 percipi

33 percipere

34 철학자들이 주장하는 물질적 실체, 즉 微粒子(corpuscle)를 부정한 것임. / 미립자 : 원자를 포함한 그 이하의 단계를 가리킴(원자핵 : 1908년에 러더퍼드가 발견 / 전자 : 1897년에 Thomson이 발견)

같은 버클리의 주장을 살펴보자.

35. 나는, 우리가 감각이나 반성(反省)에 의해 파악할 수 있는 그 어떤 물의 실존에 대해서도 반대하는 논증을 제기하지 않는다. 내 눈으로 보고 내 손으로 만지는 물(物)들이 존재하고 있으며, 현실적으로 존재한다(exist, really exist)는 점에는 조금도 의문을 품지 않는다. 우리가 그것의 존재를 부정하는 유일한 것은 철학자들이 물질(Matter) 혹은 물체적 실체(corpoearl Substance)라고 부르는 것이다. 이런 것을 부정할 때에, 인류의 나머지 인간들은 아무런 손해도 입지 않으며, 감히 말하건대, 그것을 섭섭하게 생각하지도 않는다. (…)
36. 만일 이런 주장으로 인해 물의 존재나 현실성(the exitence or reality of things)이 줄어든다고 생각하는 사람이 있다면, 그는 내가 생각할 수 있는 가장 쉬운 용어로 전제한 것을 전혀 이해하지 못하고 있는 것이다. 지금까지 말한 것을 여기서 요약해보자. 영적(靈的) 실체들, 마음들 혹은 인간의 영혼(spiritual substances, minds, or human souls)이 존재하는데, 이들은 자신 속에서 뜻대로 관념들을 의지하거나 야기한다. (…)[35]

7 / 흄의 실체론

• 흄은 물질적 실체와 정신적 실체 모두를 부정한다.

1〉 물질적 실체의 부정 - 그는 물질적 실체라는 개념이 인과성의 관념과 마찬가지로, 주관적인 습관을 잘못 객관화하는 상상의 소산이라고 보았다. 실체라는 개념은 그것에 대응하는 인상을 지각 속에 갖는 것이 아니

35 George Berkeley, "The Principles of Human Knowledge," 74, in: *Berkeley's Philosophical Writings*, edited with an introduction by David M. Armstrong, NY/London, 1974, 41-128.

며, 우리가 갖는 인상은 언제나 물체의 성질들의 집합에 불과한 것이다. 다만, 그러한 인상들의 일부가 '정합성'(coherence)과 '항상성'(constancy)을 갖기 때문에 우리는 물체가 지속적으로 존재한다는 주관적 신념을 갖게 되는 것이다. 예를 들면, 사과와 같은 물체에 대하여 우리가 가지고 있는 관념은 〈특수한 맛, 빛깔, 모양, 크기 그리고 견고성〉과 같은 것들뿐이다. 그것은 '지각의 묶음'(a bundle of perceptions)에 불과하다. 우리가 가지고 있는 지식은 모두 특수한 지각들로 꾸며진 것이다. 우리는 물질적 실체들에 대한 어떤 인상도 가질 수 없기 때문에, 실체들이 존재한다고 말할 수 없다.

2〉 정신적 실체의 부정

● 만일 '자기(자아)'라는 관념이 그것에 대응하는 어떤 인상에서 나왔다고 한다면, 우리는 일생동안 변치 않는 그 인상을 가지고 있어야만 할 것이다. 그러나 실제로 우리가 가지고 있는 것은 무수한 인상의 연속일 뿐이며, 따라서 〈자기〉란 다만 그러한 관념들의 집합에 불과한 것이다. 그것은 부단한 유동상태에 있는 여러 가지 지각들의 묶음 또는 집합에 불과하다. 거기에는 잠시도 "이것이 나다"라고 주장할 만한 자기동일성을 발견할 수 없다. 마음이니 자아니 하는 것도 사실은 내적 상태(인상)의 총화에 불과하다. 이리하여 흄은 물질적 실체는 물론, 버클리가 인정한 정신적 실체까지도 부정하여, 모든 것을 인상과 관념으로 해소해 버린다.

그는, 인과율과 실체를 다만 주관적 신념에 불과하다고 단정함으로써 종래의 자연과학과 형이상학의, 학으로서의 가능성을 부정하는 회의론에 빠지고 말았다. 그러나 이러한 그의 회의론은 Kant를 "독단의 선잠으로부터("aus dogmatischem[36] Schlummer[37]) 각성시켜 새로운 형이상학의 길을 터 주었다.

(2) **기체[基體, 헬: hypokeimenon (ὑποκείμενον), 라: substratum, 영: substratum, 독: Substrat]**

• 기체(基體)란, 물질의 성질이나 상태의 기초로서, 이 성질이나 상태를 받쳐주고 있다고 생각되는 것. 아리스토텔레스가 질료를 가리킬 때 사용한 말이며, 〈성질, 양 등의 다양한 변화 밑에 가로놓여 있고 변화하지 않는 것〉이라는 뜻을 지닌다. 나아가, 이러한 변화 속에서도 그 스스로는 변화하지 않고 오히려 다양한 변화들을 담지(擔持)하는 것이라는 의미를 갖기도 한다.[38]

• 헬라스어 hypokeimenon (ὑποκείμενον)은, '아래에'(hypo) '놓인 것'(keimenon)을 말한다. 아리스토텔레스에 있어서 그것은 형상을 담지하고 있는 토대(土臺)인 질료로서의 물질을 가리킨다. 그래서 우리말로는 보통, 기체(基體)라고 번역하여 사용하고 있다.

• 그런데 헬라스어를 번역하는 과정에서, ousia는 라틴어 substantia, 영어 substance로 번역되고, hypokeimenon은 라틴어 substratum,

---

36 dogma (δόγμα) = opinion. / dokein = think, seem / dogmatic 〈 dogmatikos (Gr)

37 이 점에 관하여 칸트는 이렇게 말한다 : "나는 다음과 같이 솔직하게 고백한다: 데이빗 흄의 훈계(경고)는 수년 전에 나를 독단적 선잠에서 비로소 깨워서, 사변철학의 영역에서의 나의 탐구에 전적으로 새로운 방향을 제공하였다"("Ich gestehe frei: die Erinnerung des David Hume war eben dasjenige, was mir vor vielen Jahren zuerst den dogmatischen Schlummer unterbrach und meinen Untersuchungen im Felde der spekulativen Philosophie eine ganz andere Richtung gab."(*Prolegomena*, Vorrede, 6-7).

38 한국철학사상연구회 편, 『철학대사전』, 동녘, 1997, 196 참조.

영어 substratum으로 번역되었다. 이렇게, ousia는 substantia로, hypokeimenon은 substratum으로 번역되고 보니, 원래 전혀 다른 의미를 지니고 있는 ousia와 hypokeimenon이 번역어로 보아서는 의미를 구별하기 어렵게 되고 말았다. 왜냐하면, 라틴어 substantia와 substratum은 모두 '~의 아래에'(sub) '서 있는 것'(stantia 〈 stare)이나 '~의 아래에' '놓인 것(펴져있는 것)'(stratum 〈 sternere)을 가리키는 용어로, 그 의미가 대동소이하기 때문이다. 이것을 번역한 영어 substance와 substratum (이것은 라틴어를 그대로 가져온 것이다)의 경우도 마찬가지다. 더욱이 'hypokeimenon'은 보에티우스(Boethius)가 라틴어 subiectum으로 번역하였는데,[39] 그것이 다시, '주관(主觀)' 혹은 '주체(主體)'라는 의미를 가진 영어의 subject로 번역되었다. 그런데 subiectum이나 subject라는 단어 역시 'subicere' 혹은 'subiicere'라는 동사의 과거분사형으로서, '~의 아래에 놓인(던져진) 것'이라는 의미다.[40]

사정이 이러하니, '실체'라는 의미의 ousia나, '기체'라는 의미의 hypokeimenon이나, 주체라는 의미의 subiectum이나 모두가, '~의 아래에 놓인 것'을 뜻하는 substance, substratum, subject로 번역됨으로써, 번역어 자체만 놓고 보면 그 어떤 차이도 발견할 수 없게 되어버렸다. 그러나 우리는, 비록 번역에는 문제가 있지만, 아리스토텔레스가 본래 헬라스어로

---

39 Jürgen Stolzenberg, "Subjekt," in: Joachim Ritter u. a. (hg.), *Historisches Wörterbuch der Philosophie, Band 10*, Basel, 1998 (373—399), 374 참조.

40 http://www.etymonline.com/index.php?term=subject. subject와 대비되는 용어인 object 라는 단어는 obicere라는 동사의 과거분사형이며, obicere라는 동사는 '~에 맞서서', '~의 앞에'(ob=against) '던지다'(iacere=to throw)라는 의미를 지니고 있다.
(http://www.etymonline.com/index.php?l=o&p=1&allowed_in_frame=0)

나타내고자 했던 내용과, 그 용어들이 중세와 근대 및 현대에 이르면서 의미변화를 겪은 과정을 잘 이해할 필요가 있다.

(3) 속성(헬: ιδιότητα, γνώρισμα, χαρακτηριστικό, 라: attributum, 영: attribute, 독: Attribut)

● 속성(屬性)이란, '~에 속해있는 성질'이라는 뜻인데, 이때 '~에'에서의 '~'는 바로 '실체'를 뜻한다. attributum이라는 말은 '~에'(at : 'to'를 의미하는 라틴어 'ad'가 뒤의 t에 동화되어 변형됨) '주어진 것'(tributum ‹ tribure=give)을 말한다. 속성은 그 자체로 존재하는 것이 아니라 어떤 실체에 부속되어 존재할 수 있다. 그렇기 때문에 '속성'이라고 부른다. "저 장미꽃은 붉다"고 말할 때 '붉다'라는 것은 하나의 속성이다. '붉음'이라는 속성을 우리는 논리적으로는 어떤 실체와 분리해서 생각할 수 있지만, '붉음'이라는 속성은 그 자체로는 존재할 수 없고 장미나 립스틱 등과 같은 어떤 실체에 속한 것으로서만 존재할 수 있다.

● 질(質), 혹은 성질(性質)을 뜻하는 'quality'(독 : Qualität)라는 말은 라틴어 'qualitas'에서 차용(借用)한 말인데, 이것은 'qualis'('어떤 종류의?'라는 뜻)에서 왔다. 헤겔은 질을 규정성(Bestimmtheit, determinacy, determinateness)과 동일시한다.[41] 우리가 어떤 것을 규정할 때에는 그것을 '양'과 '질'에 따라 그렇게 하는 것이다.

● 속성에는 본질적 속성[본질, 본성=필수(연)적 속성]과 우유적(偶有的)

---

41 뵈메(Jakob Böhme)는 Qualität을 Qual [고통(苦痛)]과 연결시키고 Qualierung과 Inqualierung이라는 단어를, 어떤 질(質)이 자신을 산출하고 유지하는 투쟁(鬪爭)을 가리키기 위해 만들었다. 그런데 이러한 연결은 어원학적 근거가 없다(Michael Inwood, ebd., 238 참조).

속성[우연적(偶然的) 속성]이라는 두 종류가 있다.

1 / 본질(本質)[42] 혹은 본질적 속성

[헬 : 'to ti en einai', ousia , 라 : essentia, idea, 영 : essential quality, essence, nature, 독 : Wesen, Natur]

'본질'이란, 어떤 존재자로부터 그것을 뺄 경우 더 이상 그것을 그러한 이름으로 부를 수 없는 성질을 말한다. 예를 들면, 책상의 본질은 '그 위에 책을 놓고 볼 수 있음'이라는 성질이다. 만약 어떤 존재자가 책상이라는 이름으로 불리기는 하는데, 그 위에 책을 놓고 볼 수 없다면, 그것은 책상이라고 할 수 없다. 소금의 본질(들 중의 하나)은 '짧'(saltiness)이라고 할 수 있다. 이러한 본질은 보편적인 것(보편자)이다. 인간의 본질은 '이성적임'이라고 할 수 있다. 이러한 본질들은 어떤 개체가 지니고 있는 속성들이다. 혹은, 어떤 개체로서의 인간1의 본질은 무엇인가? 앞에서 말한 것처럼, '이성적임'이라고 할 수도 있고, '인간임(인간성, Menschheit, humanity)'이라고도 할 수 있다. 본질은 어떤 개체에 내재해 있는 성질이기도 하지만, 다른 한편으로는 그 개체를 초월하여 다른 개체에게도 내재해 있을 수 있는 그런 보편적인 것이다. "인간은 이성적인 동물이다"라고, '최근류+종차'의 방식으로 정의를 할 경우, '종차'도 인간의 본질에 해당하

---

42 "'본질'이라는 말로 번역된 용어 quidditas는 헬라어로 'ti esti?'라는 질문에 대한 대답인 'to ti en einai'(the what-is-it to be) ('바로 그렇게 무엇인가로 존재하는 바')의 라틴어 번역이다. 이것은 '티 에스티?"라는 헬라어 질문의 라틴어 번역인 '퀴드 에스트?(Quid est?)'에서 유래한다. 많은 영어권 학자들은 이것을 '본질(essence)'로 번역하는데, 이는 충분히 가능한 일이다. 그런데 이것을 'quiddity'로 번역할 수도 있다. '본질(essece)'도 라틴어에 어원을 두고 있다. '존재'에 해당하는 헬라어로부터 '실체'에 해당하는 헬라어 '우시아(ousia)'가 유래하였듯이, '본질(essence)' 또한 '존재'를 의미하는 'esse'에서 유래하였다. 하지만 '우시아'에 대한 전통적인 번역어는 '실체(substance)'이며, 이 번역어는 충분한 근거를 지닌다."(앤서니 케니, 『고대철학』, 김성호 역, 서광사, 2008, 353).

지만, 최근류 또한 인간의 본질과 관련되어 있다. 즉, 어떤 한 개체가 인간이라고 불릴 수 있으려면, 그것이 '이성적'이어야 할 뿐만 아니라 '동물'이기도 해야 한다. 이때, '동물'은 인간의 유개념(상위개념)이다.

이때의 '본질'이라는 용어는 '근본적인 성질'의 준말이다. 본질과 같은 뜻을 지닌 '본성(本性)'이라는 용어가 있는데, 이 또한 '근본적인 성질'의 준말이다. '성질'에서 '성'을 가져와 '본(本)'에 붙이면 '본성'이 되고, '질'을 가져와 붙이면 '본질'이 된다. 본질을 '본질적 속성'이라고도 할 수 있는데, 이때의 '본질'은 '근본적인 성질'의 준말이 아니다. 여기서의 '질(質)'은 '성질'을 나타내는 용어가 아니라 '바탕'[base 〈 헬라스어 : basis (βάσις)]이라는 뜻이다. 따라서 '본질적 속성'이란, '본바탕에 있는 성질'이라는 의미다. 결국 본질과 본질적 속성은 동일한 의미를 지니고 있으므로, 굳이 '본질적 속성'이라는 긴 표현을 고집할 필요는 없을 것이다.

2 / 우유적(偶有的) 속성[우연적(偶然的) 속성]

[헬 : symbebēkos (συμβεβηκός) 라 : accidens, 영 : accident, 독 : Akzidens]

우유적 속성이란, 본질과는 대비되는 속성으로, 어떤 존재자가 그것이기 위해서 반드시 가져야 할 필요는 없는 성질을 말한다. 예컨대 소크라테스가 '아고라(광장)에서 흰 옷을 입고 샌들을 신고 사람들과 우정(友情)에 대해 이야기하고 있다'라는 문장을 생각해보자. 이 문장에서 나열된 모든 속성들 내지 양태들은 소크라테스가 소크라테스이기 위하여 반드시 지녀야만 할 속성이나 양태가 아니다. 그것은 소크라테스라는 실체에 부수적(부차적)으로 덧붙여진 것들이다. 우유적 속성이란, 어떤 존재자로부터 본질이나 본성을 제외한 나머지 속성을 가리킨다.

3/본질은 고유속성인가?

아니다. 어떤 존재자의 본질이 반드시 하나인 것은 아니고 둘 이상일 수도 있다. 그리고 그러한 본질을 반드시 어떤 한 존재자만 가지고 있는 것만은 아니고 둘 이상의 존재자가 가지고 있을 수 있다. 예컨대, 소금의 본질은 '짦'이라고 할 수 있는데, 간장의 본질 역시 '짦'이라고 할 수 있다. 그러므로 소금과 간장은 '짦'이라는 본질을 공유하고 있다. 이에 반해, 고유속성이라고 하는 것은 어떤 존재자에만 있는 속성이다. '고유(固有)하다'(proper)라는 것은 '어떤 것에만 있는'이라는 의미를 지니고 있기 때문이다.

3. 현실이란 무엇인가?

(1) 현실과 비현실, 혹은 이상(理想)

1〉 넓은 의미의 현실이란, '물리적인 시간과 공간의 제약을 받고 있는 것'을 말한다.

현실이란 무엇인가? 글자 그대로 '나타나 있는(現) 사실(實)'인가? 그러면 '나타나 있는' 것이란 무엇이며, 사실은 또 무엇인가? 넓은 의미의 현실이란, 우리의 감각기관에 나타난 것(감각내용), 그리고 이러한 감각내용을 일으킨 대상을 포함하는 용어로서, 이는 결국 물리적인 시간과 공간의 제약을 받고 있는 것들이다. 현실을 영어로는 'reality', 독어로는 'Realität (혹은 Wirklichkeit)'이라고 하는데, 이 말들은 모두 라틴어 'res'로부터 파생된 용어로, res는 물(物)을 가리킨다. 따라서, 현실이란, 물적(物的)인 것을 말한다. 그런데 물적인 것은 물리적인 시공간의 제약을 받을 수밖에 없다. 그래서 우리는 넓은 의미의 현실을 이렇게 정의하는 것이며, 이에 반해, 물리적인 시공간을 초월해 있는 것을 비현실 또는 이상(理想)이라고 한다.

2〉 좁은 의미의 현실이란, 1〉의 조건에 '그 현상의 담지자(擔持者) — 혹은 실체 — 가 있는 상황'이라는 조건이 추가된 상황을 가리킨다. 예를 들어 생각해 보자. (소망이나 희망이라는 의미가 아닌) 꿈은 현실일까 비현실일까? 혹은 꿈은 단지 꿈에 불과한 것일까 아니면 현실이기도 한 것일까? 이에 대답하기 전에 우리는 먼저 꿈꾸는 작용, 의식작용으로서의 꿈과, 꿈의 내용으로서의 꿈을 구별해야 하겠다. 그렇다면 우리는 다음과 같이 말할 수 있을 것이다. 즉, 꿈꾸는 작용으로서의 꿈은 물리적인 시공간 속에서 이루어지는 일이므로 현실이라고 말할 수 있고, 그러한 의식작용의 담지자로서의 주체도 있으니, 이때의 꿈은 1〉과 2〉의 모든 의미에서 현실이라고 할 수 있을 것이다. 그런데 꿈의 내용으로서의 꿈은 물리적인 시공간의 제약을 받지도 않을 뿐만이 아니라, 꿈의 내용에 등장하는 대상들의 담지자 내지는 실체가 존재하지 않으므로, 후자의 의미의 꿈은 비현실이라고 말할 수 있다.

열대(熱帶)의 사막에서 종종 볼 수 있는 신기루(蜃氣樓)는 어떨까? 위의 기준을 적용시켜 생각해 보자. 신기루[의 상(像)]는 물리적인 시공간 안에 있으므로 1〉의 의미에서는 현실적이나, 그것의 담지자가 없으므로 2〉의 의미로는 현실적인 것이 아니다. 소설(小說)이나 허구(虛構, fiction)에 대해서도 같은 기준을 적용하여 설명할 수 있을 것이다.

그러면 오늘날 많은 사람들이 심취해 있는 세계인 소위 virtual reality[43]란 과연 현실인가 비현실인가? 그런데 먼저 우리가 혼란스러움을 느끼게 되는 이유는, 'virtual'이라는 용어가 정 반대의 이중의미를 함께 지니고 있기 때문이다. 즉, 이 단어는 '사실상의' 혹은 '실제의'라는 의미를 지니고 있을 뿐만이 아니라, '허상(虛像)의, 가상(假象)의'라는 정반대의 의미도 갖고 있다.[44] 우리는 virtual reality에 대해서도 위와 같은 기준을 사용하여 그 의미의 차이를 구분해볼 수 있을 것이다. virtual reality은 '거짓된 현상'이라는 의미의 '가상(假象)현실'인가, '생각할 수 있는 현실'이라는 의미의 '가상(可想)현실'인가, 아니면 '거짓된 생각으로서의 현실'이라는 의미의 '가상(假想)현실'인가? 사전에는 맨 마지막의 '가상(假想)현실'로 번역되어 있으나, '진짜 세계가 아닌 가짜 세계'라는 의미를 지닌 '가상(假象)현실'로 옮기는 것이 적절하다고 생각한다. 플라톤에 있어서는 현실세계가 아닌 이데아의 세계가, 현실세계로부터 독립적으로 존재하는 '진짜 세계'이지만, 많은 사람들이 생각하기에는, 우리가 몸담고 숨 쉬고 살아가는 이 세계가 현실세계인 동시에, 독립적으로 존재하는 진짜세계이고, 컴퓨터 속에 존재하는 세계는 이 진짜세계에 의존하여 존재하는 가짜세계인 것이다. 그래서 virtual reality에 빠져 사는 이들에게 우리는 "그런 가짜세계에

---

43 파스칼 백과사전은 virtual realtity를 다음과 같이 정의하고 설명하고 있다 : "인공적으로 만들어 낸 가상의 현실. 가공(架空)의 세계에 현실감을 갖게 하는 기술. 사이버공간(cyberspace), 인공현실(artificial reality), 가상세계(virtual worlds), 합성환경(synthetic environment), 인공환경(artificial environment)이라고도 한다. 인간의 오감(五感)을 컴퓨터로 계산하여 인공적으로 환경을 만들어 내는 것을 말함. 사람은 오감으로 사물을 감지하고 있는데, 현실에는 없는 것을 컴퓨터에 의해 인공환경을 만들어 현실처럼 보이게 한다. 물리적으로는 존재하지 않지만 기능적으로는 존재할 수 있는 환경 설정이라고 정의할 수 있다."(『파스칼 대 백과사전』, 제1권, 동서문화, 1999, 100).

44 이는, 영어의 'sanction'이라는 단어가 '비준(批准)하다, 인정하다'라는 의미와 더불어 '제재(制裁)를 가하다' 라는 반대의미도 갖고 있는 것과 유사하다.

몰두하여 시간을 빼앗기지 말고 진짜세계인 이 현실세계로 돌아오라!"고 말하는 것이다.

(2) 실재와 비실재

실재란, '현실존재'라는 의미와 '진실존재'라는 두 가지 의미를 지니고 있다. '현실존재'란, '물리적인 시공간의 제약을 받고 있는 존재'라는 의미를 지니고 있다. 그러면 '진실존재'란 무엇인가? 철학에서 '진실하다' 혹은 '참되다', '진정(眞正)하다'라고 말할 때 생각해야 하는 개념은 바로 '독립성'이다. 이 기준에 의할 경우, 진정한 것, 참된 것은 독립적인 것이다. 그러므로 '진실존재'란, '독립적인 존재'를 뜻한다고 할 수 있다. 그런데 영어의 real이라는 용어는 '현실적'이라는 의미, 즉 '물리적인 시공간의 제약을 받고 있다'라는 의미로 사용되기도 하지만, 이와 동시에, '진정한'이라는 의미도 지니고 있다. 플라톤에서 현실세계와 이데아계를 예로 들어 설명하자면, 우리가 살고 있는 이 세계는 물리적인 시공간의 제약을 받고 있는 세계, 즉 현실세계이고, 이데아의 세계는 물리적인 시공간의 제약을 벗어나 있는 비현실적인 세계, 즉 이상세계다. 그런데 플라톤에 의하면 이 현실세계는 이데아들을 본 따서 데미우르고스라고 하는 우주제작자가 만든 것이다. 따라서 이데아의 세계가 본래 독립적으로 존재하고, 그것을 모방하여 현실세계가 이루어진 것이므로 이데아의 세계가 진짜세계이고, 현실세계는 이데아의 세계에 의존하여 존재하는 가짜세계인 것이다. 그러면 어떤 세계가 real world인가? 둘 다 real world이기도 하고, 둘 다 아니기도 하다. 그것은 real이 지닌 이중적인 의미 때문에 그러하다. 즉, 'real'을 '현실적인'이라는 의미로 사용하면, 현실세계가 real world이고 이데아의 세계는 unreal world (비현실적 세계)다. 그러나 'real'을 '진정한(진짜의)'이라는 의미로 사용하면, 이데아의 세계가 real world (진짜세계)이고, 현실세계는 unreal world, 즉 가짜세계다.

4. 가능성

- 가능성의 종류

1. 인식론적 가능성 : '~을 알 수 있다'
2. 논리적 가능성 : 모순이 없으면 무엇이든 가능하다.
3. 사유가능성 혹은 상상 가능성 : 생각(상상)할 수 있는 것은 모두 가능하다.
4. 현실적 (발생) 가능성 : 현실에서 어떤 일이 일어날 수 있는 가능성. 많은 경우, '물리적 가능성'이라고도 부른다.[45]
5. 법적 · 도덕적 허용 가능성

   예) "여기에 주차할 수 있습니다." : 법적인 허용 가능성

   "어떤 경우에도 거짓말을 해서는 안 된다." : 도덕적으로 허용되지 않는다는 뜻.

---

45 라이프니츠는 '순수한 사유가능성', 즉 '논리적 가능성'을 possibilitas라고 부르고, '실현가능성'을 compossibilitas라고 한다. 이에 관해서는 G.W. Leibniz, ***Sämtliche Schriften und Briefe***, ed. by the Deutsche Akademie der Wissenschaften, Darmstadt & Berlin:Akademie-Verlag (1923 ff.)[=AA]. VI, iv, 867; IV, iv, 407. 그리고 ***De Summa Rerum. Metaphysical Papers, 1675-1676***, hg. u. übers. von George H. R. Parkinson, New Haven (1992)[=DSR], 105 그리고 ***Philisophical Writings***, ed. and trans. by M. Morris & G. H. R. Parkinson (1973)[=MP], 145 등을 참고할 것.

5. 우연(偶然)과 필연(必然)

• '우연'(헬 : ἐνδεχόμενων, τύχη, 라 : contingentia, fortuna, accidens, 영 : accident, contingency, chance, 독 : Akzidens, Kontingenz)을 뜻하는 영어 'accident'는 '~에'[ac (=ad)] '떨어지다'[cadere (= fall)]라는 의미를 지니고 있으며, 독일어 'Zufall' 혹은 'Zufälligkeit' 역시, '~에'(zu) '떨어지다'(fall 〈 fallen)라는 의미를 지니고 있다. 여기 라틴어와 독일어, 영어에 붙은 'ac-'이나 'Zu'는 '우연' 개념이 어떤 본질적인 것에 '부수적(부차적)으로 따라 붙음'이라는 의미를 지시하고 있다.

• '우연적'이란, 크게 다음의 두 가지 의미를 지니고 있다.

1. '필연적(必然的)'의 모순개념으로서, '반드시 그러하지는 않은'이라는 의미.
이것이 어떤 '사건'이 아닌 '존재자'의 경우에는 '비본질적인'(nonessential), '우유적(偶有的)인', '종속적 · 부수적인'(subsidiary) — 예컨대, '부수적으로 얻은 이익'(accidental benefits)처럼 — 등의 의미를 지닌다. 이 의미에 해당하는 독일어는 Zufälligkeit이며, 헬라스어는 ἐνδεχόμενων이고, 라틴어는 contingentia다.
2. '뜻(의도)하지 않은', '우발적(偶發的)인'이라는 의미. 이 의미에 해당하는 독일어는 Zufall이며, 헬라스어는 τύχη고, 라틴어는 fortuna다.

• 예컨대 "나는 어제 오후 시내에서 초등학교 동창을 우연히 만났다"고 할 때의 '우연'이란 위의 두 가지 중 어디에 해당될까? 여기서의 '우연'은 바로 2)의 의미로 사용되었다. 즉, 내가 어제 오후 시내에서 초등학교 동창

을 만나기로 약속했다든가 계획한 것이 아니라, '뜻(의도)하지 않게'(by accident, accidentally, contingently, without purpose)[46] 그를 만났다는 의미다. 그런데 만약에 동창을 만나기로 약속하고 만났다면 2)의 의미로는 '우연히' 만난 것이 아니지만, 그렇다고 해서 그 만남이 1)과 모순된 의미인 '필연적인' 만남은 아닌 것이다. 즉, 의도한 만남이라고 해서 필연적인 만남이라고 할 수는 없다는 말이다. '필연'을 말하려면, 내가 동창을 반드시 만날 수밖에 없었는지를 따져보아야 한다. 즉, 내가 동창과 만나기로 약속을 할 수밖에 없었는가? 그러나 약속을 할 수밖에 없었다고 해도, 반드시 그를 만날 수밖에 없게 되는 것은 아니다. 도중에 여러 가지 사정이나 변수가 생겨서 그를 만나지 못할 수도 있기 때문이다. 더 나아가, 나와 그 친구는 반드시 동창일 수밖에 없었던 것인가? 그리고 그와 나는 반드시 한국에서 같은 해에 태어날 수밖에 없었던 것인가? (…) 등으로 소급하여 생각하면, 전체의 과정을 필연적이라고 할 수는 없을 것이다. 왜냐하면 이 모든 인과연쇄에서 단 하나라도 우연적인 요소가 개입되었다면, 전 계열은 '우연'으로 귀착될 수밖에 없을 것이기 때문이다.

• '우연'에 해당하는 프랑스어는 'hazard'인데, 그 이유는 십자군전쟁 때 아자르(hazard)성(城)에서 군인들이 전투를 하다 쉬면서 주사위 놀이를 즐겼기 때문이다. '우연'(hazard)[47]이라는 말은 '주사위 놀이'와 밀접하게 연관되어 있다. 아인슈타인은 1926년 12월, 보른(Max Born)에게 보내는

46 이런 의미와 모순되는 개념은 '고의(故意)로', '의도적으로'를 가리키는 'on purpose,' 'purposely,' 'intentionally' 등일 것이다.

47 cf. (영) hazard : 위험(한 것), 모험; 우연, 운; 주사위 놀이의 일종.

편지에서 "신은 주사위놀이를 하지 않는다"[48]고 했는데, 이 말의 의미는, 신의 영역에서는 '우연'이란 존재하지 않는다는 것이다.

• 미시세계(微視世界)에서 "전자(電子)의 ① 위치와 ② 운동량을 동시에 정확히 측정할 수 없다"는 하이젠베르크(W. Heisenberg)의 불확정성 원리가 말하고 있는 '불확정성'도 '외길이 아닌', 확정되지 않은 여러 갈래 길이 있다는 의미에서, '필연'의 모순개념인 '우연'이기도 하고, 또 그것을 전자들이 의도하지 않는다는 의미에서의 '우연'이기도 하다.

• 예컨대 인간의 경우, 동일한 사람이 다른 때에, 그와 동일한 상황에 처할 경우에 반드시 동일한 결정을 내리거나 동일한 행동을 하는 것은 아니다. 예컨대, 배가 고플 때 음식을 먹을 수도 있지만, — 바쁘게 할 일이 있기 때문에 식사할 시간이 없으므로; 살을 빼기 위하여; 단식(종교적인 이유나 건강상의 이유로)을 하기 때문에, 등등의 이유로 — 먹지 않을 수도 있다. 기계도 동일한 조건에서 다르게 반응 또는 작용할 수 있다. 우연성은 도처에 존재한다.

---

48 "양자물리학은 많은 존경심을 촉구한다. 그러나 그것은 아직은 진짜 야곱은 아니라고 내면의 소리는 나에게 말한다. 이론은 많은 것을 우리에게 제공하지만 우리를 노인(老人)[아버지: 신을 뜻함: 필자 첨가]의 비밀에 가까이 데리고 가기 어렵다. 어쨌든 나는 그가 주사위놀이를 하지 않는다고 확신한다."("Die Quantenmechanik ist sehr Achtung gebietend. Aber eine innere Stimme sagt mir, dass das noch nicht der wahre Jakob ist. Die Theorie liefert viel, aber dem Geheimnis des Alten bringt sie uns kaum näher. Jedenfalls bin ich überzeugt, daβ der nicht würfelt."(Brief an Max Born, 4. Dezember 1926, *Albert Einstein, Hedwig und Max Born: Briefwechsel 1916-1955*, Reinbek bei Hamburg, 1972, 97f. 그리고 Max Born: *Physik im Wandel meiner Zeit*, Braunschweig, 1959, 3. Auflage, 244).

▶ 인간의 경우

A라는 조건 → B

C

D (…)라는 결과(즉, 동일한 조건이 주어졌을 때, 상이한 결과가 발생할 수 있다). 그리고 이와 반대로,

A

B

C (…) 라는 여러 조건들 중의 하나 혹은 여럿이 X라는 동일한 결과를 초래할 수도 있다. 즉, X라는 결과의 원인은 여러 가지일 수 있다.

예) 그림이나 어떤 색(色)을 선택하는 것을 보고 그 사람의 성격이나 심리를 테스트하여 판단하는 것은, 참고로 할 수 있는 사항이기는 하지만, 반드시 옳은 것은 아니다.

● 필연(ἀνάγκη, necessitas, necessity, Notwendigkeit)은 '반드시[필(必)] 그러한 것[연(然)]'을 말한다. '반드시 그렇게 될 수밖에 없다'는 의미에서 필연에는 강제성이 수반되며, 여러 개의 선택지가 주어지지 않고 오직 하나의 길만을 선택할 수 있다.

6. 시간 · 공간 · 운동

※ 우리말 어법(語法)은 '시간과 공간', '시 · 공간적인' 등으로, 시간을 앞에 내세우는 반면에 영어나 독어는 'space and time', 'Raum und Zeit' 등으로, 공간을 먼저 말한다.

(1) 시간

1 / 객관적 시간과 주관적 시간

1〉 객관적 시간 · 물리적 시간 · 시계의 시간 : 과학적인 견지에서 보면, 시간의 측정이란, 동일한 속도로 운동한다고 가정되는 운동체가 편력하는 공간, 즉 시계바늘이 문자판 위에서 편력하는 공간을 측정하는 것을 의미한다.

2〉 주관적 시간, 심리적 시간, 시간의식으로서의 시간 : 그러나 베르그송(A. Bergson, 1859-1941)에 의하면, 공간에 의해 측정되는 이 추상적이고 규칙적인 시간은 실재하는 시간, 의식이 체험하는 지속(durée)을 왜곡시킨다. 공간과 지속의 〈불순개념〉(concept bâtard)인, 괘종시계들에 의해 억제되는 시간은 자유롭고 무질서한 자연시간, 즉 우리가 기쁠 때는 약동하며 지루할[49] 때는 무기력해지는 질적이며 측정 불가능한 〈체험된 지속〉을 왜곡하는 것이다. 예컨대 흥미진진한 영화와 지루한 회의는 괘종시계에서는 똑같이 한 시간 반으로 측정되지만, 심리적으로 본다면 전자는 후자보다 지속감이 짧다는 것이다.[50]

---

49 지루하다 → 지루하다 → 질다(길다) / langweilig 〈 lang (길다= 영 : long)

50 베르제즈 · 위스망, 『철학강의』, 이재형 역, 청하, 1987, 81 참조.

2 / 헬라스적 시간관과 기독교적 시간관

1〉 헬라스적 시간관 : 순환적(circular)

• 헬라스인은 봄 · 여름 · 가을 · 겨울이라는 계절이 바뀜에 따라 식물이 싹터 성장하고 꽃을 피워 결실하고 생식하며 시들어가는 것이 반복되는 일련의 과정에서 보는 시간의 흐름을, 지상(地上)에서 보는 천체의 순환하는 모습처럼 생각하였다. 해가 돋으면 다시 지고, 다음날 다시 돋는 것처럼, 봄여름이 가고 가을 겨울이 지나면 다시 봄이 오게 마련이어서 하나의 원형(圓形)의 회귀성(回歸性)을 갖는 것으로 보았다. 헬라스의 시간관에서는 같은 것이 끊임없이 되풀이될 뿐이라는 생각을 함으로써, 역사의 발전을 인정할 수 없게 되었다.

• 그러나 모든 헬라스인이 이렇게 똑같이 생각한 것은 아니다.

• 헬라스의 사유에는 본질적으로 〈역사의 요소〉(새로운 것의 출현, Das Auftreten des Neuen)가 빠져 있다.

2〉 목표지향적인 유대 · 기독교의 시간관 : 직선적(linear)

• 히브리인의 시간관은 직진하는 직선으로 인식되어, 분명한 시작과 끝이 있다. 즉, 신의 우주창조와 더불어 시간이 시작되었고, 인간이 죄를 범했으며, 예수의 성육(成肉, incarnation)과 죽음과 부활이 일어나고, 언젠가 예수의 재림(再臨, Parousia)사건 후에 종말을 맞게 될 것이다.

• 구원사(救援史) · 구속사(救贖史) (Heilsgeschichte)를 통하여 새로운 지향점이 들어서는데, 이 지향점은 세 가지로 요약된다.

① 직선적인 진행의 통일성과 일회성(一回性) : 동일한 사건이 반복되는 일은 없다. 모든 사건은 〈유일무이(唯一無二)한〉, 〈전무후무(前無後無)한〉, 〈단 일회적인〉, 〈처음이자 마지막인〉 사건일 뿐이다('once for all,' 'ein für allemal').

② 비가역성(非可逆性, Irreversibilität, irreversibility) : 과거로 되돌아갈 수 없다.

③ 목적지향성(이것은 나중에 발전-진보사관의 기초가 된다) 그리고 이와 관련된, '미래를 중시하는 태도'[사태의 기원(起源)에 사로잡히거나 반복을 강요하는 태도와는 대립한다는 점에서].[51]

• 그러나 순환적인 시간관도 발견된다 : "전도자가 가로되, 헛되고 헛되며, 헛되고 헛되니 모든 것이 헛되도다."(전도서 1:2) / "이미 있던 것이 후에 다시 있겠고, 이미 한 일을 후에 다시 할지라. 해 아래는 새 것이 없나니"(Was geschehen ist (①), wird wieder geschehen, Was man getan hat (②), wird man wieder tun : Es gibt nichts Neues unter der Sonne. 전도서 1:9. 번호는 필자가 붙임).

그런데 여기서 ①은 인간사와 자연사를 포함하고, ②는 인간사를 가리킨다. 이 구절은 니체의 〈영원회귀 사상〉을 연상시킨다.

3〉 헤겔의 변증적 시간관 : 나선형(螺旋形적, spiral)

• Hellenism (헬라스철학) + Hebraism (기독교신학) : 동일한 것이 반복되면서 새로운 것이 발생하며 전진함

(2) 공간

1 / 한자 '우주'(宇宙)의 뜻

• 우(宇) : 천지사방(天地四方)의 온 공간

---

51 에밀 앙게른, 『역사철학』, 유헌식 역, 민음사, 1997, 39 참조.

• 주(宙) : 무한히 먼 태고 또는 태초의 과거로부터 오늘에 이르기까지, 그리고 무한한 미래로 뻗어가는 시간을 나타냄.

• 어떤 공간도 시간을 떠나서는 인식될 수 없고, 어떤 시간의 변화도 공간개념을 떠나서 인식될 수 없기 때문에, 옷감의 천이 날줄과 씨줄로 이루어지듯 공간과 시간은 이 우주의 역사 속에 항상 공존하고 있다.

• 원래 '인간(人間)'은, '사람' 또는 '사람과 사람 사이'를 뜻하는 것이 아니라, 사람이 사는 공간으로서의 이 세상을 뜻한다. '우주(宇宙)'는, 무한한 시간과 공간의 세상이고, '인간'은, 사람이 사는 모습이 담긴 좁은 의미의 세상을 뜻하는데, '인간'의 의미는 오늘날 변화하였다.[52]

2 / 시간과 공간의 관계

1〉 사람은 시간과 공간의 제약을 받고 산다. 이 말은, 인간은 몸을 지니고 현실 속에 살고 있다는 뜻이다.

① 시간적 제약 : 중세시대에 산다거나, AD 300년도에 산책을 하러 갈 수 없다.[53]

② 공간적 제약 : 한국과 일본에서 동시에 살 수 없다.[54]

---

52 최창렬, 『어원산책』, 한신문화사, 1993, 249 f. 참조.

53 이에 대해, "타임 머신(Time machine)이 가능하다면, 과거로 갈 수 있지 않은가?", "영혼이 윤회한다면, 과거와 미래의 삶도 가능하지 않은가?", "최면유도를 통해, 혹은 영(靈)능력자의 투시에 의해 어떤 사람의 과거로 돌아가는 것이 가능한 것으로 보이기도 하는데, 과연 사실인가?" 등의 물음을 던질 수 있다.

54 이에 대해, 예컨대 도교(道敎)의 선인(仙人)의 경우에는 분신(分身)이 가능하다고 주장하는 사람들이 있다. 또한 장 파울(Jean Paul, 1763-1825)이 1796-97년 사이에 간행된 *Siebenkäs*라는 소설에서 처음으로 만들어 사용한 용어인 Doppelgänger라는 말도 있다.

2〉 공간은 가역적(可逆的)인 반면 시간은 비(非)가역적이다.

• 나는 어떤 공간의 지점 A로부터 B로 갔다가, B에서 A로 되돌아 올 수 있다(전주↔군산)

• 그러나 「나는 시간을 거슬러 올라갈 수 없고, 지나간 시간을 다시 살 수도 없다. (…) 시간은 모든 것을 싣고 가서 되돌아오지 않으며, 나는 시간 때문에 무엇 하나 고정시킬 수가 없다.[55]

예) 헤라클레이토스(Herakleitos) : "우리는 똑같은 강에 두 번 들어갈 수 없다. (…)"[56] 왜냐하면 "똑같은 강에 들어가는 사람들에게는 다른 강물들이 계속해서 흘러오기"[57] 때문이다. 그리하여 헤라클레이토스는 "똑같은 강물에 우리는 들어가기도 하고 들어가지 않기도 하며, 우리는 존재하기도 하며 존재하지 않기도 하다"[58]고 말한다.

• 그러나, "우리는 시간에는 완전히 예속되어 있지만, 공간에 대해서는 어느 정도 자유롭다."[59]

---

55 베르제즈 · 위스망, 『철학강의』, 이재형 역, 청하, 1987, 77.

56 "Man kann nicht zweimal in denselben Fluss steigen (…)"(Hermann Diels, *Die Fragmente der Vorsokratiker* (Griechisch und Deutsche), hg.v. Walther Kranz, Erster Band, Vlg. Weidmann, 1974, Fragment 91).

57 "Denen, die in dieselbe Flüsse hineinsteigen, strömen andere und wieder andere Wasserfluten zu. (…)"(Diels, ebd., Fr. 12).

58 "In dieselben Flüsse steigen wir und steigen wir nicht, wir sind und wir sind nicht."(Diels, ebd., Fr. 49a). 헤라클레이토스의 이 말은 모순된 표현으로 보아서는 안 되고, 거시적인 관점에서 보면 T1이라는 시점과 T2라는 시점에 우리가 들어간 강은 동일한 강이라고 할 수 있고, 미시적인 관점에서 보면 차이가 있기에, 다른 강이라고 할 수 있다는 주장으로 해석되어야 할 것이다.

59 베르제즈 · 위스망, ebd., 77.

• "시간의 비가역성에 대한 나의 비극적인 무력(無力)은, 나로 하여금 과거를 마주보게 하는 체험과 또한 나를 미래로 향하게 하는 체험 속에서 동시에 드러난다. 즉, 회한의 고통은 과거에 대한 나의 무력을 나타내는 것이다. 즉 나는 옛날에 자유롭게 어떤 선택을 했다. 그러니까 나는 다른 식으로 행동할 수도 있었던 것이다. 그러나 오늘 나는 손쓸 도리가 없으며, 그것은 이미 엎질러 진 물이다. 하나의 계획에 불과했을 때 내가 자유롭게 선택할 수 있었던 그 행위는 이미 완료되었으며, 다시는 되돌릴 수가 없다.[60] (…) 회한의 고통에 대응하는 것은 미래에 대한 기대의 고통[61]이다."[62]

3〉 시간의 공간화 혹은 공간의 시간화

• 시간을 공간으로 측정하는 것은 대단히 흔한 일이다.[63] 예컨대 어떤 사람이 "여기서 전북대학교 정문까지 아직 멀었습니까?"라고 물을 때, ① "5분만 걸어가면 되요" 혹은 ② "500미터만 가면 되요"라는 두 가지 대답이 가능하다.

• 그러나 시간표상은 공간표상에 의존해 있다 : "10분 전 또는 후"라고 말할 때, '전' 또는 '후'라고 하는 것은 〈공간표상〉(Raumvorstellung)이다.

---

60 "It's no use crying over spilt milk." 이미 확정되었기 때문에 고통스럽다.

61 미래는 불확실하기 때문. 그러나 미래에 대한 기대가 고통스럽기만 한 것은 아니고, 희망적일 수도 있다. 오히려 미래가 확정되어 있고 또 그것을 지금 알 수 있다면 고통스러울 수도 있다.

62 베르제즈·위스망, ebd., 79.

63 베르제즈·위스망, ebd., 81 참조.

3/공간과 운동

- 허공(虛空, kenon)이 있어야 운동이 가능하다.
- 우리가 살고 있는 공간은 물질과 비물질의 통일체다. 즉 우리가 살고 있는 공간은 허공과 여러 물질들(질소, 수소, 산소, 이산화탄소 등)로 구성되어 있다.
- 더 나아가, 넓은 의미의 '물질' 자체도 좁은 의미의 물질과 허공으로 구성되어 있다. 전자(電子)가 운동하기 위해서는 허공이 필요하다.
- 운동의 불가능성에 대한 제논(Zenon)의 논증은 역설(逆說, paradox)이 아니라, 타당하기는 하지만 완벽하지는 않은 논증이다. 역설을 논증으로 구성할 경우, 타당한 논증이지만 전제가 모두 옳음에도 불구하고 결론은 그른 것으로 제시되어야 하지만, 제논의 논증은 전제와 결론 모두가 그른 타당한 논증이기 때문이다.
- 아리스토텔레스가 전하는 제논의 주장들은 다음과 같다:

1. "무한한 절반(折半)을 통과하다 보면, 임의의 지점 A에서 또 다른 지점 B로 절대 갈 수가 없다."
2. "발 빠른 아킬레우스가 영원히 거북이를 따라잡을 수 없다."
3. "날아가는 화살은 순간순간 정지해 있다."
4. "모든 운동은 환각(幻覺)이다. 왜냐하면, 두 개의 물체(a, b)가 꼭 같은 속도로 동일한 공간을 서로 반대방향으로 움직여, 이 두 개의 물체가 같은 공간에 정지하고 있는 물체(c)를 지나 서로 교차할 때, 원래의 속도와는 다르기 때문이다."

그러면 과연 제논의 주장이 역설(逆說, paradox)인지 예를 들어 살펴보

자. 역설이란, 옳은 전제들을 가진 타당한 논증의 결론이 그른 경우를 가리킨다. 즉, 타당한 논증인데, 전제는 옳고 결론은 그른 논증이다. 그러나 제논의 논증은 역설이 아니다. 그의 논증을 재구성하면 다음과 같다:

① 화살이 A에서 B로 움직이기 위해서는 A와 B의 1/2지점을 통과해야 하고, 1/2지점을 통과하기 위해서는 그 중간지점인 1/4지점을 통과해야 하고, (…) 일반적으로 어떤 물체가 어떤 거리를 통과하려고 할 경우, 언제나 그에 앞서 통과해야 할 중간지점이 있다.
② 만일 ① 이라면 화살은 움직일 수 없다.
화살은 움직일 수 없다.

※ 이 논증은 MP [Modus Ponens: 전건(前件) 긍정 논증]로서 타당하다. 그러나 전제②가 그르다. 그러므로 이 논증은 역설이 아니라 궤변(詭辯, sophistry)이다. 그러면 전제②는 왜 그른가? 전제②가 주장하는 바를 분석해 보면 다음과 같다:

X: 만일 어떤 거리든 무한히 분할 가능하다면, 어떤 물체가 그 거리를 통과하는 것은 불가능하다.

→ 이 원칙이 참이라면 우리는 전제②를 받아들일 수 있지만, 이 원칙이 거짓이라면 우리는 전제②를 받아들일 수 없다. 그런데 이 원칙은 거짓이다.

이 조건문의 전건(前件)의 〈가능성〉은 〈논리적 가능성〉의 의미를 지니고 있다(물리적으로는 우리가 분할할 수 없는 거리가 많다. 시력(視力)의 문제, 분할도구의 문제 등으로 인해). 그러나 후건(後件)의 〈불가능성〉은 〈물리적인 불가능성〉의 의미를 지니고 있다. 즉, 화살은 〈논리적 공간〉

을 지나가는 것이 아니라 〈물리적 공간〉을 지나가는 것이고, 바로 이것이 불가능하다는 것을 말하고 있는 것이다.

따라서 이러한 양상어(樣相語)의 의미를 드러내어 X를 다음과 같이 고쳐 쓸 수 있다:

Y: 만일 어떤 거리든 무한히 분할하는 것이 논리적으로 가능하다면, 어떤 물체가 그 거리를 통과하는 것은 물리적으로 불가능하다.

→Y는 거짓임. Y의 대우(對偶, 자리 뒤집기)로서 Y와 논리적으로 동치인 다음 주장이 거짓이기 때문.

Y′: 만일 어떤 물체가 어떤 거리를 통과하는 것이 물리적으로 가능하다면, 그 거리를 무한히 분할하는 것이 논리적으로 불가능하다.[64]

▶ 제논에게 있어서는 "사유(思惟)의 세계는 이미 존재(자)의 세계이기도 하다. 그래서 논리적인 것의 영역과 실재적인 것의 영역이 혼동되고 있다. 통가하는 직선상의 무한히 많은 작은 부분들은 사고(思考) 속에서만 무한히 많은 것이지, 현실에 있어서는 그렇지가 않다. 화살이 날아가는 궤도(軌道) 상에 있는, 순간적으로 받아들여지는 무한히 많은 장소들도 이와 꼭 같이 생각 속에서만 가능하지, 실제로 가능한 것은 아니다."[65]

---

64 이 분석은 김광수, 『논리와 비판적 사고』, 철학과현실사, 1999, 485 ff.로부터 가져왔다.

65 J. Hirschberger, 『서양철학사. 상권』, 강성위 역, 이문출판사, 1983, 76.

7. 물질과 정신

• 물(物)[66] : 넓은 의미의 물질과 좁은 의미의 물질(물체를 구성하는 부분으로서의). 좁은 의미의 물질이 모여 물체(기체, 액체, 고체, 플라스마)를 이루고, 좁은 의미의 물질과 물체를 총칭하여 물질이라고 부른다.

• 질(質) : 이때의 '질'은 '성질'(quality)이라는 의미가 아니라 '바탕', '질료(質料), '재질(材料)이라는 의미를 지닌다['원질'(原質, 元質, archē)의 경우에서처럼].

• '정신(精神)'은 일반적으로 육체가 아닌 '마음(mind)'이라는 의미로 사용되고 있다.

(1) 물질의 종류

1 / 운동상태로 구별한 물질의 종류

1〉 고체(固體, solid)

2〉 액체(液體, liquid)

3〉 기체(氣體, gas)

4〉 플라스마(plasma) : 기체를 계속 가열하면, 초고온(超高溫)에서 기체 분자는 원자핵과 전자로 분리될 수 있다. 이들이 바로 물질의 제4의

---

66 가장 넓은 의미의 '물(物)'은 '사(事)', 그리고 좁은 의미의 물질과 물체를 포함한다. 이때의 '사'는 '사태'(事態, state of affairs; Sache, Sachverhalt), 그리고 '사실'(fact; Tatsache)을 가리킨다. 일상언어에서는 사태와 사실을 같은 의미로 사용하기도 하지만, 철학에서는 양자를 구별하기도 한다. 양자가 구별된 의미를 지닌 것으로 볼 때, 사태란 어떤 상황을 가리키는 것이고, 이러한 상황이 실현될 경우에 그것을 사실이라고 부른다['실(實)'에는 현실이라는 의미가 들어있다]. 그리고 비트겐슈타인 Ludwig Wittgenstein) 같은 경우에는 사태를 단순사태[Sachverhalt]와 복합사태[Sachlage]로 구별하기도 한다. 사물을 줄여서 물이라고 할 때가 많이 있다. 예컨대 『대학(大學)』에 나오는 '격물치지(格物致知)'의 '물'도, '사'를 포함한 물을 가리킨다(백훈승, 『피히테의 자아론. 피히테철학 입문』, 신아출판사, 2004, 40 f. 참조).

응집상태인 플라스마를 형성한다.

2/물체

물체(body)

↓

분자(molecular)

↓

원자(atom) ↓ 미립자(微粒子, corpuscle)

↓ ↓

원자핵(原子核, atomic nucleus)+전자(電子, electron)[67] ↓ 소립자(素粒子, elementary particle)

↓

양성자(陽性子, proton)[68] +중성자(中性子, neutron)[69]

= 핵자(核子, nucleon)]

↓

Quark (top, bottom, up, down, strange, charm): 양성자와 중성자와 전자를 구성하는 입자

- 발견순서: 전자→원자핵→양성자→중성자→그 외 양전자(陽電子, positron), 중간자 등, 현재 약 300종의 소립자 발견됨.
  - 전자: 1897년 톰슨이 발견
  - 원자핵: 1908년 러더퍼드가 발견
  - 이어 수소의 원자핵인 양성자의 존재가 알려짐.
  - 중성자와 양전자: 1932년 발견
  - 1950년경부터 많은 소립자들이 급속히 발견되기 시작함.
- 미립자: 원자나 원자핵 등의 물질을 이루는 아주 작은 구성원 ["a minute or elementary particle of matter, as an electron, proton, or atom", *Random House Dic.*)

---

67 전자는 렙톤(lepton)이라고 불리는 〈소립자〉로 전하량(電荷量)은 -1이다.

68 양성자는 up quark 2개와 down quark 1개로 구성됨. 전하량은 +1이다($\frac{2}{3}+\frac{2}{3}-\frac{1}{3}=+1$). cf. up quark의 전하량: $\frac{2}{3}$; down quark의 전하량: $-\frac{1}{3}$

69 중성자는 up quark 1개와 down quark 2개로 구성됨. 전하량은 0이다($\frac{2}{3}-\frac{1}{3}-\frac{1}{3}=0$).

원자는 → 원자핵과 전자로 구성되므로 〈소립자〉가 아니다.

원자핵은 → 중성자와 양성자라는 〈핵자〉로 구성되므로 〈소립자〉가 아니다.

전자는 → 더 이상 나누어지지 않으므로 〈소립자〉다.

핵자들은 → 쿼크로 구성되며, 쿼크는 더 이상 나누어지지 않으므로 〈소립자〉다.

(2) 서양철학의 물질 · 정신관

1 / 물질관

• 물질을 뜻하는 영어는 'matter'인데, 이 용어는 라틴어 'materia'로부터 왔다. 'materia'는, '그것으로부터 어떤 것이 만들어진 물질(substance)', 더 좁게는 '목재(木材)'를 뜻하며, 이 용어는 '기원, 원천, 어머니'를 뜻하는 'mater'에서 유래한다. 사실, materia라는 용어는 헬라스어 'hyle'의 번역어로 채택되었는데, 'hyle' 역시 '질료(質料)', '어떤 것을 구성하는 재료'를 뜻하였고, 원래는 '나무로 된 재료' 즉, '목재(木材)'를 가리키는 용어였다. 14세기 말부터 matter라는 용어는 '업무, 일, 활동, 상황' 등의 뜻으로, 그리고 중세영어에서도 '원인, 이유, 근거, 본질적 특성, 탐구영역' 등의 의미로도 사용되었다. 15세기 중반부터는 '(어떤 사람에게) 관련이 있는 것, 중요한 것, 어려움의 원인'이라는 의미로 'What is the matter?'라는 표현을 사용했다.[70] 영어로 '무슨 일이야?'를 뜻하는 표현으로 'What happened?'라고 말할 수도 있지만, 'matter'라는 명사를 사용하여 'What's the matter?'라고 할

---

70 http://www.etymonline.com/index.php?allowed_in_frame=0&search=matter&searchmode=none 참조.

수도 있는데, 이 말의 철학적 의미를 생각해보면, 이 표현은, 어떤 일이 발생하는 데에 있어서의 근본적인 요소가 '물질'이라는 인식에서 비롯된 표현이라고 생각할 수 있다.

• matter와 대동소이한 의미를 지닌 material도 라틴어 materia에서 유래한 것임을 쉽게 알 수 있다. stuff이란 용어도 물질적인 재료를 뜻하는데, 이것은 14세기 초에 '쇠사슬로 된 갑옷 밑에 헤진(닳아있는, worn), 누빈 옷감'(quilted material worn under chain mail)을 뜻하는 말이었다.[71] 독일어 Stoff이 이에 대응하는 단어다. 또한 'substance'도 실체라는 의미 외에 '물질'을 뜻하기 위해 사용되기도 하는데, —이는 우리가 이미 로크에게서도 발견한 바 있다 — 이는 특히, '정제(淨濟)된 물질'을 뜻하기도 한다.

1) 탈레스(Thales, BC 624경-546)

• 철학의 시조(始祖)로 불리는 탈레스의 물음은 세계를 구성하고 있는 궁극적인 요소·원질(原質), 곧 "archē (ἀρχή)[72]란 무엇인가?" 하는 것이었는데, 그는 물(水)을 archē라고 했다. 그 이유는 다음과 같다.

① 동물의 혈액(血液)이나 식물의 수액(樹液) 등 생명의 근본에 관계되는 것이 모두 수분(水分)을 함유하고 있다.

② 모든 생물의 씨앗이 물기를 지니고 있다.[73]

---

71 http://www.etymonline.com/index.php?allowed_in_frame=0&search=stuff&searchmode=none 참조.

72 아리스토텔레스에 의하면, 최초의 철학자들의 대부분은 "모든 존재자가 그것으로 구성되어 있는 것, 즉 그것에서 생겨나오는 최초의 것, 그리고 그것에로 돌아가는 최후의 것이며 (…) 존재자의 요소(stoicheion) 및 원리"(『형이상학』, 983 b 6 ff.)를 archē라고 말했다고 한다.

73 씨앗(종자)들에서는 각기 여러 형상(形象)들이 생겨나오는데, 그 씨앗이 성장하기 위해선 물이 불가결

③ 생명체의 활동이 물로 지탱된다.

④ 사람의 몸이 거의 수분으로 되어 있다.

⑤ 지구는 물 위에 떠 있는 평평한 원판이다(헬라스 초기의 우주관)

그런데 그가 이렇게 생각한 보다 더 근본적인 이유는, archē라는 개념이 지니는 다음과 같은 요청이다.

① 자연의 삼라만상은 생성변화 하므로, 이러한 것들의 근원자도 가변성(可變性) 내지는 가동성(可動性)을 지녀야 하는데, 물(액체)은 가변성이 풍부하여 열을 가하면 수증기(기체)가 되고 차가워지면 얼음(고체)이 되고 얼음이 차가워지면 흙이나 돌이 된다.

② archē라는 개념은 만물의 근원으로서 보편성, 영원성을 가져야 하는데, 물은 자연 속에 편재(遍在)해 있기 때문에 그러한 성격에 합당한 것이다.

• 탈레스의 이러한 주장은 물론 유치한 내용이지만, 만물의 archē가 신적(神的) 존재자가 아니고 물질적 존재자라고 하였으며, 세계가 초자연적 신(神)(제우스나 포세이돈)에 의해 지배되는 것이 아니라 자연법칙에 의해 지배된다고 하여 역사상 최초로 자연주의적 혹은 과학적 세계관을 수립했다는 데 그 중요성이 있다. 이 점에서 아리스토텔레스는 그를 철학의 시조(始祖)라고 했다.

• 탈레스는 archē가 물이라고 하는 주장과 함께, 물활론(物活論, hylozoism)[74]의 입장을 취했다. 그래서 자석(磁石)도 쇠를 끌어당기기 때

하다.

74 hylozoism 〈 hyle (물질, 질료) + zoē (생명) : 물질 자체가 생명(력)을 지니고 있다고 보는 사고방식.

문에 혼, 즉 생명이 있다고 하였다. 그는 호박(琥珀)[75]을 털가죽으로 마찰하면 대전(帶電)하여 가벼운 물체를 끌어당긴다는 것을 알고 있었다.

2〉 아낙시만드로스(Anaximandros, BC 610 경-545)

• 아낙시만드로스는 물질의 종류를 흙[지(地)], 물[수(水)], 불[화(火)], 공기[풍(風)]으로 보았는데, 이러한 물질은 당시의 헬라스인들이 보통 생각하듯이 궁극적인 실체가 아니라, 궁극적인 실체[=무한(정)자(無限(定)者)=to apeiron[76]]가 여러 가지로 변화해 가는 가운데 나타나는 모습들이다. 즉, 흙, 물, 불, 공기는 무한정자가 각각 마르고 젖어있고, 차고, 덥고, 찬 모습을 띠고 나타난 것들로 생각한다. 이러한 4원소설은 아리스토텔레스에 이르기까지 나타난다.

3〉 아낙시메네스(Anaximenes, BC 585경-528)

• 아낙시메네스는 공기(空氣)로부터 만물이 생성된다고 생각한다. 즉, 만물은 공기가 양적으로 변화한 것(질적 차이는 양적 차이에 의해 야기됨)이다. 공기가 엷어지면[희박화(稀薄化, manosis)], 즉 공기가 팽창하게 되면 온기를 발생시키는데, 더 엷어지면 더 뜨거워져서 불이 되고, 이 불이 공중에 올라가면 별이 된다. 인간의 혼(魂)도 역시, 공기가 엷어짐에 의해 이루어진 불에서 생겨났다. 이와는 반대로, 공기가 짙어지면[농축화(濃縮化, puknosis)] 바람이 되고, 바람은 구름으로, 구름은 물로, 물은 흙

75 호박(琥珀, 영 : amber, 헬 : ēlektron, το ἤλεκτρον). cf. electricity : 전기(電氣), electron : 전자(電子).

76 to apeiron [τὸ ἄπειρον (the Unlimited) 〈 ἄπειρος (unlimited) 〈 ἀ + πέρας 혹은 πεῖρας (limit, end, boundary)

으로, 그리고 흙은 돌이 되며 돌에서 기타의 모든 것이 생긴다고 생각했다. 공기가 희박하게 되면 온기(溫氣)를 발생시키고 농축화되면 냉기(冷氣)를 발생시킨다고 보았다. 그가 이런 주장을 한 것은, 입을 크게 벌리고 숨을 천천히 내불면 따뜻한 공기가 나오고 조그맣게 벌리고 세게 내불면 찬 공기가 나온다는 관찰로 부터인데, 그는 원시적이기는 하지만 최초로 실험을 한 사람으로 알려져 있다.

4) 헤라클레이토스(Herakleitos, BC 544경-484)

헤라클레이토스는 이 세계가 로고스(Logos, λόγος)와 불(pur, πῦρ)로 구성되어 있다고 보았는데, 이때 '불'은 물질로서, 이 세계는 어떤 신(神)이나 사람이 창조한 것이 아니라 과거, 현재, 미래를 통하여 알맞게 타고 알맞게 꺼지곤 하는, 영원히 살아있는 〈불〉에 의해 형성된 것이다. 이리하여 불은 만물로, 만물은 다시 불로 변한다. 즉, 불에서 공기로, 공기에서 물로, 물에서 흙이 생기며[내려가는 길, 하도(下道)], 다시 흙이 물이 되고 물이 다시 공기로, 공기는 불로 되는데[올라가는 길, 상도(上道)], 이 두 과정이 영원히 순환하는 가운데 만물이 생성 · 변화하는 것으로 보았다.

5) 엠페도클레스(Empedokles, BC 490-430)

• 엠페도클레스도 흙, 물, 불, 공기의 4원소로 만물이 구성되었다고 주장하는데, 그는 이것을 네 개의 뿌리(rhizomata, ῥίζωματα)라고 했다. 이들 자체는 불생불멸 · 영원불변하는 근본물질로서, 이들의 결합 · 분리에 의해 잡다한 자연현상이 일어난다. 이러한 4원소설은 생나무가 타는 것을 관찰하여 얻은 것으로, 생나무가 탈 때에 한쪽에는 불이 타오르고 또

연기가 나며, 불타는 반대쪽에서는 수액(樹液)이 나오고, 타고 나면 재가 남게 된 것에서, 흙(재), 물(수액), 불, 공기(연기)의 네 가지 요소를 물(物)의 구성요소로 보았다고 한다. 그는 이 네 원소와 〈사랑(philia)〉과 〈미움(neikos)〉의 원리에 신들의 이름을 붙였다. 즉, Aideneus (흙), Hera (물), Zeus (불), Nestis (공기), Philia (사랑), Neikos (미움)가 그것이다. archē는 물질로서는 흙, 물, 불, 공기이며, 원리로서의 〈사랑〉과 〈미움〉이지마는, 그들이 지닌 불생불멸, 영원불변하는 성격으로 보아 신들의 이름을 붙일만하다고 생각한 것이다. 이들 신은 모두 동격(同格)이요, 민주적인 신이며, 이들이 하나의 원환(圓環)으로 조화를 이루었을 때 그것을 그는 Aphairos [구체(球體)]라고 하였으며, 이것은 〈사랑〉의 원리가 지배하며 네 원소를 결합이 완성된 때를 가리키는 것이다. 그런데 물이나 흙, 그리고 불의 실재성은 누구나 인정할 수 있지만 공기는 그 실재성을 감각적으로 포착하기 어려운 만큼, 이를 만물의 뿌리로 인정하기 어려울 것이라고 하여, 이에 관한 실험을 하였다. 즉, 공기가 들어 있는 그릇을 물속에 넣을 때, 그 공기가 빠져 나오기까지는 물 속에 들어가지 않는다는 것을 보여줌으로써, 공기가 독립된 물질임을 증명했다.[77]

6〉 아낙사고라스(Anaxagoras, BC 500-428)

- 아낙사고라스는 archē로서의 무수한 씨(種子, spermata, σπέρματα)[78]

---

77 철학교재편집연구회 공저, 『철학개론』, 대왕사, 1983, 42 f. 그리고 정진일, 『철학』, 형설출판사, 1991, 47 ff. 참조.

78 spermata : 식물) 씨(seed) / 동물) 정자(精子), 정충(精蟲) [헬 : spermatozoon, 라 : sperma, 영 : sperm= ① 정액(精液, semen), ② 정자, 정충(spermatozoon)].

를 주장하였다. 그는 다양한 삼라만상을, Empedokles가 말한 네 뿌리만으로 설명할 수 없다고 하고, 우주 안에는 제각기 성질이 다른, 즉 모양과 빛깔과 맛이 다른 무수한 씨[종자]가 있다고 한다. 종자는 질적으로 규정된 미립자(微粒子). 동종(同種)의 씨 하나하나는 동질적인 것으로, 그 속에 이질적인 것을 포함할 수 없다. 아리스토텔레스는 아낙사고라스의 spermata를 동질소(同質素, homoiomerē, ὁμοιομερῆ)[79]라고 하였다.

만물은 각종의 씨의 혼합과 분리로써 생성소멸하나, 씨 자체는 불생불멸, 영원불변이다 : "헬라스인들은 생성소멸이라는 말을 쓰고 있는데, 이는 옳지 않다. 왜냐하면, 아무 것도 생겨나거나 없어지지 않으며, 이미 있던 것들, 즉 씨에서 혼합되거나 분리될 뿐이니 말이다. 그러므로 생성이라는 말 대신에 혼합이라는 말을, 소멸이라는 말 대신에 분리라는 말을 쓰는 것이 좋겠다"라고 그는 말한다.

그는, 모든 물체 속에는 다소간의 차이는 있으나 모든 씨가 다 들어있는 것으로 생각함: "모든 것(씨)이 모든 것(물체) 속에 있다. 모든 것(물체)은 모든 것(씨)의 부분을 포함하고 있다. 그러나 물체의 성질은 그 속에 가장 많은 양으로 포함된 씨에 의해 결정된다. 모든 것(씨)이 모든 것(물체) 속에 있는데, 제각기(물체) 그 속에 포함된 가장 우세(優勢)한 것(씨)에 의하여 그 특성이 주어진다."

→ 예) 흙이 흙임은, 그 성분 중에서 흙의 성분이 가장 우세하기 때문. 그래서 그는 "흰 눈도 검다"라고 함(흰 눈에도 검은 성질의 것이 들어 있으나 흰 성질의 것이 우세하기 때문에 희게 보일 뿐이다).

---

79 그는 사람들이 섭취한 영양소에 관해 깊이 생각해보고, 우리가 먹는 음식물이 우리의 피와 살, 피부와 모발 등으로 되는 것은 음식물 속에 그와 동질의 요소가 있기 때문이라고 함.

▶ 운동인(運動因)으로서의 누우스(nous, νοῦς)

• 각종의 씨는 가동성을 가지고는 있으나 자동력(自動力)을 갖고 있지는 못하다. 그러면 어떻게 하여 이들 씨의 혼합과 분리가 일어나는가? 이러한 혼합과 분리는, 스스로 모든 것을 움직이며 지배하는 힘인 〈누우스〉(신적 정신 혹은 이성)에 의해 이루어진다.

• 아낙사고라스는 누우스를 비혼합성과 순수성으로 특징짓고 있다. 다른 것과 혼합되면 그 지배력을 상실한다: "다른 물체는 모든 것(씨)의 부분을 포함하고 있다. 그러나 누우스는 무한하고 자기 지배적이고 아무 것도 혼합되지 않고 독자적으로 독립해 있다."

• 누우스는 우주발생의 시초에 모든 씨의 완전한 혼합체에 대하여 최초의 충격을 가함으로써 선회운동을 일으키며, 이 운동과정에서 씨들의 혼합 · 분리가 일어나는데, 이것이 곧 만물의 생성소멸이다. 이 혼합 · 분리, 즉 생성소멸은 누우스의 확고한 계획의 지배 아래서 전개된다. 따라서 그것은 합목적적인 운동이요, 그러한 세계형성은 단 한 번의 완전무결한 것이다.

• 그는 우주만물, 특히 천체의 운행이 질서정연함을 보고, 엠페도클레스가 말하는 〈사랑과 미움〉같은 감정적인 것보다는 신성하고 오묘한 합리적인 힘으로서 누우스를 생각한 것이라 함. 누우스가 씨를 움직여 운동을 개시하게만 하면, 만물은 기계적으로 움직여, 질서 있는 아름다운 세계가 이루어지게 된다. 그러므로 누우스는 만물의 운동의 근원인 동시에 질서의 원리이기도 함. 누우스는 그 자체로서 존재하며, 전지전능함. 그리고 만물 속에 존재함. 그런데 누우스는 오직 운동에 최초의 계기를 줄 뿐이므로 세계창조자나 지배자는 아니다.

• 이와 같이 아낙사고라스는 운동의 원리, 즉 씨의 혼합 · 분리의 원리로 누우스를 내세웠으나 아리스토텔레스는 이 아낙사고라스의 누우스는 하나의 기계신(機械神, Deus ex machina)[80]에 불과하다고 혹평함. → 아낙사고라스에 있어, 무수히 많은 씨가 archē로서 정해졌으나, 이 씨들은 스스로 운동하는 힘을 가진 것은 아니었다. 그러나 생성소멸하는 자연계가 형성되기 위해서는 이들이 혼합 · 분리되는 것, 즉 운동하는 것이 되어야 했다. 그는 이런 곤란한 처지로 말미암아 누우스라는 특별한 '씨'를 내세웠던 것이나, 이 누우스는 우주발생의 시초에 씨들에게 최초의 충격을 가하여 씨들을 운동하게끔 하는 것으로 그 역할은 다 끝나고 그 뒤에는 아무런 필요가 없는 것으로 디고 만 것이 마치 기계신과 흡사하다는 점에서 아리스토텔레스가 그렇게 평했을 것이다. 즉, 누우스를 내세운 필연적 근거가 결여되어 있다는 말이겠다.[81]

• 아낙사고라스는 정신을 '미세(微細)하고 순수한 질료(質料)'라고 했기 때문에 정신을 물질적인 것에서 완전히 구별하지 못했으나, 최초로 물질과 정신을 구별한 이원론자(二元論者)다.[82]

7〉 레우키포스(Leukippos, BC 5세기 경)[83]

• 데모크리토스의 스승 레우키포스는, 참으로 존재하는 것은 파르메니

---

80 기계신(機械神)이란, 그 당시 연극에서 무대 뒤에 장치해서 사용한 것으로, 인간의 힘으로는 해결될 수 없는 곤란한 장면에 이 기계신을 하강시켜 그 상황을 수습하는 역할을 했던 것이다.

81 철학교재편집연구회 공저, 『철학개론』, 대왕사, 1983, 44 ff. 참조.

82 정진일, ebd., 51 ff. 참조.

83 레우키포스(헬 : Λεύκιππος, '흰말들을 가진'이라는 뜻)는 BC 5세기의 헬라스의 철학자다.

데스(Parmenides, BC 515경-BC 460경)의 존재자와 같은 불생불멸의 것인데, 이것은 하나만 있는 것이 아니라 무수히 많으며 끊임없이 운동하고 있다고 하였다. 그런데 이것은 아낙사고라스의 씨와는 달리 질적 차이는 없고 양적 차이만 있으며, 더 이상 분해할 수 없는 극히 微小한 물질인 원자(atoma: 분할할 수 없는 것)라고 함.

• 이 미세한 원자의 결합에 의해서, 우리가 지각할 수 있는 크기의 여러 가지 개물(個物)이 생겨나고 분리에 의해 다시 원자로 분해된다.

• 이러한 원자들의 운동, 즉 결합과 분리는 원자 스스로의 힘에 의해 자동적 · 기계적으로 이루어진다. 그리고 이 원자의 운동은 공허한 공간(kenon)에서 이루어진다.[84]

8〉 데모크리토스

• 데모크리토스는 이러한 스승의 원자론을 이어 받아, 진실로 존재하는 것은 불같은 원자와 공허한 공간뿐이며, 생성 · 소멸은 무수한 원자의 기계적인 운동의 결과라고 하여, 기계론적 유물론을 체계화 하였다.

▶ 데모크리토스가 말하는 원자

① 파르메니데스의 하나밖에 없는 존재자(to on)를 궁극적이고 가장 작은 알맹이로 분할한 것.

② 물체의 분할이 가능하기 위해서는 공간이 있어야 한다. 공간이 있어야 물체는 분할되어 다수(多數)로 될 수 있으며, 또 그 속에서 물체의 운동

84 정진일, ebd., 57 참조.

이 가능하게 되는 것이다. 그리하여 그는, 공간에 의해 분할된, 더 이상 분할될 수 없는 물체를 원자라고 함. 그러므로 참으로 존재하는 것은 공간(kenon)과 공간 내의 다수의 원자다.

③ 무게가 있고, 파괴할 수 없고 불생불멸 · 영원불변함.

④ 수는 무한하며, 질적으로는 차이가 없는 꼭 같은 종류의 것.

⑤ 그러나 그 모양은 달라서 낫모양, 갈고리모양, 구슬모양의 원자 등, 여러 가지 형태가 있으며, 크기와 모양, 배열순서, 위치가 다를 뿐이다. 다양한 세계가 존재하는 것은, 동질적인 원자들의 형태와 크기, 순서와 위치, 결합방식 등의 차이 때문.

→ 아리스토텔레스에 의하면, 그들은 원자의 차이를 형태, 배열, 위치라는 세 가지 점에서 봄:

· A와 N: 형태에 있어서 다름

· AN과 NA: 배열에 있어서 다름

· H와 工: 위치에 있어서 다름

⑥ 원자는 파르메니데스의 존재자에 해당. 공허한 공간은 파르메니데스의 비존재자에 해당 → 파르메니데스는, 공간은 없으며 따라서 운동도 있을 수 없다고 했으나, 데모크리테스는 원자의 운동을 인정했으므로, 그 전제조건으로서 공간의 존재를 인정하지 않을 수 없었다.

⑦ 원자는 자발적 운동능력을 가지고 자발적으로 영원히 운동한다(엠페도클레스의 〈사랑과 미움〉이나 아낙사고라스의 〈누우스〉 같은 외적(外的)인 힘에 의해 운동하는 것이 아니다).

⑧ 원자의 운동

· 원자는 무게가 있으므로 낙하운동을 하게 된다.

· 무수한 원자들이 기계적인 운동에 의해 서로 충돌할 때 선회운동이

일어난다. 이 과정에서 뭉쳐지기 좋은 것끼리 뭉쳐져서 만물이 생성된다.

· 이때에 크고 무거운 원자뭉치는 중앙에 남아있고, 작고 가벼운 뭉치는 주위에 흩어지게 된다. 이렇게 해서 성립된 집단이 하나의 세계를 형성한다 → 원자의 수가 무한하므로 무수한 세계가 있다. 우리가 살고 있는 지구는 그 중 하나다. 지구는 선회운동에 의해 형성된 것이므로 원판모양이다. 태양 같은 것들은 운동속도가 너무 빨라서 발화(發火)한 것이다.

• 우리의 영혼도 불같은 원자로 되어 있다. 영혼을 형성하고 있는 원자는 다른 원자보다 한층 더 미세하고 둥글고 매끈매끈해서 운동이 활발하다. 만물은 모두 이러한 영성원자(靈性原子)를 조금씩 갖고 있으나 인간의 영혼 속에 비교적 다량이 포함되어 있다

→ 영성원자가 활발한 운동을 할 때: 각성 시(覺醒 時)
영성원자가 비교적 활발치 못할 때: 수면(睡眠)상태
영성원자의 일부가 신체 밖으로 탈출한 때: 실신(失神)상태
영성원자의 대부분이 탈출한 때: 죽음.[85]

9〉 아리스토텔레스

• 아리스토텔레스는 현실에 존재하는 개체(個體)[개물(個物)]로서의 실체(實體, ousia, οὐσια)가 질료(質料, hyle, ὕλη)와 형상(形相, eidos, εἶδος)으로 구성되어 있다는 소위 '질료 · 형상론'(hylomorphism)을 주장하였다. 이때 '질료'가 바로 물질에 해당한다. 이것은 바탕에 있는 물질로서, 원래는 좁은 의미로 목재(木材)를 가리켰으나 점차 그 의미가 확장되어, 현

85 철학교재편집연구회 공저, 『철학개론』, 대왕사, 1983, 46 ff. 참조.

실개체를 구성하는 소재(素材)나 재료(材料)의 의미로 사용되었다. 그는 질료에 대해 다음과 같이 말한다 : "기체(基體)는 실체인데, 이것은 어떤 의미에서는 질료다(그리고 현실적으로는 '이것'이 아니지만 가능적으로는 '이것'인 것을 나는 질료라고 부른다)."(『형이상학』 1042 a 27 f). 질료는 실체(현실개체)의 토대를 이루고 있는 것, 즉 기체(基體, hypokeimenon, ὑποκείμενον)이며, 가능태(dynamis, δύναμις) 혹은 가능적 존재자(to dynamei on, τὸ δυνάμει ὄν)다.

그런데 이들의 설명은, 물질의 본질을 해명하지 못하였고, 물질을 이미 우리가 알고 있는 것으로 전제하고 논의를 전개하였거나, 아니면 아무런 실증(實證) 없는 주장에만 그쳤기 때문에 우리에게 명확한 정보를 제공하지 못하였다. 그러므로 물질개념은 근대 자연과학의 토대 위에서 찾을 수밖에 없다.

2 / 정신관

● '정신(精神)'을 뜻하는 영어에는 mind, soul, spirit 등이 있다. 그러나 사실 우리말이나 한자(漢字)의 '정신(精神)'의 의미 자체가 확정되지 않았기 때문에 정확한 대응어를 찾기 쉽지 않고, 서양어도 마찬가지로 일의적(一義的)으로 사용되고 있지 않다. 위의 세 용어를 다음과 같이 구별하는 경우도 있다. 즉, mind는 '마음'이나 '정신'으로, soul은 '혼(魂)'으로, 그리고 spirit은 '영(靈)'으로 말이다. 특히 3분설을 주장하는 기독교에서는, 인간이 살아있는 동안에는 마음이나 혼, 즉 mind나 soul은 활동하지만, 죽은 다음에는 이들은 소멸하고 오직 영(靈)인 spirit만이 남는다고 주장한다. 영(靈)에 해당하는 히브리어는 루아흐(ruach, רוּחַ)이며, 헬라스어는

프뉴마(pneuma, πνεῦμα)인데, 루아흐는 숨(호흡, breath), 바람[wind], 영[spirit] 등을 의미한다.[86] 프뉴마는 '숨'(호흡, breath)을 뜻하는 고대 헬라스어인데, 종교적인 맥락에서는 '영(靈)'이나 '혼(魂)'을 뜻한다. 고전철학에서 프뉴마는, 원래 '생명의 숨'을 뜻했던 프쉬케(psychē, ψυχή)와 구별된다. 예컨대 '움직이는 공기, 숨, 바람' 등을 뜻하는 프뉴마는, 아낙시메네스(Anaximenes)의 물질일원론에서 그 밖의 모든 것을 발생시키는 공기(空氣, aer, ἀήρ)와 같은 것이다. 유대 · 기독교에서 프뉴마는 '영(靈)'을 뜻하는 통상적인 단어다.[87] 이에 대응하는 영어는 spirit인데, spirit을 영(靈)과 동일시하는 이런 입장은, 기독교에서 말하는 삼위일체 신의 한 위(位)인 '성령(聖靈)'을 'Holy Spirit'으로 표현하는 데에서도 마찬가지로 발견된다. 이에 대응하는 독일어 표현은 'der Heilige Geist'로서, 이때의 Geist는 Spirit과 마찬가지로 '영(靈)'을 가리킨다. 그러나 예컨대 라일(Gilbert Ryle, 1900-1976)의 『마음(정신) 개념』(*The Concept of Mind*)에 대한 독일어 번역은 *Der Begriff des Geistes*인데, 이 경우의 Geist는 '영(靈)'이 아니라 '마음'이나 '정신'을 가리킨다. 이 처럼 맥락에 따라 같은 용어도 다른 의미로 사용되고 있음을 알 수 있다.

한편 어떤 생명체가 '살아있다'는 사실을 나타내는 용어는, 예컨대 히브리어에서는 '네페쉬 하야(נֶפֶשׁ חַיָּה, 창세기 2:7)'라고 하는데 이것은 '살아있는 혼(魂)'이라는 뜻이다. 이에 대응하는 헬라스어는 '프쉬케'(psychē, ψυχή)인데, 이것은 '불다'를 뜻하는 동사 'psychō (ψύχω)'의 명사로서, '숨(호흡)'이라는 의미의 '생명(력)' 혹은 '혼(魂)'을 뜻한다. 예컨대 플라톤

86 http://biblehub.com/hebrew/7307.htm 참조.

87 https://en.wikipedia.org/wiki/Pneuma 참조

은 제자들 가운데 아리스토텔레스를 가장 아껴서, 그를 '아카데미아의 혼(魂)'이라고 부르면서, 그가 아카데미아 수업에 출석할 때까지 수업을 시작하지 않고 기다렸다고 하는데, 이 경우의 '혼'이 바로 '프쉬케'다. '혼'이나 '프쉬케'라고 하는 것은, 그것이 빠져버리면 더 이상 어떤 것을 어떤 것이라고 할 수 없는 생명과도 같은 것을 말한다. 뿐만 아니라 아리스토텔레스가 생명체의 단계를 나누면서 식물에게는 영양섭취혼(threptike psychē, θρεπτικὴ ψυχή)이 있다고 할 때의 psychē도 생명력을 가리킨다. 그래서 영어로 혼을 뜻하는 'soul'로도 '어떤 사람 자체'를 가리키기도 하는 것이다. 예컨대 'There were no soul on the street'라고 하면, '거리에는 아무도 없었다'라는 뜻이 된다.

● 고대 헬라스인들은 삶이란 혼과 육체가 결합되어 있는 상태며, 죽음이란 혼과 육체가 분리되는 것이라고 생각했다. 그러나 혼은 육체와 분리된 후에도 계속 존속하는 것으로 생각했다. 예컨대, 플라톤에 의하면 인간의 혼이 육체와 결합하기 전에는 신적(神的)인 세계에서 살았는데,[88] 혼이 지은 죄[89]로 말미암아 육체 속으로 들어오게 되었다. 따라서 육체(sōma, σῶμά)는 혼의 감옥(phroura, φρουρά)[90]이요 무덤(sēma, σῆμα)[91]이며, 혼을 감각적인 세계에 박아두는 못[92]일 뿐 아니라, 혼의 목적인 이데

88 Platon, *Phaedrus*, 80.

89 플라톤은, 육체를 소유하려는 혼 자신의 지적 타락에 의하여 혼이 육체 속으로 들어오게 되었다고 한다(*Phaedrus*, 246 참조).

90 Platon, *Phaedrus*, 62 b.

91 "육체는 우리에게 있어서 무덤이다."("τὸ μὲν σῶμά ἐστιν ἡμῖν σῆμα·" Platon, *Gorgias*, 493 a 2-3); *Cratylus*, 400 c. 이 말은 아마도 피타고라스로부터 인용한 것으로 보인다.

92 Platon, *Phaedrus*, 83 d.

아의 인식을 방해하는 것이다. 한 번 육체 속으로 전락(轉落)한 혼은 그 죄를 완전히 씻을 때까지 자기가 행한 바에 따라 다른 육체 속으로 들어가서 고통스러운 전생(轉生)을 거듭하다가 완전히 정화된 혼만이 자기의 고향인 신적인 세계로 돌아가서 영생(永生)하게 된다고 말하는데, 이러한 주장은 거의 오르페우스(Orpheus)교(教)의 영혼전생설(靈魂轉生說)을 기초로 한 것으로 볼 수 있다.

• 헬라스어 psychē는 라틴어 anima로 번역되었다. 아리스토텔레스가 혼에 대해 저술한 『혼에 대하여』(peri psychēs, Περὶ Ψυχῆς)는 라틴어로 De anima로 번역되었다. 그래서 animation이라고 하면, 무생물에게도 '혼을 불어넣어 살아있는 것으로 만드는 것'을 의미하게 된다.

3 / 물질과 정신의 관계

1〉 일원론(一元論, monism)

① 물질주의(materialism) : 정신계의 물질화

• 물질주의란, 이 세계는 물질(적인 것)과 정신(적인 것) 두 가지로 구성되어 있는데, 그 중에 본질적 · 제1차적인 것이 물질(적인 것)이고 정신(적인 것)은 물질로부터 파생되어 나온 것으로 보는 입장이다. 즉, 실재하는 것 — 즉, 독립적으로 존재하는 것 — 은 오직 물질(적인 것)이며, 정신(적인 것)은 물질(적인 것)에 의존하여 존재하는 것으로 보는 입장이다.

• 헬라스의 철학자들 가운데 만물의 archē (ἀρχή)[93]를 물질적인 것으

93 아리스토텔레스에 의하면, 최초의 철학자들의 대부분은 "모든 존재자가 그것으로 구성되어 있는 것, 즉 그것에서 생겨나오는 최초의 것, 그리고 그것에로 돌아가는 최후의 것이며 (…) 존재자의 요소(stoicheion) 및 원리"(『형이상학』, 983 b 6 ff.)를 archē라고 말했다고 한다.

로 말하는 자들도 있었고[94] 정신적인 것으로 말하는 자들도 있었고, 이 양자(兩者)로 구성된 것으로 말하는 자들도 있었다. 그런데 서양에서는 물질주의가 먼저 발생했다고 할 수 있다. 서양철학의 시조(始祖)로 불리는 탈레스는 세계의 archē를 '물'로 보았고, 아낙시메네스는 '공기(空氣)' 또는 기식(氣息, pnuema)[95]으로, 크세노파네스는 '흙'[96], 그리고 레우키포스는 원자(原子)들(atoma: 분할할 수 없는 것들)로 보았다. 데모크리토스(Demokritos)의 스승인 레우키포스는, 참으로 존재하는 것은 파르메니데스의 존재자와 같은 불생불멸의 것인데, 이것은 하나만 있는 것이 아니라 무수히 많으며 끊임없이 운동하고 있다고 하였다. 그런데 이것은 아낙사고라스의 '씨'와는 달리 질적 차이는 없고 양적 차이만 있으며, 더 이상 분해할 수 없는 극히 미소(微小)한 물질인 원자라고 하였다. 이 미세한 원자의 결합에 의해서, 우리가 지각(知覺)할 수 있는 크기의 여러 가지 개물(個物)이 생겨나고 분리에 의해 다시 원자로 분해된다. 이러한 원자들의 운동, 즉 결합과 분리는 원자 스스로의 힘에 의해 자동적 · 기계적으로 이루어진다. 그리고 이 원자의 운동은 공허한 공간[kenon, κενόν]에서 이루어진다.

• 데모크리토스는 이러한 스승의 원자론을 이어 받아, 진실로 존재하는 것은 불같은 원자와 공허한 공간뿐이며, 생성 · 소멸은 무수한 원자의 기계적인 운동의 결과라고 하여, 기계(론)적 물질주의(mechanischer

---

94 이 경우에 archē는, 근원적인 요소·재료라는 의미를 지닌 '원질(原質)'로도 번역될 수 있다.

95 "우리의 혼(魂)이 공기였고, 그것이 우리들을 통괄하고 있듯이 세계 전체를 포용하고 있다."(공기가 희박해지면 불이 되고, 농후해지고 차갑게 되면 바람, 구름, 돌이 된다고 생각함).

96 이 세 가지에, 헤라클레이토스가 아르케의 일부로 이야기한 '불'을 포함하면 '지수화풍'(地水火風)의 4원소가 된다.

Materialismus)를 주장했다. 그가 말하는 원자는, 파르메니데스가 말한 하나밖에 없는 존재자(to on)를 궁극적이고 가장 작은 알맹이로 분할한 것인데, 물체의 분할이 가능하기 위해서는 공간이 있어야 한다. 공간이 있어야 물체는 분할되어 다수(多數)로 될 수 있으며, 또 그 속에서 물체의 운동이 가능하게 되는 것이다.

그리고 우리의 영혼도 불같은 원자로 되어 있고, 영혼을 형성하고 있는 원자는 다른 원자보다 한층 더 미세하고 둥글고 매끈매끈해서 운동이 활발하다. 만물은 모두 이러한 영성원자(靈性原子)를 조금씩 갖고 있으나 인간의 영혼 속에 비교적 다량이 포함되어 있다고 그는 생각한다.

▶ 그런데 원자를 감각기관에 의해 확실하게 인식할 수 있게 된 것은 그로부터 23세기가 지난 후 돌튼(John Dalton, 1766-1844)에 의해서다.

• 근세에 와서 물질주의를 주장한 사람들은 영국의 홉스(Thomas Hobbes, 1588-1679), 톨랜드(John Toland, 1670-1722), (Robert Hooke, 1635-1703), 18세기 프랑스의 라 메트리(La Mettrie : 『인간기계론』) 돌박(D'Holbach, 1723-1789)[97], 디드로(Diderot, 1713-1784), 폭트(Karl Vogt)[98], 몰레숏(Jacob Moleschott, 1822-1893[99]), 뷔히너(Ludwig

---

97 폴 앙리 디트리히 돌박은 18세기의 프랑스의 계몽사상가다. 독일의 부유한 상인 집에 태어나 후에 프랑스로 귀화했다. 독일이름은 파울 하인리히 디트리히 폰 홀바흐(Paul Heinrich Dietrich von Holbach)다. 『자연의 체계』(*System der Natur*, 1770)를 편찬함.

98 독일의 동물학자이자 자연과학적 유물론자로, 정신은 뇌의 산물이며 사유(思惟)가 뇌에 대하여 가지는 관계는 담즙(膽汁)이 간장(肝臟)에 대하여 가지는 관계 및 소변(小便)이 신장(腎臟)에 대하여 가지는 관계와 같다고 주장하였다.

99 네덜란드의 생리학자로서, 하이델베르크 대학 교수였지만 무신론자라는 이유로 추방되어(1854), 그

Büchner, 1824-1899)[100], 해켈(Ernst Haeckel, 1834-1919)[101], 그리고 정적(靜的) 물질주의를 주장한 포이어바흐(L. Feuerbach, 1804-1872), 헤겔의 변증법과 포이어바흐의 물질주의를 종합하여 '변증적 물질주의' 내지는 '유물변증법'을 전개한 맑스(K. Marx, 1818-1883), '자연 변증법'을 주장한 엥엘스(F. Engels, 1820-1895) 등이 있다.

② 정신주의(Spritualism)

• 정신주의란, 이 세계를 구성하는 요소에는 물질(적인 것)과 정신(적인 것) 두 가지가 있는데, 그 중에 본질적 · 제1차적인 것은 정신(적인 것)이고 물질(적인 것)은 정신(적인 것)으로부터 파생되어 나온 것으로 본다. 즉, 실재하는 것 — 즉, 독립적으로 존재하는 것 — 은 오직 정신(적인 것)이며, 물질(적인 것)은 정신(적인 것)에 의존하여 존재하는 것으로 보는 입장이다.

• 아낙시만드로스(Anaximandros, BC 610 경-545)는, 탈레스의 친구이자 제자였는데, 특정한 물(物)인 물(水)이 만물의 보편적인 근원이 될

후에는 취리히와 로마 등의 대학교수를 역임했다. 생명 현상은 모두가 화학적 과정으로 환원되어, 인간의 사유도 뇌수에 받아들인 인의 작용에 불과하다는 생리학적 유물론을 역설하였다.

100 독일의 철학자, 생리학자이자 물리학자이며, 작가 뷔히너(Georg Büchner)의 동생이다. 『힘과 물질』(*Kraft und Stoff*, 1855).

101 독일의 생물학자이자 의사, 비교해부학 교수. 풀 네임은 에른스트 하인리히 필립 아우구스트 헤켈이다. 천여 종에 학명을 붙였으며 계통학, 분류학, 생태학, 원생생물 연구에 많은 업적을 남겼다. 오늘날 우리가 사용하고 있는 '생물학'(Biologie), '계통'(Stamm), '생태학'(Ökologie)이라는 개념들을 처음으로 사용했다. 그는 찰스 다윈의 진화론을 독일에 확산시키는 데 기여하였고, 뒷날 많은 논란을 불러일으킨 반복발생설을 주창하였다.

수 없다고 하여 'to apeiron'[102] [무한(정)자無限(定)者=질적 · 양적으로 무규정적인 것(to aoriston)]을 archē라 하였다. to apeiron은 불생 · 불멸(不生 · 不滅)하는 영원한 신적 존재자(神的 存在者)다. 그가 이것을 archē로 생각한 이유는, 어떤 특정의 것을 archē라고 한다면 많은 경우 많은 잘못을 범할 수 있기 때문이다. 예컨대 타오르고 있는 불이 어떻게 해서 물이라고 생각될 수 있겠는가! 그러나 to apeiron (비경험적이고, 규정하기 어려운 것)이라면 이런 걱정은 안 해도 될 것이기 때문이다. 이러한 무한정자로부터 더운 것[온기(溫氣)], 차가운 것[냉기(冷氣)], 건조한 것[건기(乾氣)], 습한 것[습기(濕氣)]으로 분화(分化)된다. 더운 것은 위로 올라가서 화염(火焰)과 천공(天空)이 되고 차가운 것은 다시 공기와 대지(大地)로 분화된다.

- 피타고라스는 수(數)라는 형식적 · 관념적인 원리를 내세운다. archē인 수는 물(物)을 직접 구성하는 요소가 아니라 물(物)이 형성되기 위한 제약 내지 규정원리다. 즉, 만물은 양(量)을 가진 점(點)에 의해 성립된 것으로, 셀 수 있고 계산될 수 있으며, 수에 의하여 만물의 양적 비례, 연장(延長), 크기, 모형, 거리 등이 명확히 규정된다. 따라서 수는 만물의 근본원리다. 세계는 수적 비례에 의해 조화롭게 조직된 전체라고 생각하여 세계를 '코스모스'(kosmos : 질서 있는 우주)라고 하였다.

- 헤겔에 의하면 이 세계는 로고스(Logos)인 절대정신[der absolute Geist] — 절대이성[die absolute Vernunft], 절대이념[die absolute Idee]

102 to apeiron [τὸ ἄπειρον (the Unlimited) 〈 ἄπειρος (unlimited) 〈 ἀ + πέρας 혹은 πεῖρας (limit, end, boundary)

—, 곧 신(神)이 자신을 외화(外化)하여 드러난 결과물이다.[103] 그래서 이 세계, 온 우주는 정신적인 성격을 지니게 된다 — 이것이 정신주의[Spirtualism]다. 헤겔에 있어서 모든 존재자는 스스로를 전개하는 절대자의 계기들이다. 따라서, 인간의 정신을 포함한 유한한 정신은 말할 것도 없고, 자연(물질)도 정신과 마찬가지로 절대정신으로부터 발현(發現)[외화(外化, Entäußerung]되어 나온 것이기 때문에 정신적인 성격을 갖는다. 이는, 마치 고대(古代)의 애니미즘(animism)이나 물활론(物活論, hylozoism: 물질에 생명·활력이 깃들여 있다는 주장)과도 흡사(恰似)한 생각이다.

③ 중립적 일원론(neutral monism)

• 중립적 일원론이란, 존재자의 본질을 정신적인 것인 동시에 물질적인 것으로 보는 입장으로, 대표자는 스피노자다. 스피노자는 실체의 속성은 무한하지만, 그 가운데서 인간이 인식할 수 있는 것은 사유[cogitatio]와 연장[extensio]밖에 없다고 주장한다. 왜냐하면 실체는 무한하지만, 인간의 지성은 유한하기 때문이다. 제2부의 처음 두 정리는, 실체는 사유와 연장이라는 두 측면을 지니고 있다는 점을 밝히고 있다:

정리1: "사유는 신의 속성이다. 혹은 신은 사유하는 자다."[104]

---

103 기독교에서 말하는 '로고스'도 하나님을 가리킨다: "태초에 로고스가 있었는데, 이 로고스는 하나님 곁에 있었고 하느님은 로고스였다"("Eν ἀρχῇ ἦν ὁ λόγος, καί ὁ λόγος ἦν πρὸς τὸν θεόν, καί θεὸς ἦν ὁ λόγος. 요한복음 제 1장 1절).

104 "Cogitatio attributum Dei est, sive Deus est res cogitans."

정리2: "연장은 신의 속성이다. 혹은 신은 연장된 자다."[105]

그리고 실체가 지니고 있는 두 속성들이 서로에 대해 갖는 관계는 동일성의 관계라고 스피노자는 말한다: "사유하는 실체와 연장을 가진 실체는 서로 다른 두 가지 속성을 통하여 각각 이해된 동일한 실체다."[106] 그리하여 실체의 변용(變容, affectio) 내지 양태(樣態, modus)로서의 모든 존재자는 관념이라고 볼 수도 있고 물체라고 볼 수도 있다고 한다. 예컨대, 데카르트는 대수학(代數學)의 방정식과 공식들을 기하학의 도형과 연결하는 해석기하학을 창시하였는데, 이에 의하면 "y=3x"라는 대수식(代數式)을 x · y축을 이용한 좌표계에 표시할 수 있다. 이때, "선에 어떤 변화가 생기면 반드시 방정식에도 변화가 따르고, 또 방정식에 어떤 변화가 생기면 반드시 선에도 변화가 동반된다."[107] 이런 의미에서 스피노자는 "관념의 질서 및 연결은 사물의 질서 및 연결과 동일하다"[108]고 말한다.[109]

---

105 "Extensio attributum Dei est, sive Deus est res extensa." 그러나 신을 인간과 꼭 같이 '신체와 정신을 가지고 있고 정열에 종속된' 자로 간주하는 것은 신에 대한 참된 인식으로부터 벗어난 것이라고 스피노자는 말한다(『윤리학』 제1부 정리 15의 주석).

106 제2부 정리7, 주석: "(…) substantia cogitans et substantia extensa una eademque est substantia, quae jam sub hoc, jam sub illo attributo comprehenditur.")

107 렘프레히트, 『서양철학사』, 김태길 외 역, 을유문화사, 2000, 337.

108 "Ordo et connexio idearum idem est ac ordo et connexio rerum."(제2부 정리7). 예컨대 'y=2x'라는 대수학(代數學)의 수식을 해석(분석)기하학에서의 좌표로 나타낼 수 있다. 이 주장은 비트겐슈타인의 '그림이론'[Bildtheorie]을 연상케 하는데, 우리의 관념이 대상을 있는 그대로 묘사해 낼 수 있는가 하는 점은 문제로 남는다.

109 백훈승, 『스피노자는 범신론자인가?』, ebd., 311 참조.

2〉 이원론(二元論)

• 이원론은 정신과 물질을 각각 독립적 존재자로 본다.

• 이원론에는, 두 본체의 연관을 생각하지 않는 '실체 이원론'(Duaulism of Substances)과 그 연관을 생각하는 '활동적 이원론'(Actual Dualism)이 있다. 전자는 사유성(思惟性)을 가진 정신과 연장성(延長性)을 가진 물체는 서로 관계가 없다고 보는 것이며, 후자는 사람의 심신관계와 같이 물심(物心) 간에 상관관계 혹은 병행관계가 있다고 주장하는 것. 따라서 활동적 이원론은 인간학적 이원론에서 유래하는 것이며, '정신물리학적 이원론'으로도 불린다.

• 서양의 이원론은 이 세계가 로고스(Logos, λόγος)와 불(pur, πῦρ)로 구성되어 있다고 본 헤라클레이토스로부터 시작되었다고 보아야 할 것이며, 그에 뒤이어 아낙사고라스는 만물의 무수한 '씨'로서의 물질과, 그것들을 움직이며 지배하여 혼합과 분리가 일어나게 하는 운동력으로서의 누우스(nous, νοῦς: 신적 정신 혹은 이성)를 아르케로 보았다. 엠페도클레스는 파르메니데스의 '존재'와 헤라클레이토스의 '생성'을 결합하려고 시도했다. 먼저 그는, 엘레아학파의 만유부동설(萬有不動說)을 바탕으로 하여, 생성되지도 않고 소멸되지도 않는 만물의 원질로서 물(탈레스), 공기(아낙시메네스), 흙(크세노파네스), 불(헤라클레이토스)의 4원소를 들고, 이들의 결합 · 분리에 의해 잡다한 자연현상이 생성되는 것으로 보았다. 그런데 이들 네 원소를 결합하는 원리는 '사랑'이고, 분리시키는 원리는 '미움'이라는 정신적인 요소다.

• 근대의 대표적인 이원론자는 데카르트다. 그는 사유를 속성으로 갖는 정신과 연장을 속성으로 갖는 물체라는 두 실체로 세계가 구성된다고

생각하였다. 그의 이원론적 견해는 철저해서, 자연계의 모든 변화는 물체의 운동법칙에 의해서만 설명된다고 하는 기계론적 입장을 견지하여, 생물의 경우에도 목적론적 해석을 허용하지 않았다. 생물도 신에 의해 정교하게 만들어지기는 했지만, 역시 기계에 불과하고, 사멸현상은 그것의 신체의 중요부분이 파괴되어 '운동'이 불가능하게 된 상태에 놓였을 때 일어난다고 주장하였다. 동물에게서 간혹 정신적 반응과 비슷한 것을 관찰할 수 있다 하여도, 그것은 실은 신체의 기계적 반사운동에 불과한 것으로 보았다. 그는 이렇게, 동물적 정신의 존재를 인정하지 않음으로써 이원론의 난점을 회피하였지만, 인간에게까지 이 입장을 적용할 수 없어서 정신과 육체의 결합을 승인함으로써, 진정한 의미의 이원론은 부정되었다. 그는, 원래 온몸과 결합되어 있는 혼은 뇌의 가장 안쪽에 자리 잡고 있는 매우 작은 선(腺, gland)에서 특별히 활발한 활동을 한다고 주장하였는데[110], 이것은 이른바 송과선(松果腺, 골윗샘, pineal gland)[111]를 가리킨다. 예컨대 내가 이 컵 속의 커피를 마시고 싶다고 생각할 경우(정신), 어떻게 하여 나의 손(물체)이 컵을 들어 나의 입 안으로 커피가 든 컵을 기울이고 또 나의 입과 혀 등이 커피를 삼키도록 움직이는가? 그것은 바로 나의 생각(정신)이 송과선을 통해 나의 육체(물질)에 작용하기 때문이라는 것이다. 정신과 육체의 상호작용에 대한 데카르트의 설명의 난점은, 신이 물질적 사건계열과 정신적 사건계열 중의 어느 한 계열에 속하는 사건은 항상 다른 계열에 속하는 일정한 사건이 일어날 때에 일어나도록 우주에 명

---

110 Descartes, *The Passions of the Soul*, tr. by Stephen Voss, Indianapolis, 1989, I, 31-41 참조.

111 작은 솔방울 모양이라서 이런 이름이 붙여짐. 저녁이 되면 피곤해지고, 아침에 잠이 깨는 것도 송과선 때문. cf. 골밑샘 = 뇌하수체(腦下垂體)

령하였다고 주장하는 기회원인론(機會原因論) 혹은 기회우인론(機會偶因論) (Occasionalism)으로 전개되는 계기가 되었다. 이 이론은 특히 네덜란드의 횔링스(A. Geulincx, 1625-1669)[112]와 프랑스의 말브랑슈(Nicolas Malebranche, 1638-1715)[113]와 같은 데카르트 추종자들이 전개하였다. 그런데 이들의 occasionalism은 기독교의 '자유의지 교리'와 배치(背馳)되게 된다. 왜냐하면 인간의 죄(罪)의 책임이 신(神)에게 돌아가기 때문이다.

(3) 동양(철학)의 물질 · 정신관

1 / 유가(儒家)의 입장

1〉 원시유가의 입장

---

112 정신과 육체는 상호 관계없이 각각 독립적이지만, 서로가 운동할 때마다 그 기회에 상대방에도 그에 상응하는 운동이 일어나도록 신이 매개한다고 생각함. 그러나 후에 다소 수정하여, 그때그때마다가 아니라, 처음부터 그렇게 되도록 창조했다고 함. 횔링스는 신에 의한 우인(偶因, 기회원인)을 주장했다: "마음이 의욕하는 바가 어떻게 신체운동으로 나타나는지, 또 신체가 자극을 받아서 어떻게 마음에 감각이 생기는지 우리는 알지 못한다. 의지가 신체(가령 팔)를 움직이도록 하는 성 싶은 것은, 의지를 기회(혹은 신호)로 해서, 사실은 신이 하는 소위(所爲)다. 또 신체가 변동했을 때에 그것을 기회로 해서 사실은 신이 마음에 딴 관념을 일으키고 있는 것이다. 물체계에 있는 한 사실을 기회로 해서 신이 우리의 심중(心中)에, 그것에 대응하는 감각표상을 낳은 것이다."(최재희, 『서양철학사상』, 박영사, 1989, 136).

113 파리 출생. 파리대학에서 신학 공부. 1660년 오라토리오 수도회에 입회. 1664년 사제 서품. 1664년 데카르트의 『인간론』(*Trait de l'homme*)을 읽고 그 철학에 심취하여 독자적인 형이상학을 확립했다. 그가 데카르트의 철학을 처음 접한 것은 1664년에 출판된 클레르슬리에의 원고에서였다. 데카르트의 사상을 읽었을 때 그는 너무 흥분한 나머지 심계항진(心悸亢進, palpitation, heart acceleration)으로 쓰러져 며칠 동안 침대신세를 져야 했다. 10년 후 그는 데카르트 철학에 대한 저술인 『진리의 추구』(*Recherche de la vérité*)를 썼다. 말브랑슈는 "물체계와 정신계의 모든 작용을, 유일(唯一)의 진정한 실체인 신에게로 돌려서 이 양 세계의 독립성을 부정했다. 그는 만유내재신론자임. 신이 없으면 우리는 혀 하나라고 움직일 수 없다고 함. 우리의 인식이란, 정신의 인식이건 물체의 인식이건 간에 〈일체를 신에 있어서 보는 것〉이다. 지성은 그것의 주의작용을 기회로 해서 신의 정신과 하나로 됨에 의하여 신 가운데 있는 이데아를 보는 것이다. 물체의 인식은 신에 있어서 물체의 이데아를 보는 것이다(최재희, ebd., 137 참조). 그는 모든 변화의 직접적인 원인은 신이라고 주장했다.

• 중국의 원유(原儒) — 나중에 유가(儒家)의 토대가 된 무리— 는 인간을 정신(精神)과 육체(肉體)로 구분하여, 정신의 주재자(主宰者)인 혼(魂)과, 육체의 주재자인 백(魄)이 있다고 하고, 이 혼 · 백이 하나로 있을 때를 〈살아있는 상태〉로, 혼 · 백이 나누어졌을 때를 〈죽음의 상태〉로 본다. 결국 육체의 호흡이 정지하게 되면(뇌사가 아니고 심장사를 뜻함), 함께 있던 혼과 백이 분리되어, 혼은 하늘로 백은 땅 아래로 돌아가는데, 이것이 〈죽음〉이다.[114]

2〉 신유학의 입장

• 신유학의 기본범주는 이(理)와 기(氣)인데, 이들은 대체로 다음과 같은 의미를 지니고 있다.

① 이(理)

• 이(理)는 (도덕적인) 원리 · 법칙, 우주만물의 존재근거, 존재의 법칙성 등을 가리킨다. '이(理)'는 구슬 옥(玉)에 마을 리(里)를 합해 만든 글자로, 리(里)는 음만을 나타내고, 의미는 옥(玉)변에 들어 있다. 그래서 이 글자는 옥돌에 나타나는 '결'을 의미하며, 좀 더 나아가 나무의 '결'도 의미했으며, 이것이 발전하여, 사물이나 사회 등에 그 결처럼 들어있는 것으로서의 법칙, 조리(條理) 등을 의미하게 되었다.[115]

• "이(理)란 이미 이루어진 사물의 결(文, 법칙)이다", "만물에는 저마다

114 加地伸行, 『유교란 무엇인가』, 김태준 역, 지영사, 1999, 29 참조.

115 한국철학사상연구회(편), 『철학 대사전』, 동녘, 1598 참조. 그리고 미조구치 유조, 『개념과 시대로 읽는 중국사상 명강의』, 소나무, 2004, 47 f. 참조.

다른 이(理)가 있지만, 도(道)는 만물의 '이'를 다 모은 것이다"(한비자, 解老편)라는 용례가 있는데, 여기에서 '이'는 사물의 특수한 법칙이며, 보편적인 법칙으로서의 도와 구별된다.[116]

• 도(道)가 사물을 초월해 있는 원리인 반면에 이(理)는 육조(六朝)시대까지는 사물에 내재한 근거이자 법칙이었는데, 남송시대에 이르러 이기(理氣)의 세계관을 갖게 되었다.[117]

• 주희(朱熹)[118]는 "형이상자(形而上者)는 모습도 없고 그림자도 없다. 이것이 이(理)다. 형이하자(形而下者)는 실상도 있고 모양도 있다. 이것이 기(器)다"[119], "천지에는 이(理)도 있고 기(氣)도 있다. 이란 형이상의 도(道)이며, 만물을 생성시키는 근본이다. 기(氣)란 형이하의 물(器)이며 만물을 생성시키는 재료(具)다. 그러므로 인간과 물은 생성될 때에 반드시 이 이(理)를 품수(稟受)한 연후에야 본성(性)을 가지며 이 기(氣)를 품수한 연후에야 형태(形)를 갖는다"[120]고 말한다.

• 위의 주자의 말로만 보면, 이(理)는 만물의 '원리'나 '법칙'이고, 기(氣)는 '물질'을 가리킨다는 점까지는 분명한 것 같다. 그렇다면 '정신'은 과연 이(理)인가 기(氣)인가? 정신은 어떤 원리나 법칙이 아니다. 정신이라는

---

116 Ebd.

117 미조구치 유조, 『개념과 시대로 읽는 중국사상 명강의』, 소나무, 2004, 49 참조.

118 주희(朱熹, 1130~1200) : 주자(朱子)라는 이름으로 더 잘 알려짐. 주자학(朱子學), 정주학(程朱學) 또는 이학(理學)은 주자로 말미암아 절정에 달함. 신유가들은 『논어』, 『맹자』, 『대학』, 『중용』을 가장 중요한 기본교재로 생각했으며, 이들을 한 데 묶어서 사서(四書)라는 이름을 붙였다. 주희는 사서에 집주(集註)를 붙였으며, 이 글을 자기의 저술 가운데 가장 중요한 것이라고 생각했다.

119 주자어류(朱子語類), 卷101. 풍우란, 『중국철학사』, 형설, 1984, 373에서 재인용.

120 답황도부서문집(答黃道夫書文集), 卷58. 풍우란, 『중국철학사』, 형설, 1984, 377에서 재인용.

존재자와, 정신이 작동하는 원리는 구별되어야 할 것이다. 그런데 정신은 물질처럼 어떤 모양을 가지고 있는 '형이하자(形而下者)'도 아니다. 그렇다면 정신은 이(理)도 아니고 기(氣)도 아니란 말인가? 그러나 만물은 이와 기로 구성되어 있다. 그런데 주자를 비롯한 성리학자들의 설명이 정확하지는 않지만, 그들이 말하려고 하는 취지를 생각해보면, 그들은 정신 또한 물질과 마찬가지로 '기(氣)'로 보고 있다고 해야 할 것이다.

② 기(氣)

• 만물을 이루는 모든 것 — 물질적 · 심리적 요소 모두를 포함한다 — 을 가리킨다. 만물, 특히 인간은 물질과 정신으로 구성되어 있다. 따라서 기(氣)는 물질이며 동시에 정신을 뜻한다. 기는 포괄하는 범위가 넓어서, 기의 정신적 측면을 강조하면 극단적 관념론이 되고, 물질적 측면을 중시하면 극단적 유물론이 된다. 기를 단순히 물질과 동일시해서는 안 된다.[121]

③ 태극(太極)

• 모든 사물에는 이(理)가 존재한다. 이(理)는 그렇게 있어야 할 바 그대로의 사물을 만들어 준다. 이(理)는 사물의 극, 즉 사물의 궁극적인 표준이다. 전체로서의 우주에도 궁극적인 표준이 존재해야 하는데 이것은 최고의 것이며, 또 모든 것을 포함하고 있다. 그것은 모든 사물의 잡다한 이(理)를 포괄하며, 또 천지만물의 이(理)의 총화다. 그러므로 그것은 태극

---

121 한국철학사상연구회, 『강좌 한국철학』, 예문서원, 1995, 441 참조.

이라 불린다. 주희는 말한다 : "모든 사물마다 다 하나의 극을 가지고 있는데, 이것이 궁극적인 이(理)다. 천지만물의 이(理)를 총괄하는 것이 바로 태극이다."(주자어류, 권 94). 주자는 계속 말한다 : "무극(無極)이란, 단지 궁극에 이르러 더 이상 갈 데가 없음을 표시한다. 지극히 높고 지극히 현묘(玄妙)하며 지극히 정미(精微)하고 지극히 신비로워 더 이상 올라갈 곳이 없다. 주렴계는, 사람들이 태극은 형체를 가지고 있다고 말할까봐, '무극이 곧 태극'이라고 했다. 이는, 아무 것도 없는 가운데 지극한 이(理)가 있음을 나타내었다."(주자어류, 권 94).

이 진술로부터 우리는, 주희의 철학체계에 있어서 태극의 위치는 플라톤의 철학체계에 있어서 선의 이데아와 아리스토의 철학체계에 있어서 신(순수형상)에 해당한다고 볼 수 있다."[122] 그러나 주희가 말하는 태극이 이들과 다른 점은, 태극은 개개의 물들 가운데 내재해 있기도 하다는 점이다. 하나하나의 물(物)마다 그 물(物)의 〈소이연지리(所以然之理)〉를 구유(具有)하고 있는 동시에, 그 가운데 태극의 전체도 구유하고 있다. 주희는 말한다 : "(일반적으로) 천지에 대해 말하면, 천지 가운데에도 태극이 있으며, 만물들에 대해 말하면, 만물마다 태극이 있다."(『주자어류』, 권 1) 만일 그렇다면 태극은 분열된 것이 아닌가? 주희는 아니라고 대답했다 : "본래 하나의 태극만이 있는데, 이것이 만물의 각각에 품수되었다. 또 각 만물은 다 하나의 태극을 구유하고 있다. 그것은 마치 하늘에 있는 달과 같다. 달은 하나뿐이지만 강과 호수에 반사되어, 가는 곳마다 보이지만 달이 나뉘어졌다고 말할 수 없는 것과 같다."(『주자어류』, 권 94)[123]

---

122 풍우란, ebd., 375.

123 풍우란, ebd., 376 참조.

2 / 도가(道家)의 입장 : 정(精) · 기(氣) · 신(神)

• 도가에서는 '기(氣)'와 관련하여 '정(精)'과 '신(神)'의 의미를 다르게 보고 있다.

• 고대부터 동양에서는 인간의 정신과 육체가 하나의 생명으로 결합되어 있는 것으로 보았고, 그 본질을 '정(精)'과 '신(神)'이라 했다. '정(精)'은 육신의 생명력이요, '신(神)'은 영(靈)의 생명력이다. 이 양자를 산 생명으로 결합시키는 힘이 바로 '기(氣)'다. 그러므로 동양적 관점에서 '살아있는 인간'이란, '정기신(精氣神)'의 결합체다. 그래서 사람이 죽는 다는 것은 기(氣)의 운행이 멈춰 육신의 생명력인 정(精)과 영의 생명력인 신(神)이 분리되는 현상을 말한다.

• 정(精)과 신(神)은 산 생명일 때의 정신(精神)이며, 죽은 다음에 분리된 둘은 각각 다른 이름을 갖는다. 정(精)이 신과 분리되면 '백(魄)'이 되어 땅으로 꺼지고, 신(神)이 정(精)과 분리되면 '혼(魂)'이 되어 하늘로 돌아가고, 기(氣)는 사방으로 흩어진다. 이 혼이 홀로 영계에 존재하는 것을 동양에서는 신(神)이라 한다. 동양의 신은 육신과 분리된 혼을 말한다. 그래서 신은 곧 귀신이지 별다른 신이 따로 있는 것이 아니다.[124]

• 한의학의 최고 경전이라 불리는 『황제내경(黃帝內徑)』[125]에 의하면, 인체는 정기신(精氣神)의 세 가지로 구성되어 있고, 진정한 건강을 이루기 위해서는 정기신이라는 세 가지의 보물을 잘 관리해야한다고 하고 있다.

---

124 이경숙, 『노자를 웃긴 남자. 하권』, 자인, 2001, 255 ff. 참조.

125 『황제내경』은 유가의 음양오행 사상과 도가의 자연주의 사상을 바탕으로 하고 있는데, 전체사상은 유가보다는 도가 사상에 가깝다.

3 / 불가(佛家)의 입장

• 불가에서는 좁은 의미로는 〈인간〉을, 넓은 의미로는 〈모든 존재자〉를 가리켜 5온(五蘊)이라고 부른다. 5온의 온(蘊, Skandha)은 '모임', '집합(集合)'이라는 뜻으로, 때로는 '음(陰)'이라고도 번역한다.

• 인간을 '5온'이라고 부르는 까닭은, 인간이 물질적 요소인 '색'(色, 육체)과 정신적 요소인 '수(受), 상(想), 행(行), 식(識)'의 5개의 요소로 이루어져 있기 때문이다.

• 인간만을 특별히 구별해서 말할 때는 '5온'이라는 말 대신에 '5취온(五取蘊)'이라는 표현을 사용하기도 하는데 그것은, 5온으로 이루어져 있는 것을 고정적인 자아(atman)라고 생각하고 그것에 '집착'(取, upadana)한다는 의미에서다.

• ① 몸(육체)은 색온(色蘊, rupa)이며, ② 정신은 '수(受), 상(想), 행(行), 식(識)'의 4요소로 구분된다.[126]

126 앞의 〈불가의 인식론〉을 참조할 것.

5
윤리학
: 어떻게 살아야 하는가?

Ⅰ. 윤리(倫理)와 도덕(道德)

● 윤리와 도덕은 엄밀하게 보면 같은 뜻이 아니다. 그러나 우리의 일상 생활에서는 이 두 말을 거의 같은 뜻으로 사용하는 경우가 많다. 일반적으로 말하자면, 인간사회의 규범을 의미할 때는 '윤리'라는 말이 많이 쓰이고, 윤리를 존중하는 사람들의 심성(心性)이나 덕행(德行)을 가리킬 때는 '도덕'이라는 말을 많이 사용한다.

● 관용적으로 직업에 관한 도덕률들을 하나로 묶어서 '직업윤리'라 부르고, 방송에 관한 여러 도덕률들을 하나로 묶어서 '방송윤리'라는 말로 부른다. 그러나 '직업도덕'이나 '방송도덕'이라는 말은 별로 사용하지 않는다.[1] 이처럼 '윤리'는 특수한 영역에 사용되는 데 비하여 '도덕'은 일반적인 영역에 사용되기도 한다.

예컨대 하버마스도 "윤리적(ethisch)"이라는 형용사와 "도덕적

---

1 김태길, 『한국윤리의 재정립』, 철학과 현실사, 1996, 12 참조.

(moralisch)"이라는 형용사를 [자의적(恣意的)으로] 구별하고 있다. 그는 윤리적 물음은 '주제화된 삶의 역사적 맥락 속으로 편입된 채로' 머물러있어서 보편적 타당성을 요구하지 않는 것으로 본다.[2]

1. 어원적 분석

(1) 윤리

• '윤(倫)'은 사람 '인(人)'과 뭉치 '윤(侖)'[3]을 합해 만든 글자로서, 인간집단을 가리킨다. '리(理)'는 '석리(石理)', '목리(木理)' 또는 '도리(道理)"라는 말에서 알 수 있듯이, '결' 또는 '길'을 가리킨다. 따라서 '윤리'란, '인간사회의 결 또는 길'[4]을 가리킨다.

• 나무에는 나무의 결이 있고 돌에는 돌의 결이 있다. 나무를 깎는 목수(木手)는 나무의 결을 따라서 대패질도 하고 톱질도 해야 한다. 돌을 다듬는 석수(石手)가 돌의 결을 무시하면 좋은 석조물을 만들기 어렵다. 이와 마찬가지로, 인간집단이 원만한 사회생활을 영위하고 그 집단의 성원 각

---

2 다음 인용문은 이런 점을 명확히 보여준다: "모든 사람에게 똑같이 좋은 것이 무엇인지 물을 경우 우리는 실천이성을 도덕적으로 사용하는 것이고, 나에게 혹은 우리에게 그때그때마다 좋은 것이 무엇인지 물을 경우 우리는 실천이성을 윤리적으로 사용하는 것이다."[Habermas, "Transzendenz von innen, Transzendenz ins Diesseits," in: Habermas, *Texte und Kontexte*. Ffm. 1991 (127—156), 149].

3 '윤(侖)'은 책을 모아놓은 것(亼+冊)을 나타내는 글자로, 책을 모아 읽고 생각하여 정리하는 일을 가리킨다. '책(冊)'[혹은 책(策)]은 쪼갠 대나무를 끈으로 엮어 만든 죽간(竹簡)을 가리킨다. 이에 비해, '권(卷)'은 둘둘 말은 문서를 가리킨다. 예컨대 서양에서는 종이가 발명되기 이전에 양피지 같은 곳에 글을 쓴 후에 그것을 둘둘 말아서 보관한 데서 나온 용어다. 서양어로는 'volume'인데, 이 말은 '감다'를 뜻하는 'volvere'라는 라틴어에서 나왔다. '진화(進化)'를 가리키는 'evolutio'(영어 : evolution)이라는 단어는, 말았던 두루마리 책을 펼치는 행위를 가리키는 용어에서 전화(轉化)된 것이다.

4 예 : 삼강오륜(三綱五倫)[군신유의(君臣有義) / 부자유친(父子有親) / 부부유별(夫婦有別) / 장유유서(長幼有序) / 붕우유신(朋友有信)]

자가 만족스러운 삶을 살기 위해서는 사람들의 행위가 인간사회의 결[이(理)] 또는 길[도(道)]을 벗어나지 않아야 한다. 그 인간사회의 결 또는 길에 해당하는 것이 바로 '윤리'라는 사회규범이다.[5]

• 윤(倫)이라는 말은 본래 영어의 fellow, fellowship에 해당하는 의미를 지닌다. 예컨대 '정력절륜(精力絶倫)'이라는 말은, 정력이 동료들보다 월등하게 앞서 있다는 뜻이다. 이때의 '윤'은 동료, 이웃, 좁은 의미의 사회를 뜻한다. 『예기(禮記)』에 나오는, "사람을 모방함은 반드시 그 윤에서다"라는 경우의 '윤'도 이웃과 지역사회를 가리킨다. 넓게는 지역사회, 국가, 인류에까지도 미칠 수 있는 공동체를 가리킨다고 보아도 될 것이다.

• '인륜(人倫)'이나 '삼강오륜(三綱五倫)'이라고 할 때의 '윤'은 어떤 정신적 규범이나 질서를 뜻한다. 예컨대 오륜 중 하나인 '붕우유신(朋友有信)'의 경우, 신(信)이 없다면 그것은 이미 붕우관계가 아니다. 이때의 신(信)은 친구관계를 가능케 하는 하나의 질서, 즉 윤이다.[6]

• '윤리'라는 한자(漢字)의 가장 오래된 출전(出典) : 『예기(禮記)』, "낙자통윤리자야(樂者通倫理者也)"[참된 즐거움, 행복이라는 것은 윤리에 입각한 것이다. 윤리에 준(準)해서만이 참된 행복을 맛볼 수 있다].[7]

(2) 도덕

• 도덕(道德)이라는 한자의 가장 오래된 출전은 사마천의 『사기(史記)』(130권으로 됨) 중의 〈노자전(老子傳)〉으로서, 여기에 "노자수도덕

---

5 김태길, 『한국윤리의 재정립』, 철학과 현실사, 1996, 13 참조.

6 김형석, 『윤리학』, 철학과현실사, 1994, 13 f. 참조.

7 다까마 나오미사, 『철학이란 무엇인가』, 참한 편집부 역, 참한, 1985, 105 참조.

(老子脩[8]道德)"이라는 말이 있다.

• '도(道)' : 「"조문도석사가의(朝聞道夕死可矣)"(논어) / '덕(德)' : "덕득야 소취행자야(德得也 所取行者也"[덕을 얻는다는 것은, 취한 바를 행하는 것이다, 『예기(禮記)』]

• 따라서 한자 '도덕'의 의미는, '실제로 그것을 지켜 행한다면 결국 자기에게 득(得, 이익)을 가져다주는 바의, 인간으로서 이행하지 않으면 안 될 길[사리(事理)]'을 가리킨다.

(3) ethics

• ethics (Ethik)라는 용어는 헬라스어의 ἔθος (ethos : 개인적인 습관, 사회적인 습관 · 풍습)와 ἦθος (ēthos : 품성, 성격, 성향)로부터 유래한다. ἔθος (ethos)는 습관, 풍습, 관습을 뜻한다. 그리고 ἦθος (ēthos)는, 전승된 행위규칙과 가치척도를 아무 의심 없이 따르지 않고 그때그때마다 요구되는 선(善)을 통찰과 숙고를 통해 자기의 습관으로 만들며, 사회에서 통용되고 알맞은 풍습에 자기의 행위를 지향하도록 하는 데 익숙한 윤리적인 인간의 마음에 형성된 품성이나 성향을 가리킨다.[9] 아리스토텔레스는 탁월함에는 지적인 탁월함과 품성의 탁월함이라는 두 종류가 있는데, 품성의 탁월함[ἡ δ' ἠθικὴ (ἀρετή : 필자 첨가)]은 습관으로부터(ἐζ ἔθους) 생겨난다고 하면서, '품성의'(ἠθικὴ)라고 하는 말은 '습관'을 뜻하는 ἔθος 라는 말에서(ἀπὸ τοῦ ἔθους) 조금만 변형하여 얻어진 것이라고 말하고

---

8 닦을 수 = 수(修)

9 Annemarie Pieper, *Einführung in die Ethik*, Tübingen, 1991, 25 f. 참조. 그리고 Henry George Liddell and Robert Scott (compiled), *A Greek-English Lexicon*, Oxford, 1968, 766 참조.

있다.[10]

이렇게 볼 때, 'ethics (Ethik)'는 1차적으로는, 개인적 · 사회적인 습관 · 풍습, 그리고 개인의 품성(성격, 성향)을 뜻한다. 그리고 'ethics (Ethik)'가 '학(學)'의 의미로 사용될 때에는 — 이 말의 어원은 헬라스어 ἠθική (ethikē)다 — 그것의 1차적인 의미에 대한 비판적인 연구를 뜻한다. 이 두 번째 의미의 '윤리학'은 도덕철학(moral philosophy) 혹은 도덕학(moral science)이라고도 부른다.

그런데 인간의 풍습에는 예컨대 식탁예절(table manners)이라든지 의상(衣裳)의 양식(樣式)들처럼 단순한 관례(慣例)에 불과하여 우리가 그것들을 원하는 대로 바꿀 수 있다고 생각하는 것들이 있다. 이것들은 도덕이 아니라 풍습(생활양식)들이다. 그러나 진실을 말하는 것, 빚을 갚는 것, 부모를 공경하는 것, 그리고 타인의 목숨과 재산을 존중하는 것 등과 같이, 보다 더 근본적인 관습들이 있다. 그래서 우리는 이러한 행동들을 '관례적'(customary)이라고 할 뿐만 아니라 '옳다'(right)고도 판단하며, 그런 행위를 벗어나는 것을 '그르다'(wrong)고 판단하며, 그런 행위는 일시적인 기분이나 변덕으로부터가 아니라 인간 자신 속에 있는 어떤 원리로부터 이루어진다고 판단한다. 이런 행위들이 '도덕'이며, 윤리학이 다루는 것은 오직 이러한 도덕들이다. 그러므로 윤리학은 인간행위의 옳고 그름에 관한 연구다.[11]

---

10 Aristotle, *The Nicomachean Ethics*, Book II, 1103a, with an English Translation by H. Rackham, in: *The Loeb Classical Library* Vol. 19, London/Cambridge, Massachusetts, 1968, 70. 그래서 습관을 뜻하는 ἔθος (ethos)와 품성을 뜻하는 ἦθος (ēthos)는 동족어로서, 이들 간에는 의미의 밀접한 연관성이 있다.

11 Austin Fagothey, S.J., *Right and Reason. Ethics in Theory and Practice*, Saint Louis, 1967, 1 f. 참조.

• 'ethics'를 한자의 '윤리(倫理)'로 번역한 사람은 이노우에 데쯔지로(井上哲次郞, 1859~1944)[12]다.

(4) moral

• 영어 'moral'은 프랑스어 'moral'과 라틴어 'morale'로부터 왔고, 다시 라틴어 'morale'는 라틴어 'mos'(복수는 'mores')에서 나왔다. 그런데 'mos'는 헬라스어 'ethos'와 'ēthos'의 번역어다. 따라서 'mos' 역시 '풍습'과 '품성' 모두를 의미한다.[13] 그래서 'mos'의 번역어인 'moral'도 이 양자의 의미를 포함하며, '윤리'나 '도덕'으로 번역될 수 있다. 물론 앞에서 말했듯, '윤리'라는 말은 글자 그대로는, 인간사회[윤(倫)]의 규범[리(理)]을 가리키고, '도덕'이라는 용어는, 윤리를 존중하는 사람들의 심성(心性)이나 덕(德)을 가리키지만, 오늘날 이 용어는 상호 교차적으로 사용되고 있다.

• 또한 독일어에는 '풍습 · 관례 · 도덕'을 뜻하는 단어로 Moral 외에 Sitte라는 용어가 있다. 이때, Moral에 대해 Moralität을, 그리고 Sitte에 대해 Sittlichkeit라는 용어를 사용하면, '도덕성'이라고 하는 인간의 내면적인 측면을 가리키게 된다.[14]

• 'moral'과 'ethical'(그리고 'immoral'과 'unethical')은 일상어에서 서로 바꿔 쓸 수 있다. 그리하여 이들과 관련된 용어들은 다음과 같은 의미를

---

12 동경대 교수 역임. 동양철학사 연구의 선구자. 다까마 나오미사, ebd., 105 f. 참조.

13 Annemarie Pieper, ebd., 26 참조.

14 그러나 헤겔의 경우 Moralität과 Sittlichkeit를 자신의 독특한 철학적 입장에서 파악하여 전자를, 단지 개인의 주관적인 도덕적 확신에 해당하는 의미로, 후자를 개인의 주관적인 도덕적 확신이 국가의 객관적인 법에 합치하는 의미를 지닌 것으로 본다. 그리하여 통상적으로는 Moralität을 '도덕성'으로, Sittlichkeit를 '인륜성'으로 번역한다.

갖는다.

- 'immoral (unethical)' : '비도덕적 · 비윤리적인'
- 'amoral' : '도덕감(moral sense)이 없거나 옳고 그름에 무관심한, 도덕이 없는'
- 'nonmoral (nonethical)', 'unmoral (unethical)' : '도덕의 영역 밖에 있음을 뜻함. 도덕(윤리)과 무관한[15]

II. 관습 · 법 · 도덕 · 종교

1. **관습** : "악수를 청할 때는 왼손을 내밀어서는 안 된다"라는 규범
2. **법** : "모든 차량은 우측으로 통행해야 한다"라는 규범
3. **도덕률** : "노약자를 도와주어야 한다." 여러 가지 도덕률을 하나로 묶어서 그 전체를 지칭할 때는 '윤리' 혹은 '도덕'이라고 부른다.

- 관습과 법과 윤리 중에서 가장 근본적이고 중요한 것은 윤리의 규범이다. 왜냐하면 우리는 관습 가운데서 존중해야 할 것과 타파해야 할 것을 분간하고, 법률 가운데서도 정당한 것과 부당한 것을 구별해야 할 필요성에 부딪힐 경우를 경험하거니와, 이런 경우에 관습이나 법률을 평가하는 기준이 되는 것은 윤리이기 때문이다. 즉, 참된 윤리가 요구하는 바와 일치하지 않거나 조화되기 어려운 관습이나 법률은 올바른 사회규범으로서

15 William K. Frankena, *Ethics*, Englewood Cliffs, New Jersey, 19732, 5 f. 참조. 또한 이 책의 번역서인 『윤리학』, 황경식 역, 종로서적, 1989, 11의 역자 주 참조. 그리고 Jacques P. Thiroux, *Ethics. Theory & Practice*, Encino, California, 1980, 26 참조.

의 자격을 인정받을 수 없기 때문이다.[16]

• 도덕(morality)이 반드시 법에 근거하고 있는 것은 아니며, 도덕은 몇몇 중요한 법의 기초적인 이유들을(basic reasons) 제공한다. 법은 사회적 도덕의 공적 표현이자 비준(sanction)이다.

• 도덕은 다음과 같은 이유로, 오직 종교에만 근거할 필요도 없고, 그래서도 안 된다.

(1) 도덕과 종교 간에는 필연적인 연관관계가 존재하지 않는다.
(2) 종교는 도덕에 합당한(adequate) 이성적 토대를 제공하지 않는다.
(3) 만약에 종교가 도덕의 토대가 되어야 한다면, 과연 어떤 종교가 이 토대를 제공할 것인가?
(4) 종교에 토대를 둔 다양한 윤리체계들로부터 발생하는 갈등을 그 체계들 밖으로 나가지 않고 해결하기는 어렵다.

그래서 우리는 엄격하게 종교적이지도 인간주의적(무신론적)이지도 않으며, 이 두 극단 및 중간적인 토대를 함께 포함하는 인도주의적인 윤리를 필요로 한다.[17]

• 모든 사회규범의 근간이라고 볼 수 있는 윤리는 도대체 어디서 온 것이며, 우리가 그것을 존중해야 할 이유는 무엇일까? 윤리란 선천적으로 정해져 있는 것일까, 아니면 인간의 사회생활 내지 경험에 근거를 두고 생긴 역사적 산물인가? 윤리는 여러 개의 도덕률(moral rules)로 구성되어

16 김태길, 『한국윤리의 재정립』, 철학과 현실사, 1996, 12 참조.

17 Thiroux., ebd., 2 f., 28 f. 참조.

있다. "거짓말하지 마라", "도둑질하지 마라", "약속을 지켜라", "살인하지 마라", "간음하지 마라" 등 여러 가지 도덕률이 모여서 '윤리'라는 사회규범을 형성한다. 그런데 윤리의 구성요소인 도덕률은 도대체 어떤 연유로 생긴 것일까? 다시 말해서, 윤리는 어떤 기원(起源)을 가지고 있는 것일까?[18]

Ⅲ. 윤리의 기원 또는 그 근거에 관한 학설

1. 윤리의 근거가 인간의 발생 이전에 — 혹은 인간의 외부에 — 이미 주어졌다고 보는 견해

(1) 신학적 윤리설

• 신이 우주를 창조하고 인간을 창조했을 때, "거짓말하지 마라", "도둑질하지 마라", "약속을 지켜라", "살인하지 마라", "간음하지 마라" 등의 계율(戒律)을 내렸다는 주장. 모든 세세한 도덕률을 신이 내려주었다는 주장은 아니며, 기본적인 것 몇 가지만 신이 명령했다고 주장하는 것이 보통이며, 그 몇 가지 기본원칙으로부터 세세한 구체적 도덕률이 도출된다는 것이다. 예컨대 "지정된 장소가 아닌 곳에서는 담배를 피우지 마라"라는 도덕은, "네 이웃을 네 몸과 같이 사랑하라"는 기본원칙에서 도출할 수 있다.

(2) 형이상학적 윤리설

• 어떤 인격신이 인간에게 도덕률을 내려주었다고 보지 않고, 우주 자연의 이법(理法) 속에 도덕률의 근원이 있다고 보는 견해다.

---

18 김태길, 『한국윤리의 재정립』, 철학과 현실사, 1996, 12 f. 참조.

1〉 천지자연은 이미 정해진 이법을 따라서 운영되기 마련이며 자연의 일부인 인간도 이 이법을 따라야 한다는 전제 아래, 우주 자연을 지배하는 그 이법이 윤리의 근본원리에 해당한다고 주장하는 학설이다.

- 음양 또는 오행[19]의 이법이 우주를 지배한다는 전제 아래, 인간도 그 이법을 따라서 순리대로 사는 것이 올바른 삶의 길이라고 보는 중국의 전통사상을 예로 들 수 있다.[20]
- 오륜은 동중서가 인(仁) · 의(義) · 예(禮) · 지(智)의 네 가지 덕에 신(信)의 덕목을 추가하여 이를 오행에 짝 맞추어 정리한 것이다. 오륜을 또한 오상(五常)이라고 했다. 오륜은 부자유친(父子有親) · 군신유의(君臣有義) · 부부유별(夫婦有別) · 장유유서(長幼有序) · 붕우유신(朋友有信)을 말하는데 삼강(三綱)과 더불어 기본적인 실천윤리로 강조되었다. 오륜도 삼강과 마찬가지로 상하관계적 질서의 확립을 통해 봉건적 신분질서를 유지하고자 하는 지배층의 통치이념으로 기능했다. 즉 부자 · 군신 · 부부 · 장유의 상하관계는 절대적인 것이며, 붕우의 경우도 신분이

---

19 오행(五行)의 원리는 중국의 고대(古代) 하왕조(夏王朝, 기원전 2205~1767)를 창업한 우왕(禹王)이 낙서(洛書)의 원리를 바탕으로 지은 홍범구주(洪範九疇)에서 최초로 나타난다. '서경(書經)'홍범 편에 나오는 다음의 설명이 바로 그것이다 :
"하늘은 우왕에게 큰 규범 아홉 가지를 내리시어 일정한 윤리가 베풀어졌으니, 그 첫째는 오행이니 (···) 오행의 첫째는 물(水)이고 둘째는 불(火)이요, 셋째는 목(木)이고 넷째는 금(金)이요, 다섯째는 토(土)다. 수는 적시고 내려가는 것이고 화는 타 올라가는 것이며, 목은 굽고 곧은 것이요 금은 따르고 변혁하는 것이며, 토는 심고 거두는 것이다. 수는 짠 것을 만들고 화는 쓴 것을 만들며, 목은 신 것을 만들고 금은 매운 것을 만들며, 토는 단 것을 만든다
(天乃錫禹 洪範九疇 倫攸敍 初一日五行 (···) 五行 一日水 二日火 三日木 四日金 五日土 水曰潤下 火曰炎上 木曰曲直 金曰從革 土爰稼穡 潤下作鹹 炎上作苦 曲直作酸 從革作辛 稼穡作甘)"

20 김태길, ebd., 13 f. 참조.

같은 사람들끼리의 친분을 의미하는 것으로써 신분의 차별이 내포되어 있는 것이었다.[21]

• 우선 성리학의 주된 테마는 우리 조상들이 중국의 주자학을 받아들여 이(理)와 기(氣) 개념을 정립함으로써 우주와 자연의 존재 · 생성 · 소멸의 이치를 탐구하는 것이었다. 특히 조선조의 성리학은 인간의 심성을 해명하는 데에 노력을 기울였으며, 사단칠정론(四端七情論) 또는 인심도심론(人心道心論)이 주된 논제가 되었다. 사단이란 맹자(孟子)가 말한 것으로 첫째, 측은히 여기는 마음(惻隱之心), 부끄러워하고 미워하는 마음(羞惡之心), 사양하는 마음(辭讓之心), 옳고 그름을 가려 낼 줄 아는 마음(是非之心)을 말한다. 이러한 마음은 인의예지(仁義禮智)의 본성에 싹트는 마음으로, 조그마한 악(惡)도 들어 있지 않은 선(善)한 것이다. 반면에 칠정은 희(喜), 노(怒), 애(哀), 구(懼), 애(愛), 오(惡), 욕(欲)이라는 인간의 감정을 통틀어 일컫는 말로서, 즉 이들은 선하게 될 수도 있고 악하게 될 수도 있다. 또 인심도심론에서 도심은 진리와 정의를 실현하고자 하는 마음이요, 인심은 욕망과 감정에 기인하는 마음이다. 이와 같이 조선조의 성리학은 사단과 칠정, 인심과 도심의 대립관계에서 이루어지는 인간의 심성을 탐구함으로서 인간을 성현(聖賢)의 경지에 도달케 하는 윤리국가 구현이 궁극의 목표였다.

• 성리학에서는 세계가 이(理)와 기(氣) 두 가지로 이루어져 있다고 생각한다. 이(理)란 우주만물의 근원이 되는 원리이고, 기(氣)는 만물을 구성하는 재료다. 성리학을 주장한 주자(朱子)는 이(理)에서 본연지성(本然

---

21 http://webzine.idaesoon.or.kr/board/view_win.asp?bno=463 참조.

之性)인 사단(四端)[22]이 나오고, 기(氣)에서 기질지성(氣質之性)인 칠정(七情)[23]이 나온다고 한다. 주자는 여기까지만 말했는데, 여기서 언급되지 않은 내용 때문에 이황과 이이의 사상이 달라지게 된다. 그것은 바로 이와 기의 관계가 어떠한가 하는 문제였다.

이황(李滉, 1501-1570)은 이기호발설(理氣互發說)을 주장했다. 이것은 이와 기가 서로 작용해서 발동한다는 말이다. 여기에는 두 가지 주장이 포함된다. 즉 1) "이발이기수지(理發而氣隨之)"[이(理)가 발생하면 기(氣)가 이(理)를 따른다]와, 2) "기발이이승지(氣發而理乘之"[기(氣)가 발생하면 이(理)가 기(氣)를 탄다]가 그것이다. 주자의 성리학을 계승·발전시킨 퇴계는 주리적(主理的) 이기이원론(理氣二元論)을 편다. 인의예지(사단)는 이(理)의 발현이고 희노애구애오욕(칠정)은 기(氣)의 발현이다. 따라서 감정[기(氣)]은 이성의 지배를 받으므로 이(理)를 잘 가꾸어 이(理)에 따라야 한다는 주장이다.

이이(李珥, 1536-1584)는 퇴계의 주장 중, 앞의 주장은 거부하고 뒤의 주장만 따라서 '기발이승일도설(氣發理乘一途說)'[기(氣)가 발하면 이(理)가 기(氣)를 탄다]의 입장을 취했다. 요컨대, 이황은 기가 없이도 이가 발동할 수 있다고 보았고, 이이는 기가 있어야만 이가 발동할 수 있다고 본 것이다. 이이는 또한 '이통기국론(理通氣局論)'을 주장한다. 이것은, 이는 보편적인 것이기 때문에 두루 통하고, 기는 특수한 것이기 때문에 국한된

---

22 사단(四端) : "惻隱之心 仁之端也 羞惡之心 義之端也 辭讓之心 禮之端也 是非之心 智之端也"(『맹자(孟子)』)

23 칠정(七情) : '기쁨(喜), 노여움(怒), 슬픔(哀), 두려움(懼), 좋아함(愛), 싫어함(惡), ~을 하고자 함(欲)'(『예기』). 주자학자들이 문제 삼는 것은 대체로 『중용(中庸)』에서 언급한 기쁨(喜), 노여움(怒), 슬픔(哀), 락(樂)의 네 가지 감정이다.

다는 뜻이다. 예컨대 사람의 모습은 기의 국한성 때문에 다르지만, 인간 모두에게는 보편적인 원리 내지 본질인 이가 내재해 있다고 보았다. 또한 그는, 보편적인 원리인 이는 구체적인 모습을 지닌 기가 없으면 자신을 나타내지 못하고, 구체적인 모습을 띤 기는 보편적인 원리인 이가 없으면 발동하지 못한다고 함으로써, 상호간에 의존 · 보완관계에 있다고 하였다.

2〉 우주는 어떤 목적을 가진 체계라고 믿는 목적론적 세계관에 입각하여, 인간도 이 우주의 목적 실현을 위해서 이바지해야 할 자로 보고, 우주의 목적 실현에 부응하는 모든 행위는 옳은 행위요, 이에 역행하는 행위는 그릇된 행위라고 보는 학설로, 이의 대표자로는 아리스토텔레스를 들 수 있다.

● 만물은 각기 실현해야 할 목적을 가졌다고 그는 믿는다. 그리고 '목적'이라는 관념과 '선'이라는 관념은 그에 있어서 매우 자연스럽게 연결된다. 목적이란 실현해야 할 것이며, 그것의 실현은 곧 선이라는 생각이다. 우주의 만물이 목적과 수단의 관계로 서로 얽힌 피라미드적 체계이듯이, 모든 행위도 하나의 궁극의 목적을 최고의 목표로 삼는 수단과 목적의 체계다. 따라서 행위의 시비(是非)는 그 행위가 인생의 목적에 대해 갖는 인과율적 관계를 따라 결정될 문제다. 그리고 바로 그 "인생의 궁극목적"이 무엇이냐에 관한 아리스토텔레스의 견해에 대하여 결정적인 기초가 된 것이 곧 그의 형이상학이므로 그의 윤리설을 전체로 보아 '형이상학적'이라고 규정할 수 있다.

● "모든 기예(技藝, technē, τέχνη) 및 탐구(methodos, μέθοδος), 그리고 마찬가지로 모든 행위와 선택은 어떤 좋은 것[선(善)]을 목표로 하고 있는 것으로 보인다. 그러므로 사람들은 좋은 것이란, 모든 것이 목표로 하

는 것이라고 옳게 말해왔다"[24]라는 『니코마코스 윤리학』의 첫 구절은 아리스토텔레스 윤리설의 전체방향을 암시하는 중요한 구절이다.

● 우리의 일거수일투족은 그것이 고의적인 한, 어떤 목적을 가졌다. 그런데 개별적 행위의 목적은 그 자체를 위한 것이 아니라, 보다 높은 목적을 위한 수단이다. 예컨대 잉크의 병마개를 여는 것은 펜에 잉크를 묻히기 위해서요, 잉크를 묻히는 것은 글씨를 쓰기 위해서이며, 또 글씨를 쓰는 것은 책을 만들기 위한 수단이듯이, 이 목적과 수단의 관계는 상대적이다. 그러나 이 수단과 목적의 계열을 연달아 거슬러 올라가면, 마침내는 그 이상 더 올라갈 수 없는 지경, 즉 그 자체를 위해서 그것이 소망되는 무엇에 도달할 것이다. 이 마지막 무엇이 바로 인생의 궁극목적이라고 그는 추리한다. 그리고 이 '그 자체를 위하여 소망되는 것'이 인생의 최고선(to ariston, τὸ ἄριστον)이 아닐 수 없다고 단정한다.[25]

● 그러면 인생의 궁극목적은 무엇일까? '궁극목적'이라는 개념 자체의 분석에서 그는 궁극목적이 갖추어야 할 두 가지 성질을 제시한다 : ① 궁극성, 즉 그것이 다른 무엇의 수단이 될 수 없다는 뜻으로서의 자기목적성(自己目的性)과, ② 완전성, 즉 그 이상 아무 것도 보탤 필요가 없다는 뜻으로서의 자족성(自足性)이다. 그런데 이 두 가지 성질을 지닌 것은 바로 '행복(幸福, eudaimonia, εὐδαιμονία)'일 것이라고 그는 단정한다. 행복이란, 다른 무엇을 위한 수단이 될 수 없는 것이며, 또 그 이상 다른 것을 보탤 필요 없이 그것만으로 충분한 것이기 때문이다.

---

24 Aristotle, *The Nicomachean Ethics*, ebd., Book I, Ch I 1094a 1-3.

25 Aristotle, *The Nicomachean Ethics*, ebd., Book I, ChII 1094a 19-23 참조. 그런데 아리스토텔레스가, '그 자체를 위해서 소망되는 것'이 오직 하나뿐일 것이라고 가정한 것[Book I, ChVII]은 그의 독단일 것이다.

2. 윤리의 근거를 인간역사의 경험적 산물로 보는 견해

현대의 경험과학적 사고방식을 따르는 사람들은 윤리라는 것이 인간보다 앞서서 어떤 초월자의 힘에 의해 미리 주어졌다는 견해를 받아들이지 않는다. 그들은 윤리를 인간의 사회생활 과정에서 필요에 의해 생긴 역사적 산물이라고 주장한다. 윤리의 근거를 인간의 사회생활의 경험에서 찾으려는 견해도 여러 가지 학설로 나누어 볼 수 있으나, 그 공통된 줄거리는 대략 다음과 같이 요약될 수 있다.

인간은 옛날부터 집단을 이루고 사회적 존재자로 살아왔다. 집단생활에서는 한 개인의 행위가 그 행위자에게 어떤 결과를 가져올 뿐만 아니라 집단의 공동이익과 타인에 대해서도 영향을 미친다. 그러므로 같은 집단에 속하는 사람들은 서로의 행위에 대해서 깊은 관심을 갖게 마련이고, 그들의 행위가 집단 또는 타인에게 미치는 결과에 따라서 '옳다' 또는 '그르다'는 평가를 내리기가 쉽다.

Ⅳ. 윤리 연구에 대한 접근 : 규범윤리학과 메타윤리학

철학적 접근은 다음의 두 가지로 나뉜다.

1. 규범윤리학

● 윤리문제에 대한 규범적(normative) 혹은 규정적(prescriptive) 접근은 무엇이 존재해야 하는가 혹은 사람이 무엇을 해야 하는가에 관심을 갖는다. 그래서 규범윤리학자들은 "옳은 것은 무엇인가?", "좋은 것은 무엇인가?", "인생에서 가치 있는 것은 무엇인가?" 등의 규범적인 질문에 관심을

기울이면서 도덕적인 가치판단을 제시한다.[26]

2. 메타윤리학(metaethics)[27]

• 메타윤리학은 분석윤리학(analytic ethics)이라고도 하며, 윤리언어(ethical language)를 분석한다. 윤리(학) 체계의 이성적인 기초를 검토하고, 윤리(학)의 개념[명사(名辭)] · 판단[진술(陳述)] · 추론[논증(論證)]을 분석한다.

V. 인간은 왜 도덕적이어야 하는가?

▶ 왜 도덕적이어야 하는가? 라는 물음은 1) 인간은 왜 도덕적이어야 하는가? [Why should human beings (people) moral?]라는 물음과, 2) 나는 왜 도덕적이어야 하는가? (Why should I be moral?)라는 두 가지 물음으로 나뉜다. 그런데 1)에 대해 대답하기는 쉬울 수 있으나 2)에 대답하기는 어렵다. 왜냐하면 1)에 대해서는, 모든 사람이 비도덕적으로 산다면 사회질서가 어지럽게 되므로 사회유지를 위해서도 도덕적으로 행동해야 할 필요성을 인정할 수 있겠지만, 2)에 대해서는, '나 한 사람이 비도덕적으로 산다고 해도 이 사회가 유지되는 데에는 아무런 문제가 없다'는 생각을 할 수

26 W.S. 사하키안, 『윤리학의 이론과 역사』, 송휘칠·황경식 공역, 박영사, 1990, 7 참조. Fagothey, S.J., ebd., 26 참조.

27 메타윤리학(metaethics)이라는 용어는 1949년에 발표한 에이어(A.J. Ayer)의 「도덕판단의 분석에 관하여」("On the Analysis of Moral Judgments,"(Horizon, 20)라는 논문에서 처음으로 사용되었다.

있기 때문이다.

1)에 대한 대답으로 다음과 같은 것들을 생각할 수 있다.

① 종교의 경전에서 도덕적이기를 명령하고 있기 때문. 그러나 이 대답은 종교를 갖고 있지 않은 사람들에게는 설득력이 없다.

② 악한 것보다 선한 것이, 그리고 악한 세계나 사회보다는 선한 세계나 사회를 만드는 것이 일반적으로 더 좋다고 하는, '계몽된 자기 이익'(enlightened self-interest)로부터 논증할 수 있다. 자기 이익이라는 것은 하나의 윤리이론인 윤리적 이기주의의 유일한 기초다. 즉, 만약 모든 사람이 선을 행하고, 선하려고 노력하고 악을 피하고 예방하고자 한다면, 그것은 모든 사람의 이익이 될 것이다. 예컨대 어떤 집단에서 아무도 살인을 저지르고 훔치고 거짓말하지 않는다면, 그 집단의 각 성원이 이익을 얻을 것이다. 그 집단의 개별 성원들은 다음과 같이 말할 것이다 : "악보다 선을 행하는 것이 나 자신의 이익이 된다. 왜냐하면 내가 선을 행하면 이익을 고수하게 되고, 선을 행하지 않으면 배척되거나 처벌받을 수 있기 때문이다."

그러나 '자신의 이익' 논증은 다른 이익들이 그것과 충돌할 때 문제가 될 수 있다. 즉, 어떤 특수한 상황에서 비도덕적으로 행동하는 것에서 분명한 이익을 발견하는 사람으로 하여금, 달리 행동하는 것이 그 자신에게 이익이 된다고 확신시키기가 종종 어렵다.

③ 전통과 법으로부터의 논증(①의 논증과 관계됨) : 오랜 기간을 거쳐 확립된 전통과 법은 인간의 행위를 지배하기 때문에, 그리고 이러한 전통과 법은 인간에게 비도덕적이 아니라 도덕적이기를 강요하기 때문에 우리가 그렇게 할 훌륭한 이유가 있다. 자신의 이익은 하나의 이유가 된다.

그러나 다른 이유는, 그러한 법과 전통을 확립하는 데에 그리고 그것들을 어떤 역사적 시기와 문화로부터 다른 시기와 문화로 이동시키는 데 들어간 노력에 대한 존중, 그리고 인간의 생각에 대한 존중이다. 이것은 전통과 법에 대한 물음을 억제하는 경향이 있긴 하지만 매력적인 논증일 수 있다. 그러나 전통과 법에 의해 확립된 도덕은 바꾸기도 어렵고 성공적으로 이의를 제기하기도 어렵기 때문에 문제다.

④ 도덕이 발생한 것은, 협동적이고 의미 있는 방식으로 함께 사는 중요성에 대한 인간의 필요성 때문에, 그리고 그 중요성에 대한 인정을 통해서다. "인간은 왜 도덕적이어야 하는가?"라는 물음은 일반적으로 다음과 같은 진술에 의해 가장 잘 대답될 수 있다. 즉, 도덕원리들을 고수함으로써 인간의 삶을 가능한 한 평화롭고, 행복하고 창조적으로 그리고 의미 있게 살 수 있다는 것이다.[28] 다시 말하면 인간의 삶은 사회와 결합되어 있고, 사회는 해야 할 것과 해서는 안 되는 것을 개인에게 권유하고 강요한다. 이때, 개인이 도덕적이지 않을 경우, 즉 사회가 요구하는 규범인 도덕(률)을 준수하지 않을 경우, 자신의 생존이 위태롭거나 불가능하게 되는 반면, 도덕적인 행위는 자신의 삶을 안정적으로 만든다는 것을 이해하고, 이러한 안정으로부터 개인과 사회의 조화가 이루어진다는 것을 믿기 때문이다.

▶ '귀게스의 반지'를 통해 이 문제를 생각해보자.

---

28 Thiroux, ebd., 23 ff. 참조.

고대 그리스의 철학자 플라톤의 『국가』에는 기이한 반지와 귀게스(Gyges, BC ?–BC 648?)라는 목동 이야기가 나온다. 귀게스는 리디아(소아시아 서부에 있었던 고대국가)의 왕(재위 BC 680–BC 648)으로, 전설에 따르면, 그는 처음에 왕을 섬기는 양치기였다. 그 후의 일에 대해서 플라톤의 『국가』는 다음과 같이 말하고 있다.

큰 지진이 일어난 후 귀게스가 갈라진 땅속으로 들어갔더니 그 곳에 동굴이 있고, 여기에 청동으로 된 말이 있었다. 말 속에는 인간이라 보기에는 너무 큰 시체가 안치되어 있고, 손가락에 반지가 끼어져 있었다. 귀게스는 그 반지를 가지고 지상으로 나와 동료 양치기한테로 갔다. 반지의 보석 부분을 안쪽으로 돌리자 자기 모습이 보이지 않게 된다는 사실을 발견한 귀게스는, 궁전에 가서 이 반지의 힘을 이용하여 왕비를 범하고, 그녀와 공모하여 왕을 죽인 뒤 권좌를 차지했다. 즉, 칸다올레스 왕을 죽이고 그 비(妃)와 결혼하여 메름나다이 왕조를 열었다. 밀레토스 · 수미르나 · 콜로폰을 공격하고 델피신전에 공물(供物)을 바쳤다. 키메리아인(人)에 대항하여 앗시리아의 보호를 요구했으나 이집트를 도운 탓으로 도움을 얻지 못했으며, 침입해 온 키메리아인에게 살해되었다.

여기서 우리는 다음과 같은 물음을 제기할 수 있다. 내가 귀게스의 반지를 갖게 되었다고 가정해 보자. 이때에도 나는 도덕적이어야 할까? 내가 무슨 짓을 하든 처벌받지 않으리라는 것을 아는 경우에도 내가 도덕적이어야 할 이유가 있는가? 그런 이유가 있다면, 그게 무엇인가?

Ⅵ. 목적론적 윤리설과 의무론적 윤리설

• 목적론적 윤리설(teleological theories of morality)은 결과주의적 윤리설(consequentialist theories of morality)이다. 그것은 결과에 근거해 있거나 결과에 관심을 갖는다. 목적론적 윤리학에서는, 만약 한 사람 또는 모

든 사람이 어떤 행동을 함으로써 좋은 결과를 낳는다면 그 행동은 도덕적으로 옳다고 주장한다. 어느 경우든 결국 그 행동을 옳거나 그르게 하는 것은 바로 그 행동이 갖는 결과의 좋음과 나쁨이다.

• 의무론적 윤리설(deontological theories of morality)에서는, 한 행동이 어떤 도덕규칙에 따르면 옳고, 그것을 위반하면 그르다고 주장한다. 의무론적 윤리학은 결과에 근거해 있지도 않고 관심도 갖지 않는다.

• 도덕규칙들은 하나의 궁극적인 의무의 원리에 근거하고 있는데, 목적론적 윤리학에서는 목적이나 목표를 증진하는 행동을 옳다고 보는 데 비해 궁극적 의무의 원리는 그러한 목적이나 목표를 구체적으로 밝히지 않는다.[29]

1. 목적론적 윤리설

여기서는 목적론적 윤리학의 대표적인 입장인 공리주의를 살펴보겠다.

▶ 공리주의(公利主義, Utilitarianism)

• 근대 영국에서 큰 세력으로 발전한 새로운 형태의 쾌락주의를 보통 우리는 공리주의라는 이름으로 부른다. 이것을 새로운 형태의 쾌락주의라고 말하는 이유는, 이것이 헬라스의 쾌락주의에 비하여 한 가지 커다란 차이점을 가졌기 때문이다. 그 차이점이란, 헬라스의 쾌락주의자들이 모두

29 폴 테일러 저, 『윤리학의 기본원리』, 김영진 역, 1988, 서광사, 84 참조.

자기 개인의 쾌락을 목적으로 삼은 데 비하여, 영국의 쾌락주의자들은 사회 전체의 공중(公衆)의 쾌락을 역설했다는 점을 가리킨다.[30]

• 공리주의는, 관련된 모든 사람의 최대선(혹은 최대행복)을 초래할 행위를 모든 사람이 수행해야 하거나(행위공리주의), 그런 도덕규칙을 따라야 한다고 주장한다(규칙공리주의).[31]

(1) **행위공리주의**(act-utilitarianism)

• 행위공리주의는, 그 행위로 영향을 받는 모든 사람에게 악보다는 최대선을 초래할 행위를 모든 사람이 수행해야 한다고 주장한다.

• 행위공리주의자는 상황과 사람이 모두 다르기 때문에 그것들 모두를 망라하는 규칙들을 미리 만들 수 없다고 생각한다.

• 그러나 이 이론에는 다음과 같은 난점들이 있다.

1〉 다른 사람들에게 좋은 결과가 되는 것이 무엇인지를 확인(확정)하기가 매우 어렵다.

2〉 그런 상황에서 무엇이 도덕적인 행위가 될지를 결정하기 위해 각각의 상황에서 새롭게 시작해야 하는 것은 비실용적(실행불가능, impractical)이다.

3〉 따라야 할 규칙이나 안내가 없기 때문에, 젊은이나 초보교육을 받지 않은 사람(uninitiated)로 하여금 도덕적으로 행위하도록 교육하는 일이 거의 불가능하다.

---

30 김태길, 『윤리학』, 박영사, 1983, 95 참조.

31 Thiroux, ebd., 49 참조.

(2) **규칙공리주의**(rule-utilitarianism)

• 규칙공리주의는, 관련된 모든 사람에게 최대의 좋은 결과를 초래할 규칙이나 규칙들을 항상 모든 사람이 따라야 한다고 주장한다.

• 규칙공리주의자는 모든 인간과 상황에 적용할 규칙들을 만드는 일을 정당화하기에 충분하고 유사한 인간의 동기들, 행위들과 상황들이 있다고 생각한다.

• 그러나 이 이론은 다음과 같은 난점들을 가지고 있다.

1〉(행위공리주의에 있어서와 마찬가지로) 다른 사람들에게 좋은 결과가 되는 것이 무엇인지를 결정하기 어렵다.

2〉 여러 사람들과 상황들 가운데 큰 차이가 존재할 경우, 어떤 규칙이 실제로 그러한 다양성을 포괄하도록 만들어질 수 있다는 점을 — 관련된 모든 사람의 최대선을 참으로, 그리고 항상 초래할 규칙을 그들이 만들 수 있다는 점을 — 어떻게 규칙공리주의자들이 확신할 수 있는 가를 알기 어렵다.

3〉 규칙에 많은 예외들을 만듦으로써 규칙들이 실제로 효과적으로 기능하지 못하는 점을 피하기 어렵다.

▶ 결과주의 이론의 문제들

• 결과주의 이론은, 우리가 우리의 행위들 및 규칙들의 모든 결과를 발견하여 규정(결정)할 것을 요구하지만, 그러나 이것은 실제로 성취될 수 없다.[32]

---

32 Thiroux, ebd., 49 f. 참조.

2. 의무론적 윤리설

• 의무론적 윤리설에 의하면 인간에게는 누구나 지켜야 할 행위법칙이 주어져있다는 것이다. 이 법칙은 인간의 편의나 쾌락에 의해 주어지는 것이 아니라 인간의 의지를 초월하여 미리 주어진 것으로 절대 불변의 것이다. 대표자는 칸트다. 그는 실천이성의 법칙이 언제나 타당한 것이기에 무조건 적용되는 지상명령(至上命令)이라 하였다.

• 예컨대 암으로 진단받은 아버지의 병세가 악화될까 염려하여 아버지의 병명을 속인 아들의 경우, 이 행위는 옳은지 그른지를 물을 수 있다. 만일 우리가 행복하게 사는 것을 누구나 실현해야 할 삶의 궁극목적으로 인정하고 아버지가 최소한 여생을 편안하게 사시도록 하기 위해서는 거짓말을 할 수밖에 없다고 생각하고 거짓말을 했다면 결과주의적 윤리설의 입장에서는 옳다고 할 수 있다. 그러나 만일 우리가 '거짓말을 해서는 안 된다'는 원리를 누구나 지켜야 할 행위의 법칙이자 우리가 준수해야 할 의무로 인정하고 받아들인다면 이 사람의 행위는 동기야 어떻든 그른 행위다.

• 의무론적 윤리설은 비결과주의적 윤리설(nonconsequentialist theories of morality)이다. 여기서는 칸트의 윤리학을 대표적으로 소개하겠다.

▶ 칸트의 윤리학(『실천이성비판』과 『도덕 형이상학의 정초』를 중심으로)

• 인간의 행위에 관한 탐구에는 ① 경험적 탐구분야[33]이외에도 ② 순수

---

33 칸트는 이것을 실천적 인간학이라고 부른다. 이것을 다루고 있는 저술은, 『실용주의적 관점에서 본 인간학』(*Anthropologie in der pragmatischen Hinsicht*)이다.

한 비경험적 분야[34]가 있을 것이 분명하다고 칸트는 생각한다. 그리고 이와 같은 영역에서 절대적 구속성을 가진 도덕법칙이 발견되어야 한다면, 그것은 순수이성에 의해 근거 지어져야 하며, 나의 경험이나 인간의 본성 내지는 우리 세계의 주변여건 등에 의해 근거 지어져서는 안 된다. 예컨대 내가 타인과의 관계에 있어서 진실성을 가지려고 노력하는 이유가, 그렇게 함으로써 이전에 좋은 경험들을 가졌기 때문이라고 생각해보자. 이 경우, 진실성이라고 하는 나의 행동 원리는 언제고 다른 상황이 내게 정반대의 경험을 가져온다면 쉽사리 동요되고 말 것이다. 이 경우의 진실성이란, 칸트가 말하듯 우리가 언제든지 바꾸어버릴 수 있는 하나의 실천규칙, 즉, 주관적인 준칙(準則)·격률(格率)(Maxime)일 뿐이다. 그것은 결코 도덕의 최상원리가 아니다. 도덕의 최상원리를 발견하는 것, 그것이 칸트의 연구목표다 : "그런데 지금의 이 정초작업은 도덕의 최상원리의 탐색 및 확립 이외의 다른 어떤 것도 아니다. 도덕의 최상원리의 탐색 및 확립만이 그 의도에서 전적인 그리고 다른 모든 윤리적 탐구와 차별되는 과업을 이룬다."[35]

● 최상원리가 발견되지 않는 한, 우리는 아무 것도 할 수 없다. 최상원리의 발견의 중요성을 칸트는 다음과 같이 말하고 있다: "그러므로 도덕 형이상학은 반드시 필요하다. 왜냐하면 우리의 이성 안에 선험적으로 존재

---

34 칸트는 이것을 도덕 형이상학(도덕의 근거에 대한 철학적 물음)이라고 부른다. 이것을 다루고 있는 저술은, 『도덕 형이상학의 정초』(*Grundlegung zur Metaphysik der Sitten*, 1785)와 『도덕형이상학』(Metaphysik der Sitten, 1797), 그리고 『실천이성 비판』(*Kritik der praktischen Vernunft*, 1788)이다.

35 Immanuel Kant, *Grundlegung zur Metaphysik der Sitten*, hg. u. eingeführt v. Theodor Valentiner, Stuttgart, 1967, 26(Akademieausgabe, 392).

하는 실천적 원칙들의 근원을 탐구하려는 사변적 동인(動因)[36] 때문만이 아니라, 도덕을 올바르게 판정할 저 실마리와 최상의 규범이 존재하지 않는 한, 도덕 자체가 온갖 타락에 빠져 그곳에서 헤어나지 못할 것이기 때문이다.[37]"[38]

이러한 연구계획은 특정한 연구방향의 설정으로 이어졌고, 궁극적으로 정언명법으로 귀착되었다. 칸트는 정언명법에로 나아가는 길 위에 두 개의 중요한 정거장을 만들었는데, 그것은 정언명법을 이해하기 위해 필수불가결한 것으로서, 바로 〈선의지〉와 〈의무〉다.[39]

(1) **선의지**(善意志, der gute Wille)[40]

• 선의지란, '도덕법칙이 우리에게 준수(遵守)를 명령하기 때문에, 즉 도덕법칙을, 그것이 도덕법칙이라는 이유 때문에 준수하려는, 또는 어떤 행위를 하는 것이 우리의 의무이기 때문에 그 행위를 하려고 하는 의지'를 말한다.

• 선의지란, 어떤 행동을 할 때, 그 행동이 우리에게 얼마나 유리한가를 일절 고려하지 않고, 오로지 그 행위가 옳기 때문에 하고자 하는 의지다.

---

36 이론적 측면.

37 실천적 측면.

38 Kant, ebd., 22 f. (=Akademieausgabe, 390).

39 랄프 루드비히, 『쉽게 읽는 칸트. 정언명령』, 이충진 역, 이학사, 1999, 54 참조.

40 일상적으로 말하는 '선의(善意)'와는 다른 의미임. 일상적인 의미로는 '선의(善意)의 거짓말'이 있을 수 있지만, 칸트가 말하는 '선의지'로는 어떤 거짓말도 할 수 없다.

만약 결과에 대한 고려나, 인간이 본래 타고나는 자연적 경향[41](본능적 욕구)에 좌우되어 선택하는 행위라면, 그것이 비록 겉으로 보기에 도덕적 행위와 똑같아 보인다 하더라도 선의지가 아니다. 무조건적으로 선한 의지는 오직 선의지 밖에 없다.

● 『도덕형이상학의 정초』 제1장의 첫 번째 진술로써 바로 칸트는 자기의 윤리학의 기초가 되는 주장을 제시한다 : "세계 안에서나 실로 어쨌든 세계 밖에서도 무제한적으로 선한 것으로 간주될 수 있을 것이라고 생각할 수 있는 것은 오로지 선의지 외에는 없다."[42]

● "지성, 유머감각, 판단력, 그밖에 정신의 재능들이라고 불릴 수 있는 것들 또는 용기, 결단력, 끈기 등과 같은 기질의 특성들이 여러 의도에 있어서(in mancher Absicht)[43] 선하고 바람직하다는 사실에는 의심의 여지가 없다. 그러나 만일 의지가 선하지 않다면, 이 모든 것들은 극도로 악하고 해로운 것이 될 수도 있다. (…) 이른바 행운의 선물(Glücksgaben)에 있어서도 사정은 마찬가지다. 권력, 재산, 명예, 심지어 건강도, 그리고 행복이라는 이름으로 불릴만한 온전한 평안과 자기의 상태에 대한 만족도, 만

---

41 Neigung, inclination.

42 "Es ist überall nichts in der Welt, ja überhaupt auch außer derselben zu denken möglich, was ohne Einschränkung für gut könnte gehalten werden, als allein ein guter Wille."(Kant, ebd., 28=Akademieausgabe, 392).

43 (18세기에) 그림형제의 『독일어사전』은 의도(intentio)로서의 "Absicht"와 "~와 관련하여"('mit Bezug auf', 'hinsichtlich')라는 의미의 "in Absicht auf"(auch: Absicht plus Genitiv)을 구별한다. 그런데 393과 394에서의 "Absicht"는 "~와 관련하여"("in Absicht auf")라는 의미가 아니다. 그래서 칸트는 의도를 생각하고 있다(영어번역에서 'Absicht'는 종종 'respect'로 잘못 번역되고 있다). 다시금 이 문맥에서 우리는 의도(Intention)를 "추구하는 목표"(angestrebtes Ziel)이라고 이해하는 것이 가장 잘 이해하는 것이다.(Dieter Schöncker/Allen W. Wood, *Kants "Grundlegung zur Metaphysik der Sitten". Ein einführender Kommentar.* 3. Auflage, Paderborn u.a., 2007, 42 f.)

일 선의지가 그것들에 동반되지 않는다면 우리를 우쭐하게 만들며, 그럼으로써 종종 오만하게 만든다. 선의지는 그런 것들이 심성에 미치는 영향을, 그리고 이와 더불어 행위의 전체원리를 바로잡아 보편적 · 합목적적인 것이 되도록 만든다."[44]

→ 예컨대 〈용기, 결단력, 끈기〉 등은 범죄를 수사하는 경찰에게는 훌륭함의 징표지만, 살인강도나 악덕 사채업자(고리대금업자)의 경우라면 그렇지 않다.[45]

● 그러면 〈선의지〉는 도대체 어떤 경우에 선한 것인가? 선의지는 오직 의욕 자체에 근거해서만 선하다 : "선의지는 그것이 무엇을 실현하고 성취하는 것으로 인해, 그리고 그것이 그 어떤 설정된 목적을 달성하는 데 쓸모가 있기 때문에 선한 것도 아니다. 선의지는 오직 의욕으로 인하여, 즉 그 자체로 선한 것이다."[46]

(2) 의무(Pflicht)

● 선의지가 오직 의욕으로 인하여 선하다는 것은, 다른 말로 하면 선의지가 오직 의무에 의거해서 규정될 때에만 선하다는 말이다.

● 칸트는 『도덕형이상학의 정초』에서 다음과 같이 말한다 :

---

44 Kant, ebd., 28(=Akademieausgabe, 393).

45 랄프 루드비히, ebd., 57 참조.

46 Kant, ebd., 29(=Akademieausgabe, 394).

(…) 의무 개념은 선의지 개념을 포함하고 있다. 선의지는 주관적인 제한들과 저항들에 직면해 있기는 하지만, 의무와 대립되는 이러한 것들은 오히려 의무 개념을 더욱 분명하고 더욱 밝게 빛나도록 만들지, 결코 의무 개념을 은폐하거나 불분명하게 만들지는 않는다.

나는 여기서, 분명히(schon) 1) 의무에 위배되는(pflichtwidrig) 것으로 인정되는 모든 행위가, 비록 이러저러한 의도에서 유용할 수 있다고 할지라도 고려하지 않는다. 왜냐하면, 이러한 행위들은 의무에 배치(背馳)되기까지 하므로, 그 행위들이 의무로부터(aus Pflicht) 발생할 수 있었는가 하는 물음이 전혀 존재할 수 없기 때문이다. 또한 나는 2) 비록 직접적으로 그 행위들에 대한 경향성을 갖고 있지 않지만 다른 경향성으로 인해 추동되기 때문에 행하는, 실제로 의무에 적합한(pflichtmässig) 행위도 역시 제쳐놓는다. 왜냐하면 우리는 이 경우 의무에 적합한 행위가 의무로부터 발생했는지, 아니면 이기적인 의도에서 발생했는지를 쉽게 구별할 수 있기 때문이다. 이와 같은 구별이 훨씬 더 어려운 경우는, 3) 행위가 의무에 적합할 뿐만 아니라 행위의 주체가 그 행위에 대한 직접적인 경향성을 갖고 있는 경우다. 예를 들어보자. 2-1) 상인이 경험 없는 손님에게 바가지를 씌우지 않는 것은 물론 의무에 적합한 행위다. 그리고 거래가 빈번한 곳에서는 잔꾀 많은[타산적(打算的)인, der kluge] 상인도 이런 짓을 하지 않고 모든 사람에게 고정된 일반가격을 정해 둠으로써 어린이도 다른 모든 사람과 꼭 같이 그에게서 물건을 구입할 수 있다. 그래서 사람들은 정직한 봉사를 받는다. 그러나 그것만으로는 그 상인이 의무와 정직의 원칙에서 그렇게 행동했다고 믿기에는 너무 불충분하다. 그의 이익이 그런 행위를 요구한 것이다. 그러나 여기서 더 나아가 상인이, 말하자면 사랑 때문에(aus Liebe) 아무에게도 가격적인 편의를 제공하지 않겠다는 손님에의 어떤 직접적인 경향성을 가지고 있다고 생각하기는 어렵다. 따라서 이 행위는 의무로부터도 아니고 직접적인 경향성에서도 아니라, 다만 자기 이익을 추구하려는 의도에서 발생한 것이다. (…)

3-1) 이에 반해, 자기의 생명을 보존하는 것은 의무이고, 게다가 누구나 그러려는 직접적인 경향성을 가지고 있다. (…)

3-2) 할 수 있는 한, 선행을 하는 것은 의무다. 그 밖에도 천성적으로 동정심이 많은 사람들도 많아서, 그들은 허영이나 사익(私益)과 같은 어떤 다른 동인(動因) 없이도, 자기 주위에 기쁨을 확대하는 데서 내적 만족을 발견하고, 그것이 자기의 작품인 한에서 타인의 만족을 기뻐할 수 있다. (…)[47]

• 칸트는 자기가 여기서 제시하는 세 종류의 행위에는 모두 "도덕적인 내용"(einen moralischen Gehalt, 398)이나 "윤리적인 내용"(der sittliche Gehalt, 398)이 결여되어 있다고 주장한다.

1〉 첫 번째의 행위 : 칸트는 이 행위들이 분명히 의무에 위배되는(pflichtwidrig) 것으로 생각하므로 여기서 무시하고 더 이상의 논의 없이 지나간다. 여기에 속하는 행위는, 살인, 거짓말 등이다.

→ 그러나 칸트는 이런 행위들이 "비록 이러저러한 의도에서 유용할 수 있다고 할지라도 (…)"라고 말함으로써 '의무에 위배되는 비도덕적인 행위'라 할지라도 어떤 유용성을 지닐 수 있다는 점을 인정하고 있다. 그러나 예컨대, 자기 집에 유태인이 숨어있느냐고 물어보는 게슈타포(Gestapo)[48]에게 거짓말하는 것이 "비록 이러저러한 의도에서 유용할 수 있다고 할지라도", 그 행위는 "의무에 배치(背馳)되기까지 하므로" 비도덕적인 행위라고 쉽게 결론지을 수 있는가!?

---

47 Kant, ebd., 33 ff. (=Akademieausgabe, 397-398. 번호는 백훈승이 붙인 것임).

48 Geheime Staatspolizei의 준말. 독일의 비밀 국가경찰.

2〉 두 번째의 행위는 의무로부터 유래한(aus Pflicht) 행위가 아니고 "순전히 사리적(私利的)인 의도에서"(397) 일어난 행위이므로 칭찬받을 일은 못된다. 이 행위는 정직을 도덕적 의무로 생각하고, 그 의무를 이행하고자 하는 마음에서 행위하는 것이 아니라, "정직이 최선의 방책이다"(Honesty is the best policy)라는 생각을 가지고, 정직하게 물건을 판매함으로써 많은 고객을 확보할 수 있고, 따라서 더 많은 경제적 이득을 얻으려는 경향성에 따라 행위하는 것이므로 도덕적 내용 및 가치를 지니고 있지 않은 것으로 칸트는 본다. 만약 이 상인이 정직하게 장사를 해도 수입이 늘어나지 않는다거나, 아니면 비양심적으로 장사해도 더 많은 수익을 얻을 수 있는 경우에도 계속 '정직의 원칙'을 지킬 것인가를 생각해보면 이 상인의 진정한 동기(動機)를 알 수 있을 것이다.

그런데 칸트는 이런 행위에 대하여, "비록 직접적으로 그 행위들에 대한 경향성을 갖고 있지 않지만 다른 경향성으로 인해 추동되기 때문에 행하는, 실제로 의무에 적합한(pflichtmässig) 행위"라고 말한다.

→ 그런데 "우리는 이 경우 의무에 적합한 행위가 의무로부터 발생했는지, 아니면 이기적인 의도에서(aus selbstsüchtiger Absicht) 발생했는지를 쉽게 구별할 수" 있다고 말하지만, 그러나 이 경우, 이 행위가 '의무에서' 발생했는지 '이기적인 의도에서' 발생했는지를 어떻게 '쉽게' 구별할 수 있는가? 우리는 때로는 우리 자신이 어떤 행위를 어떤 의도에서 행하였는지 알지 못할 때도 있는데, 하물며 타인의 마음을 어떻게 '쉽게' 알 수 있다는 말인가!?

3〉 "행위가 의무에 적합할 뿐만 아니라 행위의 주체가 그 행위에 대한 직접적인 경향성을 가지는 경우"

① 3-1) "이에 반해, 자기의 생명을 보존하는 것은 의무이고, 게다가 누구나 그러려는 직접적인 경향성을 가지고 있다."

→ 이 경우에도, "불운들과 희망 없는 깊은 슬픔이 살맛을 완전히 빼앗아갔더라도, 이때 이 불행한 사람이 영혼의 힘이 강해서 운명에 겁먹고 굴복하기보다는 오히려 격분하여, 죽음을 원하면서도 자기의 생명을 보존한다면, 그것도 생명을 사랑해서나 경향성이나 두려움에서 그런 것이 아니라 의무로부터 그러하다면, 그의 준칙은 도덕적 내용을 갖는다"(398)고 칸트는 말한다.

② 3-2) "할 수 있는 한, 선행을 하는 것은 의무다. 그 밖에도 천성적으로 동정심이 많은 사람들도 많아서, 그들은 허영이나 사익(私益)과 같은 어떤 다른 동인(動因) 없이도, 자기 주위에 기쁨을 확대하는 데서 내적 만족을 발견하고, 그것이 자기의 작품인 한에서 타인의 만족을 기뻐할 수 있다."

→ 이 경우에도, "그 같은 행위는 매우 의무에 맞고 매우 사랑받을 만한 것이기는 하지만, 그럼에도 아무런 참된 윤리적 가치를 갖지 못하며, 오히려 다른 경향성들, 예컨대 명예에 대한 경향성과 같은 종류다. 명예에 대한 경향성은, 만약 그것이 다행히도 실제로는 공익적이며 의무에 맞고, 그러니까 명예로운 것에 해당한다면, 칭찬과 격려를 받을만하지만, 존경받을만한 것은 못된다. 왜냐하면 그 준칙에는, 곧 그러한 행위들을 경향성에서가 아니라 의무로부터 행한다는 윤리적 내용이 결여되어 있기 때문이다"라고 칸트는 말한다. 즉,

→ 적선(積善)행위의 동기가,

㉠ 불쌍하다는 동정심(同情心)[혹은 측은지심(惻隱之心)]에서 적선(積

善)하는 경우, 그리고

ⓛ자기 마음이 편하기 위해서(편한 마음을 갖고자 하는 경향이 있는 경우),

ⓒ사회적으로 자기의 이름을 알리기 위해서(명예에 대한 경향이 있는 경우)[49] 등이 라고 할 수 있는데, 이 경우에도,

'어려운 처지에 있는 사람을 돕는 것이 사회구성원으로서의 의무'라는 의무감에서 행한 행위 말고는 모두 도덕적인 내용 및 가치를 지닌 행위가 아니라고 칸트는 생각한다.

· 의무에 위배되는 pflichtwidrig
· 의무에 적합한(합의무적) pflichtmässig / pflichtgemäss
· 의무에서 유래한 aus Pflicht

(3) 준칙(準則)[50] = 격률(格率)[51][Maxime]과 명령(命令) [명법(命法[52], Imperativ)]

▶ 준칙

●〈준칙〉(Maxime)이라는 단어는 라틴어 〈maxima(e) propositio(nes)〉[최

49 불가(佛家)에서는 '무주상보시(無住相布施)'가 최고의 보시(布施)라고 한다('相': 밖으로 드러나는 구별/실체가 있는 것인 양 집착하는 것). 예수는 '왼 손이 하는 일을 오른 손이 모르게 하라'고 말한다.

50 준거할 기준이 되는 규칙이나 법칙

51 행위의 규범이나 윤리의 원칙[格: '바로 잡다', '겨루다', '치다(때리다)' → 법, 법식, 표준(예: 格式)) / 率: '헤아리다(률)', '거느리다, 이끌다(솔)', '경솔하다', '비례하다, 좇다'

52 '명법(命法)'이란, '명령(命令)'인 동시에 '법칙(法則)'이라는 뜻이다.

상의 명제(들)]에서 유래했으며, 로마 말기의 철학자 보에티우스(480-525)에 의해 전문용어로 만들어졌다.

• 준칙이란, 의욕 및 행위의 주관적 원리다["의지의 주관적 원리"[53] / "행위의 주관적 원리"[54] / 『실천이성 비판』 A 35에도 준칙에 관한 설명이 있다].

• 준칙에 의거한 행위가 곧 의무에서 유래한 행위는 아니다. 행위의 기초에 있는 나의 준칙이 하나의 특정한 심사, 즉 〈정언명법〉의 심사를 받은 경우에만 나의 행위는 의무에서 유래한 행위라고 말할 수 있다.[55]

▶ 명령(명법, Imperativ)

• 강제성을 띤 원리로서, ① 가언명령(假言命令, hypothitischer Imperativ)과 정언명령(定言命令, kategorischer Imperativ[56])으로 구분된다. 전자는 조건적 명령으로서, 모든 사람에게 타당한 것은 아니며 단지 특정한 조건 하에서만 성립하는 명령이다. 후자는 무조건적 명령으로서 모든 사람에게 타당하다. 이것은 행위를 직접적으로 지시하는 명령이며, 이 명령은 그 행위에 의해 달성되어야 하는 다른 어떤 의도를 명령의 전제로 가지지 않는다. 정언명법은 〈도덕〉(Sittlichkeit)의 명령이라고 부를 수

---

53 Kant, ebd., 39(=Akademieausgabe, 400)

54 Kant, ebd., 67(=Akademieausgabe, 421).

55 랄프 루드비히, ebd., 67 ff. 참조.

56 'kategorisch'는 'Kategorie'라는 명사의 형용사·부사형으로, '진술(주장)하는', '무조건적인', '무조건 타당한' 등의 의미를 지니고 있다. 'Kategorie'의 의미에 대해서는 본서의 〈형이상학〉 2. 형이상학의 여러 개념과 문제들'의 2.1. '범주' 부분을 참고할 것. 그리고 'Imperativ'는 라틴어 'imperare'(명령하다)에서 나왔다.

있다.[57]

①의 예 → "만약 네가 훌륭한 기타연주자가 되려고 한다면, 너는 하루에 5시간 이상 기타 연습을 해야 한다."
②의 예 → "살인하지 말라."

• 가언명령과 정언명법을 구분하는 것은 바로, 〈의지의 강제〉라는 개념이다. 가언명령의 강제는 〈무조건적 법칙〉이라는 특성을 갖지 않으며 단지 조건적 타당성만을 가진다. 위의 예에서 보면, 〈내가 기타연주자가 되고 싶다〉라는 조건 하에서만 강제는 타당성을 갖는다. 반면에 강제가 〈무조건적 타당성〉을 갖는다면, 강제는 무조건적이나 정언적인 특성을 갖는다. 강제가 무조건적이거나 정언적인 특성을 갖는 것은 오직 강제가 법칙에 의거하는 경우뿐이다. 가령 형법의 경우와 같이 모든 사람에 대하여 보편적이고 필연적인 타당성을 갖는 법칙에 의거하는 경우뿐이다. 칸트가 이곳에서 염두에 두고 있는 법칙은 물론 형법이 아니라 실천법칙 내지는 도덕법칙이다.[58]

---

57 Kant, ebd., 60 f. (=Akademieausgabe, 416) 참조.

58 랄프 루드비히, ebd., 84 참조.

준칙과 명령[59]

이성

이론이성

직관 · 개념 · 원칙의 도움으로 인식을 지향함

실천이성

실천적 원칙에 의해 의지규정을 지향함

실천적 원칙

준칙

주관적으로 타당

명법

보편타당

가언명법

조건적으로 보편타당

정언명법

무조건적으로 보편타당

Ⅶ. 메타윤리학(meta-ethics) 혹은 분석윤리학(analytic ethics)

- 메타윤리학[60] 혹은 분석윤리학은 윤리학이 하나의 학으로 성립할 수

---

59 이 표는 W.O. 되에링, 『칸트철학 입문』, 김용정 역, 중원문화, 1985, 135에서 가져왔다.

60 '메타윤리학'이라는 용어는 1949년에 에이어(A.J. Ayer)가 윤리적 회의주의로서의 자신의 철학이, 사람들의 도덕적 가치관과 도덕적 기준에 별로 영향을 주지 못한다는 비난에 맞서 자기의 철학을 옹호하기 위하여 집필한 논문인 「도덕판단의 분석에 관하여」("On the Analysis of Moral Judgment")라는 글에서 처음 만들어 사용한 말이다. 에이어는 — 직관주의, 자연주의, 정서유발주의 등과 같은 문제의 학파들을 포함한 — 모든 윤리이론들은 전문적으로 볼 때 윤리학에 속하는 것이 아니라 메타윤리학에 속한다고 주장한다.(W.S. 사하키안, ebd., 341f. 참조). 그러나 메타윤리학에 관한 체계적인 작업은 무어(G.E. Moore)의 『윤리학 원리』(*Principia Ethica*, 1903)의 출간과 더불어 20세기 초에 시작되었다[Donald M. Borchert (Editor in Chief), *Encyclopedia of Philosophy*. 2nd edition, Vol.

있는지를 묻는다. 종래의 윤리학, 즉 규범윤리학이 하나의 학으로서 가능하다는 전제 아래 출발하였지만, 메타윤리학은 이 자명하다고 믿었던 '사실'을 의심하며, 도덕에 관한 규범의 학(normative science)의 성립가능성을 묻는다. 규범윤리학이 1차적인 윤리적 판단들로 이루어졌다면, 메타윤리학은 도덕판단의 의미와 지위에 관한 2차적인 물음들을 다룬다.

• 그리하여 메타윤리학은 다음과 같은 문제들을 다룬다. 즉, 윤리학에서 사용하는 개념[명사(名辭)] · 판단[진술(陳述)] · 추론[논증(論證)]을 분석하여 명료화한다. 더 구체적으로 말하면, 1) '옳다', '그르다', '선하다', '악하다', '양심', '책임', '자유의지', '의도', '동기', '자발적(自發的)인' 등과 같은 윤리적 개념의 의미를 분석한다. 2) "살인해서는 안 된다" 혹은 "살인은 죄악이다" 등의 윤리적 진술의 의미와 성격을 분석하고, 이런 윤리적 진술이 참이나 거짓이라고 주장하는 진술들인지를 검토한다. 그리고 만약 그렇다면, 윤리적 진술은 어떤 의미에서 참이나 거짓인지를 묻는다. 3) 도덕적(윤리적) 추론의 타당성을 우선 검토한 후, ― 만약에 도덕의 개념들과 진술들의 의미를 확정할 수 있는 경우 ― 논증의 '완벽성'을 검토하거나 혹은 도덕판단(도덕적 주장)이 정당화될 수 있는 추론의 방식이 존재하는가를 검토한다.[61]

• 이 문제에 관하여 예를 들어 생각해보자. "거짓말하는 것은 어떤 경우에도 (도덕적으로) 옳지 않다. 그런데 어떤 폴란드인이 자기 집에 두 명의 유태인을 숨겨주었다. 게슈타포가 그 폴란드인을 찾아와 유태인이 그 집에 숨어있는지 물었고, 폴란드인은 '아니오'라고 대답했다. 그러므로 그

6, Detroit, etc., 2006, 155 참조].

61 Frankena, ebd., 96 참조.

폴란드인의 행위는 옳지 않다"라는 추론을 통하여 논증을 구성할 수 있다. 이 경우, 메타윤리학의 입장에서는 우선

1) '거짓말', '(도덕적으로) 옳지 않음' 등의 각 개념의 의미를 분석하고, 이를 통해

2) "거짓말하는 것은 어떤 경우에도 (도덕적으로) 옳지 않다"는 도덕적 진술의 의미를 분석한 후 마침내

3) 위의 논증의 '타당성'을 우선 검토한 후, ― 만약에 위의 개념들과 진술의 의미를 확정할 수 있는 경우 ― 논증의 '완벽성'을 검토하거나 혹은 "그 폴란드인의 행위는 옳지 않다"라는 도덕판단(도덕적 주장)이 정당화될 수 있는 추론의 방식이 존재하는가를 검토한다. 마지막 제3단계에서, 경우에 따라서는, 숨겨진 가정이나 전제들을 찾아내는 일도 필요하다. 이와 더불어, 주어진 윤리적 신념들의 정합성 여부도 검토 대상이 된다.

1. 인지적 윤리설과 비인지적 윤리설

• "도덕적 진술의 진위를 판명할 수 있는가?"하는 물음에 대하여, "그렇다"고 대답하는 견해를 인지적(認知的) 윤리설(cognitive theory of ethics)이라고 부르며, "아니다"라고 대답하는 견해를 비인지적(非認知的) 윤리설(noncognitive theory of ethics)이라고 한다. 고전적인 여러 윤리설은 몇몇 회의적인 것을 제외하고는 모두 전자인 긍정론에 속한다. 그리고 현대에도 자연주의 윤리설이나 형이상학적 윤리설은 현대적 유형의 인지적 윤리설(윤리인식 긍정론)이다. 후자에 속하는 것은 정서주의[情緒主義, emotivism]와 일상언어학파의 윤리설(ethical theories of ordinary language school)이 대표적이다.[62]

2. 비인지적 윤리설

(1) 정서주의(emotivism)

1 / 논리실증주의와 윤리학

• 정서주의란, 논리실증주의의 분석적 방법을 윤리학 내지 가치론에 적용함으로써 생겼다. 논리실증주의는 비엔나(Vienna, Wien)의 철학자 슐릭(Moritz Schlick, 1882~1936)을 중심으로 1924년경에 결성되어 1929년에 정식으로 등장한 비엔나 학단(The Vienna Circle, der Wiener Kreis) 및 그 동조자들이 자기들의 철학적 입장에 대해 붙인 이름이다. 특히 1922년에 출간된 비트겐슈타인의 『논리 · 철학론』은 논리실증주의의 실질적인 출발점으로 알려져 있다. 또한 오스트리아의 물리학자 마흐(Ernst Mach, 1838-1916)의 사상도 비엔나 학단에 깊은 영향을 미쳤다.

• 그러나 논리실증주의의 보다 먼 근원을 따지자면 17 · 8세기의 근대 철학에까지 소급되는데, 그것은 칸트와는 다른 각도에서 이성주의와 경험주의의 대립된 두 사조를 계승하고 있기 때문이다. 그것은 논리를 중시하는 점에서 이성주의의 특색을 지니고 있는 한편, 실증을 요구하는 점에서 경험주의의 전통을 이어받고 있다. 근대의 이성주의자 가운데서 논리실증주의에 가장 가까운 사상가는 라이프니쯔요, 근대의 경험주의자 가

---

62 김태길, 『윤리학』, 165 f. 참조.

운데서는 흄이라고 할 수 있다.[63]

• 논리실증주의에 의하면, 철학의 사명은 궁극적 실재자를 밝히거나 가치의 근거로서의 절대자를 파악하는 일이 아니라, "사상(思想)의 논리적 명료화"이며, 이 사명을 달성하기 위한 올바른 방법은 사상의 전달에 사용되는 언어의 분석이다.

▶ 논리실증주의자가 생각하는 세 종류의 진술

1) 의미 있는(meaningful, sinnvoll) 진술 : 경험적 진술[검증(檢證) 가능함 (verifiable)]

2) 의미 없는 진술

① 의미 없는(meaningless, sinnlos) 진술 : 논리학 · 수학의 진술[논증(論證) 가능함 (demonstrable)]. 동어반복(tautology)

② 말도 안 되는(얼토당토않은, nonsensical, unsinnig) 진술

ⓐ 형이상학적 진술: 신의 존재, 영혼의 불멸, 우주의 목적 등에 관한 진술

ⓑ 윤리(학)적 진술: "약속은 지켜야 한다", "도둑질하는 것은 옳지 않다."

ⓒ 미(학)적 진술: "저 여인은 미인이다."

• 비트겐슈타인: "한 명제를 이해한다는 것은 그 명제가 참일 때가 언

---

63 김태길, 윤리학, 219 f. 참조. 라이프니쯔는 추론(이성)의 진리와 사실의 진리의 구별을 강조하는 한편, 전자, 즉 분석판단이 필연적·형식적 진리임을 주장하였다. 흄 역시, 어떤 진술이 말도 안 되는 것이 아니려면, 분석적이거나 검증 가능한 것이어야 한다는 점을 다음과 같이 암시하고 있다 : "이 원리들을 확신한 후 우리의 장서(藏書)들을 대충 훑어볼 때, 무엇을 파괴해야 하는가? 예컨대 신이나 강단 형이상학에 관한 책을 우리 손에 쥐게 된다면, 이렇게 물어보라. 그것이 양(量)이나 수(數)에 관한 어떤 추상적인 추론을 포함하고 있는가? 아니다. 그 책이 사실 및 존재문제에 관한 경험적 추론을 포함하고 있는가? 아니다. 그렇다면 그 책을 불 속에 던져버려라. 왜냐하면 그것은 궤변(詭辯)과 망상(妄想)만을 포함할 수 있기 때문이다."(D. Hume, *An Enquiry Concerning Human Understanding*, ed. by Stephen Buckle, Cambridge Univ. Pr., 2007, 144).

제인가를 안다는 것을 의미한다"(『논리 · 철학론』, 4.024). 예컨대 "지금 밖에 눈이 내리고 있다"는 명제는 어린아이도 쉽게 이해할 수 있는데, 왜냐하면 그것이 언제 참이 되고 언제 거짓이 되는지를 경험을 통해 알 수 있기 때문이다. 이런 비트겐슈타인의 주장을 그대로 받아들여 슐릭(M. Schlick)은 자기의 저작 『새로운 경험철학』에 다음과 같이 썼다: "한 명제를 이해하기 위해 우리는 그 명제를 '참'으로 만드는 특별한 상황과 '거짓'으로 만드는 특별한 상황을 정확히 지적할 수 있어야 한다. '상황'이란, 경험의 사실을 의미한다. 그러므로 경험이 명제의 '참'과 '거짓'을 결정한다. 즉 경험이 명제를 검증한다." 논리실증주의자들은 이 말의 내용을, "한 명제의 의미는 그 명제의 검증방법이다"라고 정리하고 '검증원리'라고 불렀다.

● 그런데 세상에는 경험할 수 없는 진술들, 곧 참과 거짓을 검증할 수 없는 진술들이 있다. 예컨대 카르납은 하이데거가 말한, "무(無)가 스스로 무화(無化)한다"라는 진술과 니체가 말한, "신(神)은 죽었다"라는 진술은 참 · 거짓을 결정할 수 없는 진술이라고 말한다. 논리실증주의자들은 이러한 생각을 비트겐슈타인의 『논고』에 나오는 다음과 같은 주장에서 받아들였다:

> 철학적인 사항들에 대하여 쓰인 대부분의 진술들과 물음들은 거짓이 아니라 넌센스다. 그러므로 이런 종류의 물음들에 우리는 도대체 대답할 수 없고, 단지 그것들이 넌센스라는 것을 확인할 수 있을 뿐이다(『논리철학론』, 4.003).

따라서, 논리실증주의자들에 의하면 윤리적 진술은 우리에게 어떤 '사실'을 알려주는 것이 아니라, 단지 화자(話者)의 감정을 표현하거나 청자

(聽者)에게 특정한 감정을 일으키는 역할을 할 뿐이라고 생각한다. 이처럼, 윤리적 진술은 화자나 청자의 정서(emotion)를 표현하거나 불러일으키는 발언에 불과하다고 보는 논리실증주의자들의 윤리설을 '정서주의(정서주의)'라고 부른다.[64] 대표적으로 카르납과 에이어의 주장을 살펴보자.

1) 카르납(Rudolf Carnap, 1891-1970)에 의하면 "살생은 악이다"라는 말과 "생명체를 죽이지 말라"는 발언은 그 의미가 근본적으로 동일하다. 다만 전자는 그 문법적 형태가 "인간은 동물이다" 따위의 서술적 진술과 같기 때문에 학자들은 그것을 서술적 진술로 오인하고 마치 그것의 진위를 밝힐 수 있는 것처럼 믿어왔던 것이다. 그러나 "사실은 평가적 진술(value statements)은 사람으로 하여금 그릇된 판단을 내리기 쉽게 하는 문법적 형식으로 표현된 명령문(command)에 불과하다. (…) 그것은 어떤 사실도 서술하지 않으며, 따라서 증명될 수도 반증될 수도 없다"[65]고 말하면서, 모든 평가적 진술은 발언자의 소망이나 감정을 표명하는 기호에 지나지 않는다고 주장한다. 따라서 명령문에 참 · 거짓이 있을 수 없듯이, 소위 '가치판단'에도 참 · 거짓이 있을 수 없으므로 윤리적 진술은 학문의 대상이 될 수 없다고 한다.

2) 에이어(A. J. Ayer, 1910-1989)의 윤리학적 회의론은 『언어, 진리, 논리』(*Language, Truth and Logic*, 1936), 특히 제4장에 나타나 있다. 그의 견해에 의하면, 어떤 문장이 의미를 가지려면, 그 문장은 ① 그 문장에 사용된

---

64 Peter Prechtl und Franz-Peter Burkard (hg.), *Metzler Philosophie Lexikon*, Stuttgart/Weimar, 1996, 321 참조.

65 *Philosophy and Logical Syntax*, London, 1935, 24-25. 김태길, ebd., 223에서 재인용.

용어(用語)의 정의에 의해 그 진위를 밝힐 수 있는 비사실적 · 논리적 진술(nonfactual logical statement)이거나 또는 ② 경험적인 관찰을 통해 그 진위를 확률적으로 밝힐 수 있는 사실적 진술(factual statement)이어야 한다. 그러나 윤리적 진술은 이 두 가지 진술 가운데 어떤 쪽에도 속하지 않으므로, 논리적 분석의 대상이 될 수 없으며, 따라서 그러한 발언을 대상으로 삼는 철학의 분과인 윤리학이라는 학문이 성립할 수 없다고 주장한다.

평가적 언어에는 서술적 의미는 없고 정서적 의미만이 있다. 즉, 평가적 발언은 발언자의 감정을 표명하거나, 듣는 이로 하여금 어떤 감정을 느끼도록 유발하는 구실을 할 뿐, 사실에 관해서는 아무 것도 알려주지 않는다. 에이어 주장의 요점은 다음에 잘 나타나 있다.[66]

> 그러므로 내가 만약 어떤 사람에게, "네가 그 동을 훔친 것은 잘못이다"라고 말한다면, 그것은 "너는 그 돈을 훔쳤다"고 단순히 말하는 것 이상의 내용을 진술하고 있지 않다. 그 행동이 잘못이라고 덧붙임으로써 나는 그 행동에 관하여 더 이상의 진술을 하고 있지 않다. 다만 나는 그 행동에 대한 나의 도덕적 비난을 분명히 표명할 뿐이다. 그것은 마치 내가 혐오하는 특별한 어조로, "너는 그 돈을 훔쳤어!"라고 말한 것이나 혹은 몇 개의 특별한 감탄사를 붙여 그 문장을 기록한 것이나 다름없다.[67]

---

66 김태길, 『윤리학』, 박영사, 1983, 223 ff. 참조.

67 A.J. Ayer, *Language, Truth and Logic*, C. Nicholis & Company Ltd. Reprinted, 1975 (NY., 19361), 142.

• 그런데 에이어의 나중의 수정된 입장[68]은 비록 여전히 "윤리적 진술은 실제로는 전혀 진술이 아니며, 아무 것도 기술하지 않으며, 참도 거짓도 아니다"[69]라는 견해를 고수하기는 하나, 이러한 견해가 어떤 점에서는 잘못일 수도 있다는 것을, 말하자면 영어의 일반용법에 있어서 윤리적 발언은 단순히 감탄이라기보다는 진술이라고 부르는 것이 적절하다는 것을 인정하였다. 그는 "한 때 나 자신이 말한 것처럼, 이들 도덕판단들을 단지 어떤 감정, 즉 찬성이나 불찬성의 감정표현에 불과하다고 말하는 것은 지나친 단순화"[70]라는 점을 시인하였다.[71]

▶ 스티븐슨(C. L. Stevenson, 1908-1979)의 절충적 정서주의

• 정서주의는 언어분석을 통하여 윤리학에서 사용되는 명사(名辭) · 진술(陳述)의 의미, 그리고 윤리적 논증(論證)의 성립 가능성 등을 검토함으로써 윤리학에 관한 논의를 좀 더 명확히 할 수 있는 바탕을 마련하였고, 윤리적 진술에 포함된 정서적 의미를 발견했다는 긍정적인 측면을 지니고 있으나, 윤리적 진술에 서술적 의미는 없고 정서적 의미만이 존재한다는 편협한 주장을 제시하였다. 그리하여 스티븐슨과 같은 철학자는 카르납, 에이어 등의 정서주의와 듀이(J. Dewey)에 가까운 자연주의 윤리설을

---

68 초기 입장은 『언어, 진리, 논리』(1936, 개정판, 1946)에서 제시되고, 후기 입장은 『지평선』(Horizon, 1949)과 『철학 엣세이』(Philosophical Essays)에서 나타남.

69 A.J. Ayer, "On the Analysis of Moral Judgment," in : *Horizon* 20 (1949) and *Philosophical Essays* (1954), 231.

70 Ebd., 238.

71 사하키안, ebd., 358 f. 참조.

결합함으로써 독창적인 학설을 마련했다. 스티븐슨은 「윤리적 용어의 정서적 의미」("The Emotive Meaning of Ethical Terms", 1937) 「설득적 정의」("Persuasive Definitions", 1938)를 비롯한 여러 편의 논문으로 학계의 주목을 끌었고, 이미 여러 논문을 통해 준비해 온 그의 독창적인 학설을 집대성하여 1944년에 『윤리학과 언어』(Ethics and Lauguage)를 단행본으로 출간하게 되자, 현대윤리학에 있어서 새로운 경지를 개척한 학자로서 그의 위치가 확고하게 되었다.[72] 그의 주장을 살펴보자.[73]

1〉 윤리적 판단과 태도, 정서적 의미

- 윤리적 판단은 단순히 태도(attitudes)를 표현하는 것에 그치는 것이 아니라, 실제로 태도를 형성하고 바꾸기도 한다.
- 윤리적 판단은 그것이 지닌 두 가지 독특한 특징, 즉 ㉮ 정서적 의미와, ㉯ 태도에 있어서의 불일치(disagreements in attitude)로 인해 확인할 수 있다.
- ㉮ 정서적 의미 : 어떤 사람이 어떤 행위를 증언하고 평가할 때, 그는 그것에 대한 어떤 감정을 경험하게 되는데 그것이 바로 윤리적 판단의 정서적 의미다.
  ㉯ 태도에 있어서의 불일치 : 그는 그 행위에 대하여 찬성이나 불찬성의 태도를 취하게 되는데, 이러한 태도는 그 상황의 사실에 의존한다고 할 수 있다. 그러나 사실에 대해 견해를 같이 하는 사람들

72 김태길, 『윤리학』, 박영사, 1983, 227 ff. 참조.

73 스티븐슨의 윤리설은 W.S. 사하키안, ebd., 368 ff.를 정리한 것이다.

도 사실에 대한 그들의 태도에 있어서 일치하지 않을 수 있다. 윤리적 논쟁은 태도의 불일치를 반영한다. 윤리적 판단의 본질적 기능은 "사실을 지시하는 일이 아니라 영향을 창조하는 일"[74], 말하자면 타인의 태도에 영향을 주는 일에 있다. 윤리적 논쟁은 태도의 일치와 함께 종결된다.

2〉 태도와 가치판단 시인이론

• 윤리적 진술은 정서적 의미와 서술적 의미를 둘 다 가진다.
• 도덕적인 불일치는 신념의 불일치(disagreements in belief)를 수반할 수 있긴 하지만 일차적으로는 그리고 명백히 태도에 있어서의 불일치(disagreements in attitude)다. 윤리적 판단이 인식적 가치를 가지게 되고 윤리적 토론이 의의가 있게 되며, 윤리적 판단의 의의를 개인들의 '태도'에서 찾아야 하는 이유는 이것들에 대한 사람들의 태도가 다르기 때문이다. 윤리적 논쟁은 신념이 아니라 정서나 감정을 중심으로 일어난다:

"윤리적 진술들은 사람들에게 영향을 주는 데 사용된다. (…) 그것들은 사람들이 이미 갖고 있는 태도를 서술한다기보다 사람들의 태도를 변화시키거나 그 강도를 심화시킨다. 이와 같은 영향은 윤리적 용어들이 의미하는 어떤 불가사의한 속성에 의해서 매개되는 것이 아니라, 그것들의 '정서적' 의미에 의해 매개되며 이로 인해서 그 용어들은 암시의 용도에 맞게 사용된다."[75]

---

74 "The Emotive Meaning of Ethical Terms," in *Logical Positivism*, ed. A. J. Ayer, NY., 1959, 269

75 *Facts and Values : Studies in Ethical Analysis*, New Haven, 1964, 138.

• 도덕적 훈계는 태도의 변경을 요청하는 것으로 이해되어야 하고, 도덕적 의무나 도덕원리로 간주되어서는 안 되며, 오직 시인(是認)의 문제로 간주되어야 할 것이다.

• 타인의 태도를 변화시키고자 애쓰고 있는 사람은 어떤 도덕적 노력에 관여하고 있는 것이며, 그의 진술은 서술적인 것으로 간주되어서는 안 되고 태도의 변경을 요구하는 명령으로 간주되어야 한다.

• "윤리적 논쟁이 해결되기 위해서는 논쟁 당사자들의 태도의 불일치가 해소되어야 하며, 따라서 일방이나 타방의 태도(혹은 양쪽 모두의 태도)가 바뀌거나 수정되어야 한다."[76] 그러므로 규범윤리학은 신념(사실지)의 불일치를 해결하려는 것이 아니라 태도의 불일치를 해결하고자 하는 것이다. 그렇지만 소견은 태도와 밀접한 관계를 갖기 때문에 윤리적 논쟁에 있어 중요한 역할을 수행한다.

3) 설득적 정의

• 스티븐슨은 다음과 같이 윤리적 문장과 명령문의 기본적인 모형을 들고 있다.

㉮ "이것은 나쁘다"는, "나는 이것을 시인하지 않는다; 너도 역시 그렇게 하라"를 의미한다.

㉯ "그는 이 일을 해야 한다"는, "나는 그가 이 일을 하지 않고 그냥 두는 것을 시인하지 않는다. 너도 그러지 말아라"를 의미한다.

---

76 *Ethics and Language*, 139.

㉰ "이것은 좋다"는, "나는 이것을 시인한다; 너도 역시 그렇게 하라"를 의미한다.[77]

• 이 세 가지 모두에서 화자는 청자의 태도를 자기 자신의 태도에 일치하도록 바꾸려고 노력한다. 화자의 의도는 자신의 감정이나 신념을 서술하거나 정당화하는 것이 아니라 청자의 태도를 변경시키는 데 있다. "명령문과 윤리적 문장은 모두 다 단순히 사람들의 목적과 행위를 서술하는 데 사용되기보다 그러한 목적과 행위를 격려하거나 바꾸는 데 혹은 수정하는 데 더 많이 사용된다."[78]

(2) 일상언어학파의 윤리학

• 일상언어학파는 케임브리지 대학에서 활동하던 비트겐슈타인의 후기철학의 영향을 받았다. 그러나 일상언어철학의 보다 활발한 중심지는 라일(Gilbert Ryle, 1900-1976), 오스틴(John L. Austin, 1911-1960) 등을 위시한 옥스퍼드대학이다. 해어(R. M. Hare, 1919-2002)), 툴민(Stephen Toulmin, 1922-2009) 등, 일상언어 분석에 입각한 새로운 윤리설의 중요한 문헌을 발표한 사람들은 대부분 옥스퍼드의 학자들이다.

• 라일(Ryle)에 의하면, 철학의 사명은 일상생활에서 사용되는 언어의 관용(慣用)을 조사하거나 그 관용을 정당화하는 것이 아니라 언어가 일상적인 문맥 가운데서 발휘하는 논리적 기능을 음미하는 것이다. '안다'나 '좋다'와 같은 말이 일상생활에서 발휘하는 논리적 기능을 파악하기 위하

---

77 *Ethics and Language*, 21.

78 Ibid.

여 이상언어(ideal language)나 전문적인 술어를 인공적으로 만들 것이 아니라, 그러한 말들이 일상생활에서 제대로 사용될 때 실제로 어떤 구실을 하는가, 그 논리를 세밀히 분석해야 한다고 그는 주장한다. 여기서는 해어(Hare)의 학설을 중심으로 고찰한다.

• 해어는 30세 때 발표한 논문 「명령문」(“Imperative Sentences”, 1947)을 통해 분석윤리학자로서의 자신의 존재를 알렸고, 또 하나의 논문 「의지의 자유」(“Freedom of Will”, 1951)를 거쳐서 단행본 『도덕의 언어』(*Language of Moral*, 1952)를 내기에 이르러, 그의 위치는 확고한 것이 되었다. 윤리학을 ‘도덕의 언어에 관한 논리적 연구’로 보는 해어는, 도덕언어의 분석을 그의 저서 『도덕의 언어』 전권에 걸친 주제로 삼고 있다.[79]

• 해어는 스티븐슨의 ‘정서적 의미’를 ‘평가적 의미’(evaluative meaning)라는 용어로 대체했으며, 윤리언어를 언어의 ‘서술적’(descriptive) 사용이 아니라 ‘규정적(처방적, prescriptive) 사용으로 보았다. 규정적 언어란 인간행동의 지침으로서 의도된 것이며, 이러한 것이 바로 윤리적 언어의 기능이다. ‘좋음’과 ‘해야 한다’라는 용어들은 평가적으로 사용된다. “나는 X를 해야 한다”를 가치판단으로 사용하는 사람은 “나에게 X를 하게 하라”는 명령이나 권고를 동시에 주장하고 있는 것이다. 1인칭 명령문의 이면에는 모든 사람에 대한 “준(準) 명령문”(quasi imperative)이 들어있다.

• 보편적 규정주의(universal prescriptivism)는 해어가 자기의 윤리이론에 대해 붙인 명칭이다. 도덕판단은 규정적 판단이며, ‘보편화 가능성을 지녔다’는 점에서 다른 판단들과 구분된다는 것이다. 도덕판단의 이론적 근거는 그 판단들의 명령적 특성이 아니라 보편화 가능성이다.

---

79 김태길, 270 ff. 참조.

• 도덕언어(moral language)는 규정적 언어(prescriptive language)의 일종이다. 이에 해어의 분석은 우선 규정적 언어의 특색을 비규정적 언어와의 비교를 통해 밝히고, 다음에 규정적 언어 가운데서 도덕언어만이 가진 특색을 탐구하는 순서를 취한다.

• 규정적 언어에는 두 유형, 즉 '명령문'과 '가치판단'이 있다. 명령문은 '단칭'과 '전칭'으로 세분되고, 가치판단은 '도덕적인 것'과 '도덕과 무관한 것'으로 세분된다. 이를 다음과 같이 정리할 수 있다.

언어 → 비규정적(서술적) ↗ 단칭적
↘ 규정적(평가적) → 명령문 → 전칭적
↘ 가치판단 → 도덕적
↘ 도덕과 무관한

• 『도덕의 언어』의 기본이론은, 도덕판단이 보편화 가능하다는 이론과 도덕판단이 규정적이라는, 즉 행동의 지침이라는 견해를 종합한 형태인 〈보편적 규정주의〉라고 불린다. 따라서 도덕판단은 보편화 가능하며 규정적이다. 더 나아가 도덕판단은 합리적이다 : "우리가 도덕적 사고를 합리적이라고 말할 수 있는 것은 도덕판단이 보편화 가능하기 때문이다(보편화 가능하다는 것은, 그 이유를 댈 수 있다는 것이다)"(Freedom and Reason, 5).

• 윤리적 자연주의는 서술적 의미를 도덕언어의 속성이라고 생각한 점에서 옳지만, 그것만이 유일한 의미라고 생각한 점에선 그르다. 도덕용어에 서술적 의미가 없다면 도덕은 윤리적 원리로 보편화될 수 없을 것이다. 왜냐하면 보편화할 개별적인 것도 없을 것이기 때문이다.

• 규정적 언어 가운데서 가장 단순한 구조를 가진 것은 명령문이다. 따라서 규정적 언어의 특색은 명령문의 분석을 통해서 비교적 수월하게 밝힐 수 있다. 따라서 도덕언어에 대한 해어의 연구는 명령문의 분석을 그 출발점으로 삼는다.[80]

80 W.S. 사하키안, ebd., 383 ff. 참조.

6

종교철학
: 종교와 신의 문제

Ⅰ. 종교학과 종교철학

1. 종교학(Religiology / Science of Religion)

• 역사 속에 나타난 여러 종교(현상)들을 기술하고 연구한다. 즉, 종교학은 종교의 기원, 종교적 신념(교리), 종교적 행위(의례, 의식), 종교경험, 종교언어들을 경험적으로 연구하는 일종의 경험과학이다.

2. 종교철학(Philosophy of Religion / Religious Philosophy)

(1) 종교의 철학(Philosophy of Religion)

• 어떤 특정 종교가 아니라 모든 종교에 공통적인, 혹은 대부분의 종교에서 나타나는 대상 및 (종교)현상에 대한 종합적 · 비판적 고찰이다.

• 종교일반의 본질을 탐구하며 종교(현상)에 대해 비판한다. 즉, 종교의 본질 · 의의 · 가치 등, 종교(현상)에 대해 철학적으로 탐구한다.

• 특정 종교와 그 신앙을 전제로 하지 않는다는 점에서 〈신학〉[1]과 다르고, 경험과학의 방법을 따르지 않는다는 점에서 〈종교학〉과 다르다.

• 이 영역에서 다루는 문제들을 예로 들면, '신앙과 이성의 관계', '종교와 과학의 관계', '神의 문제('신'의 속성 · 신 존재 증명 · 신과 악의 문제[변신론(辯神論)], '종교와 윤리', '기적의 문제, '신비(주의)', '사후세계[내세(來世)와 환생(還生)]', '종교 다원주의(종교와 종교 간의 관계문제' 등이다.

(2) 종교학의 철학(Philosophy of Religiology)

• 이것은 '종교학'에 대한 반성으로서, '분석적 종교철학'(Analytic Philosophy of Religion)이라고도 한다. 구체적으로는 종교학에서 사용하는 개념[명사(名辭)] · 판단[진술(陳述)] · 추론[논증(論證)]을 분석하여 명료화한다.

• 예컨대 "신은 실재한다"라는 주장에 대해 분석적 종교철학의 입장에서 다음과 같은 세 단계의 검토가 이루어질 수 있다.

어떤 이름(명칭)이 있으면, 그 이름에 대응하는 대상이 실재한다.
신이라는 이름이 있다.
―――――――――――
신은 실재한다.

(※ 이 논증은 '타당'하기는 하지만 '완벽'하지는 않다)

---

1 예) 기독교신학, 이슬람신학, 힌두교 신학 등 → lumen naturalis (자연의 빛=이성) + lumen gratiae (은총의 빛 = 啓示 : 기독교경전, 이슬람경전, 힌두교경전)

1〉개념[명사(名辭)]

• 개념의 정의(definition)하고 명료화한다 : '신', '실재', '은'(기능개념)이 무슨 의미인지, 무엇을 지시하는지 분석한다.

2〉판단[진술(陳述)]

• 주어진 전제와 결론의 진술들(믿음들)이 의미가 있는지를 검토한다.

3〉추론[논증(論證)]

① 논증의 타당성과 부당성을 가린다. 즉, 전제와 결론이 적절한 관계로 구성되어 있는지 검토한다.

② 논증의 완벽성을 검토한다. 타당한 논증일 경우, 전제가 모두 옳은지 검토한다[증명의 두 종류 : 논증(論證, demonstration)과 검증(檢證, verification[2])

③ 숨겨진 가정이나 전제들을 찾아내는 일도 필요하다.

④ 주어진 믿음들(종교 교리들)의 일관성과 정합성을 탐구한다.

예) 신은 전능하다.

신은 인간을 사랑한다(신은 전적으로 선하다).

그러나 이 세상에는 악(정당화되지 않은 고통)이 존재한다.

신은 사랑의 신이 아니거나,

신은 사랑의 신이지만 전능하지 않거나,

신은 사랑의 신도 아니고 전능하지도 않다.

2 verify 〈 verificare 〈 verus (=true) + facere (=make)

전능한 사랑의 신이 존재하지만, 단지 인간은 고통의 이유를 모를 뿐이다. (…)

라는 등의 주장을 전개할 수 있다.

II. 신 존재 증명[3](Proofs for the existence of God)에 관한 논증들

1. 존재론적 논증(ontological argument)

• 이 논증은 신의 존재를 지지하는 다른 논증들과 아주 다르다. 이 논증은 경험적인 증거에 전혀 의존하지 않고 — 선험적 논증(a priori

3 우리가 '신 존재 증명'이라고 할 때, 우선 이 용어들을 어떤 의미로 사용하는지를 분명히 밝혀야 한다. 먼저, '신'은 어느 특정 종교의 신이 아니라 우리가 일반적으로 말하는 절대자, 무한자, 완전자를 뜻한다. 두 번째로 '존재'란, 글자 그대로는 '있음'이라는 뜻이지만, '존재'라는 단어 앞에 무엇이 생략되어 있는 것으로 생각하느냐에 따라 여러 의미를 지니게 되는 용어다. 즉, 이것은 '관념적 존재' 혹은 '이념적 존재', 또는 '현실적 존재라는 의미에서의 실재', 아니면 '진실(진정)한 존재라는 의미에서의 실재' 등의 의미로 사용된다. 그런데 '신 존재 증명'이라고 할 때의 '존재'는 '진실한 존재라는 의미의 실재'를 뜻한다. 즉, 우리는 '신'이라는 관념 혹은 개념을 가지고 있는데, 신은 단지 관념이나 개념으로서만 존재하는 것이 아니라, 이러한 관념이나 개념과는 '독립적으로' 존재한다고 주장하는 것이므로 그렇다. 물론 만약에 이러한 진실존재자가 존재한다면, 그러한 신은 물리적인 시공간 속으로, 즉 '현실적으로' 우리에게 나타날 수도 있겠으나, 이것은 어디까지나 우연적인 사건일 뿐이고, 그 진실존재자가 지니고 있는 본성은 아니다. 마지막으로, '증명'이라는 것은 크게 두 가지 의미를 지닌다. 첫째로 이것은 '어떤 논증에서 결론의 옳음을 뒷받침할 수 있는 근거로서의 전제를 제시하는 일'이라는 의미를 지닌다. 이 경우, 만약에 근거로 제시된 전제가 결론의 필연적인 도출을 보증하지 못할 때, 이 '증명'은 실패로 끝난다. 두 번째로는, 제시된 전제로부터 논리적으로 필연적으로 결론이 도출될 때, 이때의 '증명'은 일단은 절반의 성공을 거둔 것이고, 이때의 논증은 '타당성(validity)'을 지니게 된다. 그러나 그렇다고 해서 이 논증이 '완벽(完璧)한 [정연(整然)한, sound]' 논증이라고는 말할 수 없다. 다음으로 우리는 이 전제들이 옳은 지 그른 지를 가려야 한다. 논증이나 검증을 통하여 이 전제들의 옳음이 입증될 경우, 이 논증은 완벽한 논증이 되고, 이 경우에 우리는 진정으로 결론이 '증명되었다'고 말할 수 있다. '존재론적 증명'에서의 '증명'은 전자의 의미로 사용되고 있음을 알 수 있다. 그리고 이러한 의미의 증명에서는 결론까지도 함께 제시되고 있으므로 이것을 우리는 '논증'이라는 용어로 바꾸어 쓸 수도 있다. 따라서 필자는 경우에 따라서는 '존재론적 논증'이라는 표현을 사용할 것이다. '증명'이라는 용어의 이러한 용법은 마치 '치료'라는 용어의 쓰임과도 같다. 즉 치료는 '병을 고치려는 (의료)행위'라는 의미로 사용되기도 하고 '병을 낫게 함(됨)', 즉 '치유'라는 뜻으로도 사용된다.

argument) — 오로지 "신은 최고의 존재자다"라는 정의로부터 신의 존재가 필연적으로 도출된다는 것을 보이려는 시도다. 따라서 이 논증을 '존재론적' 논증이라고 부른다.

• 안셀무스(Anselmus, 1033-1109)[4]에 의하면 "신은 그 보다 더 위대한 것을 생각할 수 없는 자"다. 이러한 위대함의 여러 측면들 가운데 하나가 바로 '존재'다. 완전한 것이라고 하면서 그것이 존재하지 않는다면, 그것은 완전한 것이 아닐 것이다. 결국, 신의 정의로부터 신은 필연적으로 존재한다는 것이 귀결된다는 것이다. 삼각형의 정의로부터 그 내각의 합이 180도라는 결론을 이끌어낼 수 있듯이 말이다.

▶ 안셀무스는 기독교적인 신 개념을, 『프로스로기온』(*Proslogion*)[5]의 제2장-4장과 가우닐로(Gaunilo)[6]에 대한 답변인 『변론』(*Apologium*)의 제1장, 제5장, 제9장에서, '그 이상의 위대한 것을 생각할 수 없는 자'라는 형태로 표현함으로써 자기의 논증을 전개한다[*Proslogion*의 제14장과 제18장에서는 '더욱 위대한'(greater)이라는 표현 대신에 '더욱 훌륭

---

4 초기 스콜라의 신학자. 프랑스와 이탈리아가 만나는 사부아(Savoie) 지방의 이탈리아 도시인 아오스타(Aosta)에서 태어났다. 노르만디의 베크(Bec) 수도원에 들어가 수도원장까지 되고, 이 시기 동안 많은 저술을 남겼으며 수도원 학교의 교사로서 제자 양성에 힘썼다. 점차 높아진 그의 명성은 영국에 까지 펴졌고 1093년에 캔터베리(Canterbury)의 대주교에 임명되었고, 죽을 때까지 그 직에 임했다. 『모놀로기온』(Monologion), 『프로슬로기온』(*Proslogion*), 『왜 하나님은 인간이 되었는가?』(*Cur Deus Homo*) 등의 저술이 있다.

5 안셀무스는 이 책을 베크 수도원 부원장일 때 썼다.

6 Gaunilon이라고도 쓴다. 가우닐로 백작은 Tours (현 프랑스) 근방의 Marmoutiers수도원의 베네딕트 수도사였다. 시편 14장 1절의 "어리석은 자"를 제목으로 Liber pro insipiente (『어리석은 자를 위한 책』)를 써서 안셀무스의 존재론적신 존재 증명을 비판했다. 안셀무스는 이에 대해 *Liber apologeticus adversus respondentem pro insipiente*(『어리석은 자를 위해 응답하는 자에게 보내는 변론서』)를 썼다.

한'(better)이라는 표현을 사용함].

● 안셀무스는 이전에 『독백』(*Monologion*)에서 토마스 아퀴나스의 우주론적 논증과 비슷한 논증을 제기하였다 : "더 나아가 어떤 사람이 물(物)의 본성들에 대해 주목한다면, 그가 원하든 원치 않던 모든 물이 동일한 품위(완전성)를 내포하고 있는 것이 아니라 그들 중의 몇몇은 단계에 따른 상이함을 통해 구분된다는 것을 느낄 수 있다. (…) 그러나 이성은 [우리에게 그 본성들 중에서 : 역자 삽입] 그것보다 더 높은 것이 없을 정도로 뛰어난 어떤 것이 있다고 확신시킨다. 그래서 만일 그러한 단계가 무한해서, 거기에 그것을 뛰어넘는 어떠한 것도 발견될 수 없는 더 이상 높은 단계가 존재하지 않는다면, 이성은 이 본성들의 다양함이 끝나지 않을 것이라는 사실로 이끌어간다. 그러나 완전히 부조리한 사람이 아니라면, 누구라도 이것을 부조리하다고 여길 것이다. 그러므로 필연적으로 다른 어떤 것도 능가할 수 없을 정도로 탁월한 어떤 본성이 존재한다."[7]

● 데카르트도 『성찰』(*Meditationen*)에서 안셀무스와 같은 논증을 구성하고 있다. 그는 제5성찰 : 〈물질적 사물의 본성에 관하여, 그리고 다시 신의 현존에 관하여〉에서 다음과 같이 서술하고 있다 : "삼각형의 세 각의 합이 2직각이라는 것이 삼각형의 본질과 분리될 수 없고, 골짜기 관념이 산 관념과 분리될 수 없듯이, 신의 현존이 그 본질과 분리될 수 없다는 것 또한 분명하다. 그러므로 현존이 결여된, 즉 어떤 완전성이 결여된 신, 즉 최고 완전 존재자를 생각하는 것은 골짜기 없는 산을 생각하는 것과 마찬가지로 모순이다."[8]

---

7 캔터베리의 안셀무스, 『모놀로기온&프로슬로기온』, 박승찬 역, 아카넷, 2002, 제4장, 23.

8 "Meditationen über die Grundlagen der Philosophie, in denen das Dasein Gottes und die

(1) 첫 번째 형태의 존재론적 논증

• 그 다음 안셀무스는, '지성 속에서만 존재하는 것, x'(something, x, existing in the intellect only)와, '실제로도 그것이 존재함'을 구별한다.

• "그리고 우리는 당신이 '그 이상의 위대한 것을 생각할 수 없는' 자라는 것을 믿습니다. (…) 그러나 '그 이상의 위대한 것을 생각할 수 없는 것'은 지성 속에서만 존재할 수는 없는 것이 분명합니다. 왜냐하면 그것이 지성(사유) 속에서만 존재한다면, 실제로도 존재하는 것이 생각될 수 있고, 이것이 [단지 지성(사유) 속에서만 존재하는 것]보다 더 위대하기 때문입니다."[9]

• 만약에 가장 완전한 것으로 상상할 수 있는 자가 지성 속에만 존재한다면, 더욱 완전한 자, 즉 지성 속에만이 아니라 실제로도 존재하는 더욱 완전한 자를 상상할 수 있다고 하는 모순에 직면하게 된다. 그러므로, 가장 완전한 것으로 상상할 수 있는 자는 지성 속에만이 아니라 실제로도 존재해야만 한다. 철학적 추론의 고전적인 부분인 안셀무스 자신의 진술은 『프로스로기온』의 제2장에서 다음과 같이 발견된다:

> 만약에 그 보다 더 위대한 것을 생각할 수 없는 자가 지성 속에서만 존재한다면, 그 보다 더 위대한 것을 생각할 수 없는 자는 그 보다 더 위대한 것을 생각할

Verschiedenheit der menschlichen Seele vom Kӧrper bewiesen werden", 119-121, in : *René Descartes Philosophische Schriften in einem Band*, Hamburg, 1996.

9 "Et quidem credimus te esse aliquid quo nihil maius cogitari possit. (…) Et certe id quo maius cogitari nequit, non potest esse in solo intellectu. Si enim vel in solo intellectu est, potest cogitari esse et in re; quod maius est."(*Anselm von Canterbury, Proslogion*. Untersuchungen Lateinisch-deutsche Ausgabe von P. Franciscus Salesius Schmitt O.S.B. Abtei Wimpfen, Stuttgart-Bad Cannstatt, 1962, 84).

수 있는 자입니다. 그러나 이것은 분명히 불가능한 일입이다. 그러므로 그 보다 더 위대한 것을 생각할 수 없는 자는 지성 속에만이 아니라 실제로도 존재하는 것이 전적으로 분명합니다.

첫 번째 논증을 정리하면 다음과 같다.[10]

1. 신은 "그것 보다 더 큰 것이 생각될 수 없는 자다"(aliquid quo maius nihil cogitari potest).[11]
2. "그것 보다 더 큰 것이 생각될 수 없는 자는 단지 지성(사유) 속에서만 존재할 수는 없다. 왜냐하면 만일 그것이 지성 속에서만 존재한다면, 실제로도 존재하는 것이 생각될 수 있고, 이것이 더 큰 것이기 때문이다"[(…) id quo maius cogitari nequit, non potest esse in solo intellectu. Si enim vel in solo intellectu est, potest cogitari esse et in re; quod maius est.]
3. "그러므로, 그것보다 더 큰 것이 생각될 수 없는 자는 지성 속에서만이 아니라 실제로도 존재하는 것이 분명하다"(Existit ergo procul dubio aliquid quo maius cogitari non valet, et in intellectu et in re."[12]

---

10 이 논증은 Proslogion, 84에 나온다.

11 *Proslogion*의 제 14장과 18장에서 안셀무스는, '더욱 큰(위대한)' 이라는 표현 대신에 '더욱 훌륭한(melius)'이라는 표현을 사용한다(*Proslogion*, 106, 116).

12 두 번째의 논증은 첫 번째의 논증에서의 '실재' 대신에, '존재하지 않는다고 생각할 수 없음 'quod non possit cogitari non esse', 즉 '필연적 존재'를 삽입하는데, 이는 Proslogion의 제3장과 제4장, 그리고 Apologium ('변론'. 이것은 가우닐로에 대한 답변임) 속에 등장한다[Apologium은 Mojsisch가 번역·해설·편집한 책인 *Kann Gottes Nicht-Sein gedacht werden?* (Ffm, 1989)에 실린 "Was der Verfasser dieser kleinen Schrift darauf erwidern könnte (Anselm)" (82-126) 참조]. 이 논증은 다음과 같이 정리될 수 있다 : 1. 신은, 그것보다 더 큰 것을 생각할 수 없는 존재자다. 2. 만약에 그것보다 더 큰 것이

(2) 두 번째 형태의 논증

• 이것은 『프로스로기온』의 제3장과 가우닐로에 대한 답변인 『변론』(Apologium)에 나온다.

• 안셀무스는 『프로스로기온』의 제3장에서 논증을 다시 진술하는데, 이제는 논증의 방향이 단지 신의 존재에 향하고 있는 것이 아니라 신의 유일하게 필연적인 존재(uniquely necessary existence)에 향하고 있다. 필연적 존재(자) necessary being라는 이 관념의 핵심은 '스스로 존재함'[자존(自存, aseity)]이다. 무한히 완전한 신은 시간 속에 제한되거나 시간에 의해 제한되지 않기 때문에, 신이 과거에 언제 존재하게 되었다거나 아니면 언젠가 존재하지 않게 될 가능성은 배제된다. 그리고 신의 비존재는 불가능한 것으로 생각된다. 이 논증은 다음과 같다:

> 존재하지 않는다고 생각될 수 없는 하나의 것(eine Wirklichkeit, a being)을 생각할 수 있습니다; 그런데 이것은 존재하지 않는다고 생각될 수 있는 것보다 더 위대합니다. 그러므로 그 보다 더 위대한 것을 생각할 수 없는 것의 비존재가 생각될 수 있다면, 그 보다 더 위대한 것을 생각할 수 없는 것은, 그보다 더 위대한 것을 생각할 수 없는 것이 아니며, 이것은 모순입니다. 그러므로 그보다 더 위대한 것을 생각할 수 없는 것은 진실로 존재하며 그것의 비존재를 생각하는 것은 불가능합니다.

생각될 수 없는 존재자가 필연적으로 존재하지 않는다면, 그것은 그것보다 더 큰 것이 생각될 수 없는 존재자가 아니다. 3. 그러므로 그것보다 더 큰 것이 생각될 수 없는 존재자는 필연적으로 존재한다; 혹자는, 존재자에는 '필연성'이라는 술어를 사용할 수 없고, 진술에만 사용할 수 있다고 주장한다. 그러나 여기서 안셀무스가 말하는 '필연성'이란, 유한자처럼, 어떤 것에 의존하여 존재할 수밖에 없는 우유성(偶有性) 혹은 우연성과 반대되는 '자존성(自存性, aseity)'이라는 뜻으로 이해하면 될 것이다(John H. Hick, *Philosophy of Religion*, Englewood Cliffs, 1983, 16 이하 참조).

▶ 비판

— 첫 번째 형태의 논증 —

• 논증의 첫 번째 전제인 "신은 그 이상의 위대한 것을 생각할 수 없는 자다."

1. 만약에 전제1의 '신'이 〈관념으로서의 신〉이라고 한다면, 전제1은 자기모순적인 진술이다. 왜냐하면 전제2에서 '생각할 수 있는 가장 위대한 자'는 '실재해야만 한다'고 말함으로써, 그것은 관념에 불과한 것이 아니라 〈실재자〉임을 말하고 있기 때문이다.
2. 그렇다면, 전제1의 '신'은 〈실재하는 신〉이라는 뜻으로 사용되고 있다(전제2로부터)
3. 따라서 이 논증은 다음과 같이 재구성될 수 있다.

1) 실재하는 신은 가장 위대하다.
2) 가장 위대한 자는 실재한다.
―――――――――――――――
가장 위대한 자는 실재한다.

이 논증은 타당한 논증이다. 그러나 전제가 옳다는 것이 밝혀지지 않았으므로 완벽한 논증은 아니다. 전제는 여전히 증명되어야 할 것으로 남아 있다. 신의 존재는 증명되지 않은 것이다. 즉, 전제 1)은 여전히 증명되어야 할 주장으로서, 다른 전제들을 필요로 한다. 그리고 두 전제 모두 정언진술이 아닌 가언진술이다. 즉 1)은, "만약에 신이 실재한다면, 그는 가장 위대하다." 2)와 결론은, "가장 위대한 자가 존재한다면, 그는 실재한다"라는 의미를 지니고 있는 진술이다. 안셀무스는 실제로는 신 관념으로부터 논증을 시작한 것이 아니라(그렇게 했어야 함에도 불구하고) 신이 실재한다는 전제(그런데 이것은 증명되어야 할 결론이다)로부터 논증을 시작한 것이다.

• 여기서 '자(者)'(etwas, das)가 관념이나 개념의 의미로 사용되고 있다면, 관념이나 개념으로부터 실재의 추론은 오류다. 그리고 '자(者)'가 관념이나 개념이 아닌 '실재자'의 의미로 사용되고 있다면, 이것은 신의 실재를 이미 전제하는 것이므로 선결문제요구[petitio principii]의 오류를 범한 것이다. 그런데 첫 번째 전제에서의 신은 '실재하는 신'이라는 의미로 사용되고 있다. 왜냐하면, 전제2에서 "그 이상 위대한 것을 생각할 수 없는 자"는 "생각 속에서만 존재하지 않는다"고 주장하기 때문이다(따라서 이 경우의 진술은 "만약 신이 실재한다면, 그는 그보다 더 위대한 것이 생각될 수 없는 자다"라는 가언진술로 표현될 수 있다).

— 두 번째 형태의 논증 —

1. (필연적으로 존재하는) 신은 가장 위대한 자다.
2. 왜냐하면, 가장 위대한 자가 필연적으로 존재하지 않는다면, 가장 위대한 자가 아니기 때문이다.

가장 위대한 자는 필연적으로 존재한다.

전제 1)의 '신'은 '필연적으로 존재하는 신'이라는 점을 전제 2)가 제시하고 있다. 그리고 결론은 2)의 반복에 불과하다. 이 논증의 전제 또한 〈증명되어야 할〉 결론이다. 즉, 위의 논증은 타당하지만, 전제 1)은 분석해 보면 정언진술이 아니라 다음과 같은 가언진술일 뿐이다.

- (적어도) 하나의 X가 존재한다[There exists (at least) a X.]
- 만약에 X가 '필연적으로 존재하는 신'이라면, 그것은 가장 위대한 자다(If X is necessary existant God, then He is the Greatest.)

※ 여기서 우리는 또, '위대함'(maius)이라는 문제를 생각해보아야 한다. 예컨대 지렁이와 수(數) 둘 중 어느 것이 더 위대하다고 할 수 있는가?[13] 이 둘은 '위대함'이라는 관점에서는 비교할 수 없다.

- 안셀무스는 '실재(實在)'(in re esse)가 '위대하게 만드는 속성 혹은 더 나은 것으로 만드는 속성'(eine Groß-machende Eigenschaft oder eine Besseres-machende Eigenschaft)이라고 주장한다.
- 그런데 안셀무스는 첫 번째 논증에서는 '실재'(in re esse)가 완전성이라고 주장하지만, 두 번째 논증에서는 '필연적 존재'(notwendige Existenz)가 완전성이라고 한다.

— 그밖의 비판들 —

1. 가우닐로의 비판

- In Behalf of the Fool (『바보를 대신하여』)에서 가우닐로는 안셀무스를 논박한다. '바보'란, 시편 14:1과 53:1의 "어리석은 자는 그 마음에 이르기를 하나님이 없다 하도다. (…)"라는 구절에서 가져온 표현으로서, 가우

13 Plantiga, *the Nature of Necessity*, 1989, 199 f. 참조.

닐로가 이렇게 '어리석은 자'로 간주된 자들을 대신하여 안셀무스의 신 존재 논증을 비판한다는 의미를 지니고 있다.

• 가장 완전한 섬(the most perfect island)이 실재하지 않는다면 그것은 가장 완전하게 생각될 수 있는 섬이 아니라는 결론이 나온다. 그러나 이러한 결론은 모순이다. 왜냐하면, 가장 완전한 섬이 이 세상에 없더라도 우리는 그러한 섬을 상상할 수 있기 때문.

• "상상 속의 완전한 섬도 (현실에) 존재하는가?" → 존재론적 논증에 대한 한 가지 공통된 비판은, 이것이 모든 종류의 사물들을 존재하는 것으로 정의하는 것을 허용하는 것 같다는 것이다. 예를 들면, 우리는 완벽한 해변과 야자수, 야생동물 등을 갖춘 완전한 섬을 쉽게 상상할 수 있다. 그렇지만 이것으로부터 이 완전한 섬이 어딘가에 현실로 존재한다는 결론은 뒤따르지 않는다.

→ 이에 대한 안셀무스의 답변(*Apologium*에 나옴)은 그의 두 번째 형태의 논증에 기초해 있다.

• 가장 완전한 섬이라는 관념에 결여되어 있는, 신 관념 속에 있는 요소는 바로 '필연적 존재'(necessary existence)다. 섬(또는 그 어떤 물질적인 대상)은 정의에 따라 볼 때, 우연적인 세계의 일부분이다. 그러므로 안셀무스의 원리는 이것에 적용되지 않는다. 안셀무스의 원리는, 영원하고 독립적인(즉, 필연적인) 존재를 가지고 있다고 정의되는, 가장 완전한 것으로 생각되는 자에 적용된다. 여기까지는, 안셀무스의 논증이 비판을 이겨낼 수 있는 것으로 생각될 것이다.

2. 칸트의 비판

1) 존재론적 증명에 관한 비판에서 칸트는, 안셀무스나 그의 저작인 Proslogion을 직접 언급하고 있지는 않다. 그러나 데카르트의 존재론적 논증에 관련해서는 삼각형의 예를 들어 논박하고 있다.[14] '삼각형은 세 각을 갖고 있다'라는 진술을 살펴보자. 이 경우에, 분명히 주어와 술어 사이에는 필연적 관계가 있다. 그러나 이것은 삼각형이 현실에 존재한다는 것을 뜻하지 않는다. 즉, '세 개의 각을 갖고 있다'는 술어가 삼각형이라는 주어와 필연적으로 연결되어 있다는 사실로부터 그러한 술어를 가진 주어에 해당하는 존재자가 이 세상에 실재한다고 추론할 수는 없다. 만일 삼각형이 실제로 존재한다면 그것은 반드시 세 각을 가지고 있을 것이다. 즉 삼각형이 있다고 가정해 놓고 그 삼각형에 세 개의 각이 없다고 말하는 것은 모순이다. 그러나 삼각형이 없는 경우에, 세 개의 각이 없다고 주장하는 것은 모순이 아니다. 즉, "삼각형을 정립해 놓고도 이 삼각형의 세 각을 제거하는 것은 모순이다. 그러나 삼각형과 그 세 각을 모조리 제거하는 것은 하등의 모순도 아니다."(KrV, B 622-3). 마찬가지로, 절대적으로 필연적인 자가 실재한다고 가정해 놓고 그런 자가 존재하지 않는다고 말하는 것은 모순이다. 그러나 그런 필연적 존재자는 없기 때문에 '실재'라는 속

---

14 데카르트는 자신의 신 존재 증명을 Meditationes (『성찰』)의 제5성찰 : 〈물질적 사물의 본성에 관하여, 그리고 다시 신의 현존에 관하여〉에서 다음과 같이 서술하고 있다 : "삼각형의 세 각의 합이 2직각이라는 것이 삼각형의 본질과 분리될 수 없고, 골짜기 관념이 산 관념과 분리될 수 없듯이, 신의 현존이 그 본질과 분리될 수 없다는 것 또한 분명하다. 그러므로 현존이 결여된, 즉 어떤 완전성이 결여된 신, 즉 최고 완전 존재자를 생각하는 것은 골짜기 없는 산을 생각하는 것과 마찬가지로 모순이다."(Meditationen über die Grundlagen der Philosophie, in denen das Dasein Gottes und die Verschiedenheit der menschlichen Seele vom Körper bewiesen werden, 119-121, in : *René Descartes Philosophische Schriften in einem Band*, Hamburg, 1996). 칸트는 데카르트의 논증을 그대로 인용하지 않고 약간 수정하여, 삼각형의 세 각의 합이 2직각이라는 필연성을 예로 들지 않고, 세 각을 가지고 있다는 점을 들고 있다.

성도 없다고 주장하는 것은 모순이 아니다(KrV, B 621-624 참조). 존재론적 논증을 옹호하는 사람들이 무기로 내세우는 개념은 바로 이러한, '절대 필연적인 존재자'(das absolut notwendige Wesen, KrV, B 620 참조)라는 개념이며, 그들은 "그것의 비존재는 불가능하다"(같은 곳)고 주장한다. 그러나 칸트에 의하면 '절대 필연적인 존재자'라는 개념은 순수이성의 개념 혹은 이념에 불과하며, 이 개념이나 이념에 대응하는 존재자가 실재 혹은 현존한다는 것을 보증할 수는 없는 개념인 것이다. 즉, 이러한 이념은 우리의 이성에 부과되어 있는(aufgegeben) 것이지, 우리 앞에 현실적으로 주어져 있는(gegeben) 것이 아니다.[15] 다시 말하자면, 안셀무스의 논증의 첫 번째 전제에서, 주어와 술어의 필연적 관계는 전적으로 논리적인 관계다. 그것은 결코, 주어개념이 언표하는 것이 현실에 존재한다는 것을 뜻하지 않는다. 즉, 이러한 필연성은 판단의 필연성에 불과하며, 사실 그 자체의 필연적 관계를 뜻하지 않는다.[16]

2) 칸트가 들고 있는 또 하나의 예는 100탈러에 관한 것이다.[17] 가능적인

---

15 이렇게, 이성이 신에 대해 갖는 선험적 가상을 칸트는 순수이성의 이상(理想, Ideal)이라고 한다. 이것은 '실재의 총체(omnitudo realitatis)' — 이것은 '최고 실재자(ens realissimum)', '최고 존재자 (ens summum)', '근원적 존재자(ens originarium)', 혹은 '모든 존재자들의 존재자(ens entium)' 등으로도 불린다 — 라는 이상이 현실에 실체로 존재한다고 생각함으로써 생기는 가상(假象, Schein)이다(KrV, A 576-579, B 604-607 참조).

16 "그러나 판단의 무조건적 필연성이 사물의 절대적 필연성은 아니다."(KrV, B 621). 우리는 be동사나 sein동사의 두 가지 기능을 구별해야 한다. 첫째로, 이들이 주어와 술어를 결합하는 계사로 사용될 경우, 주어와 술어의 결합은 논리적 관계다('~이다'라는 뜻임). 그러나 이들이, '존재한다'라는 의미를 넘어서, '실재한다'는 뜻을 지닌 동사로 사용될 경우(reales Sein), 이것은 개념 혹은 관념으로서의 주어가 관념이나 개념과는 독립적으로 존재함('진정하게 존재함'과 '현실적으로 존재함'이라는 두 가지 의미를 다 포함함)을 의미한다.

17 100탈러의 예는 마부르크(Marburg)대학의 철학교수였던 Johann Bering (1748-1825)이 최초로

(혹은 생각 속의) 100탈러와 현실적인 100탈러는 개념상으로는 조금도 다를 바가 없다. 생각 속의 100탈러는 실제의 100탈러와 동일한 수의 탈러로 구성되어 있다(KrV, B 627 참조). 그러나 양자가 그 개념에 있어서는 동일하다 해도, "나의 재산상태에 있어서는 현실적인 100탈러가 단지 100탈러라는 개념(즉, 100탈러의 가능성) 보다 더 많이 포함하는"(같은 곳) 것이다. 즉, 현실적인 100탈러를 가지고는 여러 가지 물건을 구입할 수 있지만, 생각 속의 100탈러로는 아무 것도 살 수 없다는 큰 차이점이 존재한다. "'~이다'는 분명히 실재에 관련된 술어가 아니다."(Sein ist offenbar kein reales Prädikat. KrV, A 598, B 626). 그것은 단지 "판단(判斷)의 계사(繫辭)"(같은 곳)에 불과할 뿐이며 결코 "술어가 아니라, 술어를 주어와 관련시켜서 정립하는 것"(KrV, A 599, B 627)이다. 따라서 개념(Begriff)과 실재(reales Sein)의 동일시(同一視)는 잘못이라는 주장이다. 즉, 우리가 신이라는 관념 내지는 개념을 갖고 있다고 해서, 이렇게 주관적으로 사유된 신 관념에 해당하는 객관적 실재자가 존재한다고 주장할 수는 없다. 선험적 이상으로서, 즉 모든 실재나 규정들의 총괄(omnitudo realitatis)로서 사유된 신이라는 사상(思想)은 "이성의 사유가 스스로 만들어낸 것에 불과한 것"(ein bloßes Selbstgeschöpf ihres Denkens. KrV, B 612)이다.

칸트에 의하면, 만약에 신이 존재한다면 현상계가 아닌 예지계(睿智界) 혹은 가상계(可想界), 초감성계에 존재할 것이므로, 우리는 신이 존재한

든 것이다. 그의 책 Prüfung der Beweise für das Dasein Gottes aus den Begriffen eines höchst vollkommenen und nothwendigen Wesens『최고 완전자 및 필연적 존재자라는 개념들로부터 신의 현존을 증명하는 것에 대한 조사』)는, 칸트가 Kritik der reinen Vernunft를 출간하기 1년 전에 출간되었고, 이때 Bering의 나이는 32세였다(Dieter Henrich, *Der Ontologische Gottesbeweis. Sein Problem und seine Geschichte in der Neuzeit*, Tübingen, 1960, 115, 120 및 203 참조. 그리고 Bering의 존재론적 논증에 관해서는, 같은 책 115-123 참조).

다 해도 인식할 수 없으며, 그의 존재를 지성으로 증명하거나 부인할 수 없다(KrV, B 664 참조).[18]

※ 'Sein'은 속성이나 술어인가?

1. '~이다'라는 의미를 지닌 Sein은 속성이나 술어가 아니라 주어와 술어를 결합하는 계사(繫辭, Kopula)다 : "Diese Rose ist rot"이라고 할 때의 'ist'는 계사로서, 주어인 Rose와 술어인 rot을 결합하는 역할을 한다. 그것은 속성이 아니다.

2. 그러나 '있다'라는 의미의 Sein은 술어이며, 그 앞에 어떤 부사가 오느냐에 따라 다양한 의미의 존재방식을 나타낸다 : "Es ist eine Rose." 여기서의 'ist'는 '존재한다'라는 뜻, 즉 Existenz의 뜻으로 사용됨. 이 경우에 ist는 술어, 즉 실재를 나타내는 술어(reales Prädikat)다.

1) '있는 어떤 것'은

① 관념적(觀念的) 혹은 이념적(理念的)으로 있을 수도 있고[관념적 존재, ideell zusein : 예를 들면, 수(數)의 경우]

② 현실적으로 있을 수도 있고(물리적 시공간의 제약을 받고 존재하는 것들)

③ 진정하게 있을 수도 있다(독립적으로 존재함. real zu sein)

---

18 그러나 칸트는 자신의 윤리학에 근거한 '요청적 신 존재 논증'을 제시했다고 할 수 있다. 이를 필자가 구성해 보면 다음과 같다. 1. 최고선 (das höchste Gut)은 최상선 (das oberste Gut)과 행복의 일치다. 2. 최고선은 (반드시) 실현되어야 하는데, 현세에서는 실현될 수 없다. 3. 최고선이 실현되기 위해서는 내세가 존재해야 하고 영혼이 불멸해야 하며, 이 영혼에 행복이 주어져야 한다 (1과 2로부터). ∴ 4. 이 영혼에 행복을 보장해 줄 존재자인 신이 존재해야 한다. 이 논증 가운데 두 개의 전제가 사실판단이 아닌 당위판단 내지는 요청판단이므로, 결론에서도 사실판단이 도출되지 않고 '요청'이 나오게 된다. 즉, 칸트는 영혼불멸과 신의 존재를 요청한 (postulieren) 것, 즉 가정하고 (annehmen) 요구한 (fordern) 것이다.

▶ 즉 '있는데' '어떤 방식으로 있느냐'하는 것, 존재방식이 문제다. 안셀무스가 말하는 신은 〈실재하지〉는 않더라도 〈이념적 · 관념적 · 개념적〉으로 존재한다고 말할 수는 있다. 마이농(Meinong)의 대상론에 의하면, 관념적 대상은 실재하지(existiert, real ist) 않고, 존립한다(bestehen).

3. 럿셀(B. Russell)의 비판 : 기술(記述)이론[Theory of Description]

• 럿셀의 초기와 중기의 저술들에는 대체로 〈한 이름-한 사물〉 이론(one name-one thing theory)이 바탕에 깔려있다. 럿셀은 많은 종류의 것들이 어떤 궁극적 실재자의 부분으로서 실제로 존재한다고 믿음으로써 시작했다. 그러나 그는 얼마 안 가서 이 세계 속에 존재자의 수(數)가 불필요하게 너무 많이 증가되었다는 생각을 갖게 되었다. 어떤 단어들은 그들의 의미로서 대상들을 가리키지만, 어떤 것은 그렇지 않다고 생각했다. 그러나 과연 어떤 것이 대상을 가리키지 않는 것이며, 또 이 사실을 어떻게 발견할 수 있는가? 여기세 대해 답하고자 한 것이 바로 그의 기술이론이다.

• 이 이론에 근본적인 것은, 한 문장의 문법적 구조가 실제로 그 논리적 구조를 나타내지 않을 수 있다는 생각이다. 즉, 문장이 어떤 것에 전혀 관계하거나 어떤 것을 주장하지도 않으면서도 어떤 것에 관계하거나 어떤 것을 주장하는 것처럼 보일 수도 있다는 생각이다. 즉, 어떤 종류의 진술 가운데 이름으로 보이는 것이 실제는 〈이름〉이 아니라 〈위장(僞裝)된 기술(disguised description)〉이라는 것이다. 만약 그러한 진술이 재구성되어서, 기술구(記述句)를 사용하지 않고 원명제(原命題)가 함축하고 있는 것을 명백히 말하도록 한다면, 원명제에서 사용된 거짓 이름(pseudo-name)에 상응하는 실재자가 존재하지 않는다는 것이 분명하게 될 것이다.

• 그는 'a so-and-so'의 형식을 가진 〈불확정(不確定)기술(indefinite description)〉의 분석부터 시작한다. '일각수(一角獸, unicorn)'나 '바다뱀(a sea serpent)'은 아무런 실재하는 대상도 지시하지 않는다. 이것들은 개념(관념)에 관계하고 있지 어떤 개별자에 관계하고 있지 않다. "나는 어떤 사람을 만났다(I met a man)"라는 진술 가운데 있는 '어떤 사람(a man)'이라는 불확정 기술구는 다음과 같이 고쳐 씀으로써 없앨 수 있다 : "I met X" and "X is human" is in at least one case true.

• 럿셀은 또 〈확정(確定)기술(definite description)〉을 분석한다. 확정기술은 'the'라는 단어를 사용함으로써 어떤 확정적인 실재자가 지칭되고 있다고 더 쉽게 생각되도록 하기 때문에 불확정 기술보다 문법적으로 더욱 더 오해를 일으킨다. "The present king of France is bald"라는 진술은 다음과 같이 분석될 수 있다 :

1) There exists at least one person who reigns in France. (≡ 'X reigns in France' is not always false.)
2) There exists at most one person who reigns in France. (≡ If X and Y reign in France, then X=Y.)
3) Whoever reigns in France is bald. (X is bald.)

▶ 이렇게 번역되면, 'The present king of France'라는 확정기술구는 X의 어떤 값에도 만족되지 않고, 따라서 항상 거짓인 명제함수에 의해 대치됨으로써 사라지게 된다. 이렇게 분석되면, 외견상의 주사(主辭, subject term)를 물체화(物體化, reifying)하는 문제가 더 이상 생기지 않으며, 주사(主辭)가 실제로는 아무 것도 지시하지 않는 위장된 기술(記述)일 때, 그

명제의 의미를 구(救)할 수 있다.

럿셀은 또 명제 가운데서 기술구의 primary occurrence와 secondary occurrence를 구별한다. "The present king of France is bald"라는 진술에서 'The present king of France'라는 확정기술구는 primary occurrence를 가지고 있고 아무 것도 지시하지 않는다. 그러므로 명제 전체는 거짓이다. 그러나 "The present king of France is not bald"라는 진술을 생각해보자. 이것은 다음의 둘 중 하나를 의미한다:

1) "The present king of France is bald" is false. (= It is false, that the present king of France is bald.)
2) "The present king of France is not bald." = "The present king of France exists, and he is not bald." → 그런데 이 문장은 그르다.

→ 1)에서는 기술구가 secondary occurrence를 가지고 있고, 그 명제는 참이다. 그러나 2)에서는 기술구가 primary occurrence를 가지고 있고, 명제는 거짓이다. 즉, 1)에서는 부정(否定)이 진술전체에 적용되고 있는 반면에 2)에서는 부정(否定)이 단지 대머리인 사실에만 적용되므로 현재의 프랑스 왕이 존재한다는 것을 인정하기 때문에 거짓이 된다. "아무 것도 지시하지 않는 어떤 기술이 primary occurrence를 갖는 모든 명제는 거짓이다"라고 럿셀은 결론짓는다.

→ 럿셀은 형이상학 자체를 제거하기 위해서가 아니라 불필요한 형이상학이라고 생각한 것을 제거하기 위하여 그의 기술이론을 사용했다.

• 럿셀은 최초문장에서 '아무 것도 지시하고 있지 않는' 'The present

king of France'라는 표현은 하나의 記述(description)에 불과하다고 함. 그리고 이것을 다음과 같이 표현한다.

There exists at least a X.

If X is the present king of France, then he is bald.

▶ 이 주장을 존재론적 신 존재 논증에 적용하면 다음과 같이 된다.

There exists at least a X.

If X is God, then He is the Greatest and real (really exists).

▶ 안셀무스의 논증에 대한 헤겔의 옹호

• 칸트에 의하면, 전통적인 모든 신 존재 증명, 즉 존재론적 증명, 우주론적 증명, 목적론적 증명은 모두 실패했다. 그러나 이와는 달리 헤겔은, 우주론적 증명과 목적론적 증명이 실패했다고 주장하는 점에서는 칸트와 일치하지만[19], 존재론적 증명으로 신의 존재가 증명될 수 있을 뿐만이 아니라, 오직 존재론적 증명만이 참된 것이라고 말한다. 그러나 존재론적 증명만이 참된 증명임에도 불구하고, 그것은 항상, 다른 증명들 곁에 있는

19 헤겔에 의하면, 우주론적 증명에 의해 얻어진 '절대적으로 필연적인 존재자'란, "전적으로 자기 자신과의 추상적인 동일성이며, 그것은 주체도 아니고 정신은 더 더욱 아니기"(TW 17, 487) 때문에, 자신을 객체화하고 자신 속으로 복귀하는 끊임없는 활동으로서의 정신으로 여겨지는 신 규정에 적합하지 못하다. 또한 목적론적 증명에서는 "합목적적인 것으로부터, 관계들의 합목적성을 설정하는 창조자를 추론한다. 그런데 우리는, 현존하는 것에 그 내용이 주어져 있어서 출발점에 적합한 것 외에 더 이상은 추론할 수 없기"(ebd., 505 f.) 때문에, 우리가 세계 속에서 발견하는 합목적적인 질서 속에서 우리는 "높은 지혜", "매우 크고 놀랄만한 지혜"와 "굉장한 능력"을 발견하기는 하지만, 우리는 결코 "상대적인 지혜"가 아닌 "절대적인 지혜"와 "전능"을 발견하지는 못한다(ebd., 506)고 헤겔은 말함으로써, 우주론적 증명과 목적론적 증명은 신 존재의 증명에 실패한 것으로 보고 있다.

하나의 증명으로 함께 열거되고 있음을 불평한다.[20] 헤겔은 신의 존재가 증명될 수 있다고 주장하는데, 어떤 근거로 그는 이런 주장을 할 수 있었을까?

1) 칸트의 지성적 인식에 대한 헤겔의 비판과 신의 인식 가능성

• 칸트 이후의 관념주의자들은, 칸트 이전의 독단적 · 이성주의적 형이상학자들과 마찬가지로 참된 현실인식이 가능하다고 주장하면서, 현실의 전(全)영역을 포괄하는 철학체계를 구축하고자 한다. 헤겔은, 칸트가 '물 자체'로써 현실인식에 제한을 가한 것을 비판하며, 칸트의 이성비판을 무력화한다. 구체적으로 말하자면, 헤겔과 사변적 관념주의자들은 "선험철학의 특정한 견해들, 특히 지성형식들을 현상영역에 제한한다든지 혹

---

20 Hegel, "Ausführung des ontologischen Beweises in den Vorlesungen über Religionsphilosophie vom Jahre 1831", in: *Vorlesungen über die Beweise vom Dasein Gottes*, TW 17 (=*Vorlesungen über die Philosophie der ReligionII*), 529 참조. *Vorlesungen über die Beweise vom Dasein Gottes*는 TW 17인 종교철학 강의의 제 2권에 실려 있기도 하지만, Georg Lasson이 편집하여 1930년에 Leipzig의 Felix Meiner 출판사에서 단행본으로 간행되기도 하였다. 이 단행본에는, TW 17에 실려있는, "Ausführung des teleo- logischen und ontologischen Beweises in den Vorlesungen über Religionsphilosophie vom Jahre 1827"이 빠져있는 반면에, 제 1강의에서 제 8강의까지의 본문 아래에 줄을 긋고, 헤겔의 강의를 들은 Werner라는 학생의 필기내용을 첨가해 놓은 점이 다르다. 헤겔의 책 제목 중의 표현은 'von der Realität (Wirkllichkeit) Gottes'가 아니라, 'vom Dasein Gottes'라고 되어있다. 그런데 원래 안셀무스의 논증에서 사용된 용어는 'in re'였다. 앞에서도 설명한 바와 같이, 이 용어는 영어의 'real'의 용법과 마찬가지로, '진정한 (진짜의)'라는 의미와 '현실적인'이라는 의미를 아울러 지니고 있다. 인식론적으로 볼 때, 진짜와 가짜를 구별하는 기준은 바로 '독립성'이라는 기준이다. 그러므로 "God is real"이라고 하면, 첫째로, "신은 우리의 머릿속에 관념으로만 존재하지 않고, 관념으로부터 독립하여 존재한다"는 뜻을 갖는다. 그리고 이러한 독립성은 바로 '현실성 (현존성)', 즉 '물리적인 시공간 내의 존재'라는 규정을 포함할 수 있는 것이다. 그러나 반대로, '현실성'은 '진정성'을 필연적으로 함축하지는 않는다 (우리는 플라톤이 말하는 이데아의 세계와 현실세계의 예에서 이 점을 아주 분명히 알 수 있다). 헤겔은 'in re'가 지니고 있는 하나의 의미인 '현존성'을 중심으로 논의를 전개하고 있다. 헤겔은 안셀무스의 논증을 *Philosophie der ReligionII* (TW 17), 209 f.와 529 f., *Geschichte der PhilosophieII* (TW 19), 555 ff. 등에서 소개하고 있다.

은 이성의 이념들을 통제적 원리로서 해석한다든지 하는"[21] 견해들을 부정함으로써, 이성은 다시금 현실의 본질을 파악할 수 있게 되었다. 칸트의 철학은 "절대적 유한성과 주관성으로 전락하고", 그의 철학의 "모든 과제와 내용은 절대자의 인식이 아니라, 이 주관성의 인식이거나 인식능력의 비판"[22]이라고 헤겔은 비판하는데, 헤겔은 인간이 신이 존재한다는 사실을 알 수 있을 뿐만 아니라, 더 나아가서 신을 인식할 수도 있다고 주장한다 : "우리는 신이 존재한다는 사실, 그리고 신을 직접적으로 안다는 사실을 안다."[23] 지성은 무한자, 절대자, 신을 인식할 수 없지만, 이성 · 정신으로서의 유한자인 인간은 무한한 정신인 신을 인식할 수 있다는 것이다. 헤겔은, 인간이 신의 형상(形象)[24]을 따라 창조되었다는 기독교의 교리와 유사한 주장을 한다. 즉, 그는 "인간의 이성은 (…) 인간 속에 있는 신적인 것"(TW 16, 40)이라고 말한다. 그리하여, 인간도 정신이고 신도 정신이므로 인간은 신을 알 수 있다고 헤겔은 생각한다. 이런 점에서 보면 헤겔은, 같은 것을 통해 같은 것을 본다[25]고 말한 엠페도클레스와 같은 인식론적 기초 위에 서 있다고 하겠다.

---

21 Wolfgang Röd, *Der Gott der reinen Vernunft*, München, 1992, 171.

22 Hegel, "Glauben und Wissen oder Reflexionsphilosophie der Subjektivität in der Vollständigkeit ihrer Formen als Kantische, Jakobische und Fichtesche Philosophie," *in: Jenaer Schrifen 1801-1807.* TW 2, 303.

23 *Vorlesungen über die Philosophie der Religion I*. TW 16, 49. 앞으로 TW 16으로 약함.

24 히브리어로는 '첼렘'이다.

25 "왜냐하면 우리는 흙을 통해 흙을 보고, 물을 통해 물을, 에테르를 통해 신의 에테르를, 그리고 불을 통해, 절멸시키는 불을 보기 때문입니다; 더 나아가, 우리들의 사랑을 통해 사랑을, 우리의 슬픈 증오를 통해 증오를 보기 때문입니다"(Empedokles, Fragmente 109, in: *Die Fragmente der Vorsokratiker.* Griechisch und Deutsch von Hermann Diels, hg.v. Walther Kranz, Bd. 1, Weidmann, 1974, 351).

신은 정신이므로 대자성(對自性)을 그 본질로 가지고 있다. 즉, 정신은 자기를 객체화 · 대상화 · 외화하고, 이렇게 외화된 자신으로서의 타자를 부정하고 다시 자기에게로 복귀하는 생동적인 존재자다. 이렇게 대자적인 정신, 자기를 객관화 · 외화하는 정신으로서의 신은 인간에게 자기를 계시하며, 이러한 자기계시는 바로 신의 본질에 속한다고 헤겔은 말한다 (TW 17, 193 참조).

2) 칸트의 개념관에 대한 헤겔의 비판 : 주관적 관념(표상, Vorstellung)과 개념 (Begriff), 혹은 주관적 개념(유한한 개념)과 절대적 개념(무한한 개념, 참된 개념)

• 그러면 과연 헤겔은 어떻게 자신의 증명을 전개하고 있는가? 존재론적 증명은 "신 개념으로부터 시작한다"(ebd., 208). 그리고 이러한 신 개념은 "가장 실재적인 것"(ebd.)이라고 헤겔은 말한다. 헤겔은 존재론적 증명에 대한 칸트의 비판을 비판하는데 이는, 자기의 독특한 Begriff이라는 개념에 근거하여 존재론적 증명을 새롭게 해석함으로써다.

칸트는 "존재와 개념은 다른 것이기 때문에 신 개념으로부터 존재를 끄집어 낼 수 없으며"(ebd., 그리고 209 참조), "개념은 존재를 포함할 수 없다"(ebd.)고 말하는데, 이러한 칸트의 비판과 동일한 비판을 이미 안셀무스와 동시대인인 한 수도사가 주장했다고 말함으로써[26], 헤겔은 가우닐로에 대해서도 동일한 비판을 가하고 있는 셈이다. 헤겔은 칸트가 '진정한' 개념들과 추상에 근거한 개념들을 구별하지 못하고 있다고 비판한다. 우

26 TW 17, 531 및 *Vorlesungen über die Geschichte der PhilosophieII* (TW 19로 약함), 558 f. 참조.

선 그는, 칸트가 『순수이성비판』에서 들고 있는 100탈러의 예에 대하여, 칸트가 든 예에 있어서는 칸트가 옳다는 것을 인정한다. 그러나 헤겔이 칸트가 옳다고 말한 이유는, 그 경우에 100탈러라는 관념이나 표상 혹은 개념은 유한자에 관한 관념이나 표상 혹은 개념이기 때문에, 이러한 유한자의 영역에서는 어떤 사물의 관념과 그 사물의 존재는 엄연히 다르다는 것을 헤겔도 인정하고 있기 때문이다(TW 17, 531 및 TW 19, 559 참조). 이 점에 대해 헤겔은, "내가 생각하고 표상하는 것이 그렇게 생각하고 표상한다고 해서 실재할 수는 없다는 사실 이상으로 분명한 사실은 또 있을 수 없다. 곧 이 분명한 사실이란, 표상활동이나 혹은 개념도 존재와 일치할 수 없다는 사상이다"[27]라고 분명히 말하고 있다.[28] 이것은 너무도 평범한 지식이라는 것이다. 그리고 안셀무스도 이러한 사실을 잘 알고 있었다고 주장한다(TW 19, 559 참조). 그러나 헤겔이 "사소하다"(같은 곳)고 말한 이러한 진술로부터, 이러한 구별이 근본적이어서, 가능한 모든 개념에 대해서도 타당하다는 결론이 나오지는 않는다고 헤겔은 생각한다.[29] 그러면 과연 헤겔은 칸트의 주장의 잘못된 점이 무엇이라고 말하고 있는가? 헤겔에 의하면, '신'은 "100탈러나 혹은 그 어떤 하나의 특수한 개념이나 표상이나, 그 명칭이야 어떻든, 이러한 것들과는 전혀 유(類)가 다른 대상"(같은 곳)이라는 것이다. 헤겔은 여기서 관념(표상)과 개념을 구별해서 말하고

27 *Enzyklopädie der philosophischen Wissenschaften I* (TW 8), § 51.

28 헤겔은 또한 「1827년의 종교철학 강의 속의 목적론적 증명과 존재론적 증명의 상술」("Ausführung des teleologischen und ontologischen Beweises in den Vorlesungen über Religionsphilosophie vom Jahre 1827", In : *Vorlesungen über die Beweise vom Dasein Gottes*)에서도 이와 유사한 주장을 하고 있다 (TW 17, 524).

29 D. Henrich, ebd., 197 참조.

있다. 즉 "100탈러와 같은 것을 개념이라고 부르는 것은" "야만적인 것, 미개한 것, 교양 없는 일(Barbarei)"(TW 8, § 51)이라고 한다. 100탈러와 같은 것은 단지 주관적인 표상이나 관념에 불과하고, '신'은 이런 주관적인 관념이나 표상이 아니라 개념이라고 말한다.[30] 이러한 개념으로서의 신은 자신 속에 존재를 포함하고 있다고 한다.[31] 또는 "자신에 의해 규정된 무한자 속에서는, 개념에 실재가 상응함에 틀림없다. 그리고 이것이 바로 이념, 즉 주관과 객관의 통일이다"(TW 17, 531)라고도 말한다. 즉, 무한자로서의 신이라는 "개념은 존재를 내포하고" 있으므로, "신은 존재한다고 생각할 수밖에 없는"(ebd.) 것이어야만 한다. 유한자의 경우에는 관념(표상)과 존재가 일치하지 않는다는 주장이 옳지만, 무한자의 경우에는 사유와 존재가 통일되어 있음에도 불구하고 칸트에게는 이러한 통찰이 결여되어 있다고 헤겔은 비판한다(TW 19, 559 참조). 다시 말하면, 칸트는 개념을 유한한 것으로 간주했기 때문에 개념으로부터 실재를 이끌어낼 수 없다고 주장했다는 것이다(TW 17, 532 참조).

• 이상의 내용을 정리해 보면 우리는 헤겔이 여기서 '개념'을 두 가지 의

---

30 헤겔은 주관적인 관념이나 표상을 개념이라고 부르기도 하고(예를 들면, "주관적인 것에 불과하여, 존재와 분리된 개념은 무가치한 것(사소한 것 ein Nichtiges)이다" (TW 17, 531)이라고 말한다.), 그렇게 부르지 않기도 한다(예를 들면, "존재는, 우리가 개념 속에서 개념과 구별되는 것으로 발견하는 이러한 규정이다. 왜냐하면 개념은, 존재가 그 가운데의 한 규정에 불과한 전체이기 때문이다" (TW 17, 525)이라고 한다). 후자의 의미로 보면, 100탈러라는 표상, 그리고 우리의 머리속에 있는 '파랗다'와 같은 추상적이고 감각적인 표상은 개념이라고 할 수 없다(TW 17, 524 참조). 이런 견지에서 헤겔은 신을 이러한 표상이나 관념으로 간주하는 것은 원칙적으로 잘못된 것이라고 주장한다. 그러므로 그는, "칸트가 '진정한' 개념들과 추상개념들의 본질적인 차이를 고려하지 않은 결과, 개념과 실존의 통일을 진정한 개념 혹은 철학적인 개념 속에서 인정할 수 있는 가능성을 빼앗아 버렸다고 비판했다"(Röd, ebd., 178). 안셀무스가 말한, "더 이상 위대한 자를 생각할 수 없는 자"는 바로 헤겔이 말하는 '진정한 개념으로서의 신'에 해당된다.

31 ebd. 참조. 또한 TW 17, 208, 529 및 *Wissenschaft der Logik I*. TW 5, 91 f.도 참조.

미로 사용하고 있다는 것을 잘 알 수 있다. 즉, 첫 번째로는, 우리가 통상적으로 사용하는 의미다. 예를 들면 그는 바로 우리가 인용한 구절에서도, "개념과 존재의 이러한 통일이 바로 신 개념을 이룬다"(TW 8, § 51)고 하는데, 이 때, 이 진술의 맨 앞에서 말하는 개념이 바로 이런 의미의 개념이다. 두 번째 의미의 개념은 『법철학』 § 1의 보유에서 "개념과 그 개념의 현존의 통일, 육체와 혼의 통일이 이념이다"(Die Einheit des Daseins und des Begriffs, des Körpers und der Seele ist die Idee)라고 할 때의 '이념'에 해당하는 의미의 개념이다. 이때의 개념은 바로 헤겔이 『논리학』에서 존재와 본질의 통일체로서의 개념을 말할 때의 바로 그 개념이다. 그러므로 헤겔은 전자의 의미의 개념을, 그 개념이 그에 대응하는 사물을 갖고 있지 않을 경우, 그것은 단지 인간의 주관 속에 있는 관념에 불과하므로 〈주관적 관념〉으로 보고 있고, 또 주관적 관념에 대응하는 객관을 갖고 있지 않다는 뜻에서 〈추상적 관념〉이라고 생각한다.

3) 칸트와 헤겔의 견해에 대한 비판적 고찰

• 칸트는 안셀무스의 논증이 지니고 있는 문제점을 정확히 지적했다고 생각한다. 그러나 헤겔은 우리가 일반적으로 사용하는 '개념'을 그 자신의 특수한 의미로 사용함으로써 논점을 흐리고 말았다. 즉, 첫 번째 전제 속에 있는 '신'을, 소위 그가 말하는 '절대적 개념'으로 해석하며, 따라서 이러한 절대적 개념은 실재자이므로 우리의 '주관적 개념이나 관념'으로부터 독립하여 존재한다는 것을 이미 자신의 입장으로 전제하고 있기 때문에, 헤겔은 신의 존재를 증명한 것이 결코 아니다. 우리가 알고자 하는 것은, 우리가 머릿속에 가지고 있는 신 관념에 대응하는 대상이 실재하는가

의 여부인 것이다. 헤겔에 있어서는 절대자, 무한자로서의 신이 이미 자신의 철학적 출발점으로서 전제되어 있고, 이 전제로부터 자신의 체계를 구축해 나간다. 그렇기 때문에 헤겔은, "안셀무스의 사유는 내용으로 보면 참되고, 필연적인 사유"(TW 17, 526-7)이지만, 그러나 "신은 실재한다"는 주장은 추상적이며 가장 불충분한 신 규정이라고 비판하기까지 하는 것이다. 왜냐하면, 헤겔에 있어서 신은 단지 이러한 단순한 자기동일자로서 실재할 뿐만이 아니라, 신이 정신인 한, 신은 활동하는 존재자이기 때문이다. 따라서, 개념과 존재의 동일성은 전제로서 제시될 것이 아니라, 주체의 객체화 과정의 결과로 나타나야 한다고 헤겔은 생각한다.[32]

이상의 고찰로써 우리는, 안셀무스로 대표되는 존재론적 신 존재 증명은 실패한 논증이며, 헤겔에 의해서 이 논증이 갱신되어 신의 존재가 입증된 것도 아니라는 사실을 알게 되었다. 만약에 신의 존재가 증명된다면, 우리는 또 하나의 거대한 과학을 소유하게 될 것이다.

▶ 칼 바르트의 제3의 입장

• 안셀무스의 논증은 오히려 그 자신이 『프로스로기온』에서 "하나님에 대해 명상하기 위하여"라고 말했듯이,[33] 하나님의 존재를 증명하기 위한 것이 아니고, 이미 신앙을 갖고 있는 신자들의 신앙을 돈독히 하기 위한

---

32 H. Kohlenberger, "Die Anselmkonzeption bei Hegel," in: *Analecta Anselmiana. Untersuchungen über Person und Werk Anselms von Canterbury*, hg. v. H. Kohlenberger, Bd. IV /1, Ffm., 1975, 257.

33 "(…) 그래서 나는 하나님에 대해 명상하기 위하여 정신을 드높이려고 애를 쓰면서, 자신이 믿는 것을 이해하기 위해 노력하는 입장에서, 이것과 (이에 관련된) 다른 것들에 대해 다음과 같은 소책자를 기록했다."(『프로스로기온』, 박승찬 역, 171 f.).

것이라고 보아야 한다. 이 점에서 볼 때, 바르트가 『지성(이해)을 추구하는 신앙』(*fides quaerens intellectum*)에서 말한 것, 즉 안셀무스 논증의 출발점은 이미 신앙에 의해 전제되어 있는 것이라는 주장이 옳다. 바르트는 안셀무스의 논증을, 하나님의 실재를 증명하는 논증으로 보지 않고, 신자(信者)가 하나님을 〈가장 고귀한 분으로 생각될 수 있는 실재자〉 보다는 열등한 실재자로 보지 못하게 하기 위하여 하나님이 자기 자신을 계시한 의미로 받아들여야 한다고 주장한다. 바르트는 이 책에서 다음과 같이 말한다:

> 신이 존재하지 않는다고 생각될 수 없다는 안셀무스의 통찰은, 신에 대한 선행하는 이해로부터 결코 도출되는 것이 아니라 '신은 그보다 더 큰 것을 생각할 수 없는 자다'라는 신앙의 명제로부터 도출된다.(…) 안셀무스의 신 증명에서 문제되는 것은, 증명 없이도 이미 앞서서 자기 자신 속에서 확고한 신앙을, 신앙을 통해 증명하는 것이다.[34]

2. 우주론적 논증(cosmological argument)

● 우주론적 논증이란, 우주 혹은 세계의 존재로부터 그것의 존재원인의 계열을 거슬러 올라가 마침내 더 이상 그 근거를 물을 수 없는 존재자를 상

---

34 "Anselms Einsicht, daβ Gott nicht als nicht-seiend gedacht werden kann, folgt keineswegs aus einem vorangehenden intelligere Deum, sondern aus dem Glaubenssatz : "Gott heiβt quo maius cogitari nequit (Gott ist das, worüber hinaus Gröβeres nicht gedacht werden kann). (…) Beim Anselmischen Gottesbeweis handelt es sich um den Beweis des schon voher, auch ohne Beweis, in sich selbst feststehenden Glaubens durch den Glauben."(Karl Barth, *fides quaerens intellectum*, Zürich, 1931, 199).

정하여 그것을 신이라고 주장하는 논증이다. 예컨대 기독교의 성서에서, "모든 것이 그로 말미암아 생겨났으니, 그가 없이 생겨난 것은 하나도 없다"(요한복음 1:3)라는 구절은 이런 생각을 반영하고 있다.

• 대표적인 우주론적 논증으로는 토마스 아퀴나스의 '다섯 가지 길'(quinquae viae)을 들 수 있다.[35] 토마스는 우리가 살고 있는 이 세계의 일반적인 특징으로부터 출발하여, 우리가 신이라고 부르는 궁극적 실재자가 없었다면 이러한 일반적인 특징을 지닌 세계가 존재하지 않았을 것이라고 주장한다. 그리하여,

1) 첫 번째 방법은, 운동 혹은 변화라는 사실로부터 제1운동자(primum movens, Prime Mover)를 증명해 나가고[차가운 쇠가 뜨겁게 달궈져서 열(熱)을 냄 : 누군가 가 열(熱)을 가해야 한다],
2) 두 번째 방법은, 인과법칙으로부터 제1원인(Causa Prima, First Cause)을 증명해나가고,
3) 세 번째 방법은, 우연적인 존재자들(contingent beings)로부터 필연적 존재자(necessary being)를 증명해 나가고,
4) 네 번째 방법은, 가치의 여러 정도(degrees of value)로부터 절대가치(absolute value)를 증명해 나가고["사물들 속에는 선(善)이 존재한다. 그러나 선의 원천에 참 여하는 정도에 따라 '더'와 '덜'이 있다. 그러므로 '그 자체 선'인 자가 있다"],
5) 다섯 번째 방법은, 자연 속에 존재하는 목적성(purposiveness)으로부터 신적인 설계자(Divine Designer)를 증명해 나간다.

※ 그런데 이 중 5)는 목적론적 증명에 속한다. 이 중에서 두 번째와 세

---

35 *Summa Theologica* Pt. I , Q. (Quaestio) 2, Art. (Articulum) 3, 제1부 제2문 제3항목).

번째 방법을 중점적으로 고찰하면,

1) 제1원인 논증(the First-Cause argument)이라고 할 수 있는 두 번째 방법의 내용은 다음과 같다.

→ 모든 일에는 원인이 있다. 그리고 그 원인을 또 다른 원인을 갖고 있다. 이렇게 생각해보면, 이 세상에는 끝없는 원인이 있든지 혹은 어떤 〈제1원인〉에서 여러 원인이 생겼다고 볼 수 있다. 그러나 원인의 무한퇴행(an infinite regress of causes)은 불가능하기 때문에 그 어딘가에는 최초의 원인이 있다고 생각해야 하며, 이 최초의 원인이 바로 우리가 '신'이라고 부르는 자다(운동이라는 사실로부터 제1운동자를 이끌어내는 첫 번째 방법도 이와 비슷하다).

2) 토마스의 세 번째 방법은 종종, 〈세계의 우연성으로부터의 논증〉(the argument from the contingency of the world)이라 불리고, 그의 우주론적 증명의 대명사로도 사용되는 것으로서, 그 내용은 다음과 같다.

→ 이 세상에 존재하는 모든 것은 우연적이다. 다시 말해, 언젠가는 존재하지 않을 수도 있고, 또한 지금과는 다른 형태로 존재할 수도 있다. 예컨대 이 책의 페이지는 나무를 자르는 사람, 그 나무를 운반한 사람, 종이 제조인, 출판인, 인쇄인, 저자는 물론이고 여러 가지 화학적이고 물리적인 법칙에 의존하고 있다는 의미에서 우연적이다. 그러므로 이 세상의 모든 것은 그 이상의 어떤 것을 지적하고 있다. 그런데 만일 이 세상의 모든 것이 이와 같이 우연적이라면 이 세상에는 아무 것도 존재하지 않았던 때가 있었을 것이다. 그렇다면 인과법칙의 주인이 없기 때문에 오늘날 아무것도 이 세상에 존재하지 않았을 것이다. 그러나 우리가 보는 바와 같이 이 세상에는 여러 가지가 존재하고 있다. 그러므로 이 우주에는 우연적이

아닌 어떤 자가 존재하고 있음이 틀림없으며, 이 자가 바로 우리가 말하는 신이다.

※ 즉, 이 세상에 우연적인 존재자들이 존재하기 위해서는 이러한 우연적인 존재자들을 존재하게 하는 비(非)우연적인 근원이 있어야 한다. 그리고 이 비우연적인 근원은 자기 자신의 존재이유(ratio essendi)를 포함하고 있는, 스스로 존재하는 자이어야 한다. 다시 말해, 모든 것의 궁극적인 근거가 있다면 그것은 바로 필연적 존재자이고, 이 필연적 존재자가 바로 신이다.

▶ 비판

1. 이 논증의 약점은 토마스 자신이 다른 곳에서 인정한 것처럼(*Summa Theologica* Pt. I, Q. 46, Art. 2[36]; *Summa Contra Gentiles*, Bk. II, Ch. 38), 왜 원인의 끝없는 연속이 불가능하며, 왜 모든 일에는 시작이 있어야 하는지를 정확히 설명하지 못한 데 있다. 즉, 우주론적 논증은 원인이 무한히 뒤로 소급될 수 없다는 것을 가정한다. 그러나 마치 가장 작은 수로 여겨지는 그 어느 수에든지 언제나 하나를 뺄 수 있기 때문에 가장 작은 수란 없듯이, 이러한 무한급수가 가능하다면, 왜 원인도 무한퇴행해서는 안 되는가?

2. 목적론적 논증과 마찬가지로 이 논증은, 그 제1원인이 유신론자들이 말하는 바로 그 신이라는 것을 입증하지 못한다. 즉, 그 신이 유일, 전지,

---

36 토마스 자신도 여기서 "'세계는 시작점이 있고 영원하지 않다'는 것은 오직 신앙(fides)을 통해서만 알 수 있다"고 말함으로써, 단지 이성만으로는 우주론적 논증이 성공할 수 없음을 고백하고 있다.

전능, 전선한 자라는 것을 입증하지 못한다.

3. '필연적 존재자'라는 말은 도대체 이해할 수 없는 말이라고 비판한다. 즉, 논리적으로 필연적인 것은 '명제'(proposition) 뿐이며 '사물'(事物, things)은 논리적으로 필연적일 수 없다고 비판한다. → 그러나 안셀무스나 토마스의 고전적 신학 전통에서 사용되는 '필연적 존재자'라는 개념은 '논리적 필연성'이 아니라 '사실적 필연성'(factual necessity)을 뜻하며, 신의 경우에는 '스스로 존재함'(aseity)과 동일한 의미로 사용되고 있다는 점을 이해하면 될 것이다.

4. 칸트는, 인과율은 감성계(현상계)에만 적용 가능함에도 불구하고, 우주론적 논증에서는 인과율이 감성계를 초월하여 사용되는 오류를 범하고 있다고 비판한다.[37]

3. 목적론적 논증(teleological Argument)

• 목적론적 논증은 설계(고안)논증, 의장(意匠)[38]논증(Design Argument, Argument from Design), '지성적 설계논증'(intelligent design argument)이라고도 한다. 이 논증은 고대의 플라톤의 『티마이오스』(*Timaios*)로부터 계속하여, 예컨대 중세의 토마스의 다섯 개의 길들 가운데 마지막 길에서, 그리고 근대에는 페일리의 논증을 통해 나타나고 있

37 Kant, *Kritik der reinen Vernunft*, Hamburg, 1956, B 637-8 참조.

38 '의장'(意匠)(意 : 뜻 의, 匠 : 장인 장) : 물품(物品)에 외관상의 미감(美感)을 주기 위하여, 그 형상, 색채, 맵시 또는 그들의 결합(結合) 등을 연구하여 거기에 응용(應用)한 장식적(裝飾的)인 고안(a decorative design, an artistic design).

다.[39]

• 이 논증에 의하면, 만일 우리가 자연계를 살펴본다면 우리는 그 안의 모든 것이 자연이 수행하는 기능과 얼마나 잘 맞는지 깨닫게 된다는 것이다. 즉, 누군가가 디자인했다는 증거를 만물이 보여주고 있다는 것이다. 마치 시계를 살펴봄으로써, 그것을 시계제작자가 디자인했다는 것을 알 수 있는 것과 마찬가지로, 우리는 우리 신체의 신비와 자연의 경이로움을 살펴봄으로써 어떤 신적인 제작자가 그것을 디자인했음을 알 수 있다는 것이다.

• 기독교 성서의 다음과 같은 구절들도 이러한 생각을 나타내고 있다 : "이는 하나님을 알 만한 것이 저희 속에 보임이라. 하나님께서 이를 저희에게 보이셨느니라. 창세로부터 그의 보이지 않는 것들, 곧 그의 영원하신 능력과 신성(神性)이 그 만드신 만물에 분명히 보여 알게 되나니, 그러므로 저희가 핑계치 못할지니라."(로마서 1:19-20) / "집마다 지은이가 있으니 만물을 지으신 이는 하나님이시니라."[40](히브리서 3:4).

• 설계논증 가운데서 가장 유명한 것으로는 〈시계의 유추〉가 있다(일명 패일리의 논증). 패일리(William Paley, 1743-1805)[41]는 『자연신학, 혹은 자연현상으로부터 모은 신의 존재 및 속성들에 대한 증거』에서 다음과 같이 말한다.

> 황야를 가로질러 가다가 내 발이 돌에 걸려 넘어졌는데, 그 돌은 어떻게 해서 거기에 있게 된 것일까 하는 질문을 받게 되었다고 생각해보자. 나는 아마도

---

39 John Hick, ebd., 23 참조.

40 목적론적 논증과 우주론적 논증 둘 다에 해당함.

41 영국 Carlisle의 부주교(副主教). 흄(1711-1776)과 동시대인.

이처럼 대답할 것 같다. 아무튼 이와는 반대로, 그것은 훨씬 이전부터 거기에 있었다고 대답할 것이고, 아마 이 대답이 불합리하다는 것을 보이기는 아주 쉽지 않을 것이다. 그런데 시계 하나가 땅에 떨어져있는 것을 발견하고, 어떻게 시계가 그곳에 있게 되었을까 라는 질문을 받아야 한다고 하면, 내가 앞에서 한 대답 즉, 아무튼 그 시계는 원래부터 거기에 계속 있었다는 대답에 관해서는 거의 생각할 수 없을 것이다. 그러나 왜 이 대답은 돌에 대해서와 같이 시계에 대해서도 사용되어서는 안 되는가? 왜 이 대답은 첫 번째 경우에서처럼 두 번째의 경우에도 수용될 수 없는 것인가? 다른 어떤 이유에서가 아니라 이런 이유로 그러하다. 즉 우리가 시계를 살펴보게 될 때 우리는 그것의 여러 부분들이 목적에 맞게 짜여서 함께 배치되어 있다는 것을 지각한다(그런데 이러한 점은 돌에서는 발견할 수 없을 것이다). 예컨대 그 부품들은 운동을 일으키도록 구성되고 조정되었고, 하루의 시각을 알리도록 운동이 조절되었다. 그리고 만약에 그것들과는 다른 모양으로 다른 부품들이 만들어졌다면, 예컨대 그것들과는 다른 크기로, 혹은 다른 어떤 방식이나 다른 순서로 부품들이 배치되었다면 (시계라는 : 백훈승 첨가) 기계 속에서 전혀 운동이 일어나지 않거나 시계에 의해 지금 제공되는 유용성에 들어맞는 운동이 일어나지 않을 것이다.[42]

---

42 "In crossing a heath, suppose I pitched my foot against a stone, and were asked how the stone came to be there; I might possibly answer, that, for any thing I knew to the contrary, it had lain there for ever: nor would it perhaps be very easy to show the absurdity of this answer. but suppose I had found a watch upon the ground, and it should be inquired how the watch happened to be in that place; I should hardly think of the answer which I had before given, that for any thing I knew, the watch might have always been there. Yet why should not this answer serve for the watch as well as for the stone? why is it not as admissible in the second case, as in the first? For this reason, and for no other, viz. that, when we come to inspect the watch, we perceive (what we could not discover in the stone) that its several parts are framed and put together for a purpose, e.g. that they are so formed and adjusted as to produce motion, and that motion so regulated as to point out the hour of the day : that if the different parts had been differently shaped from what they are, of a different size from what they are, or placed after any other manner, or in any other order, than that in which they are placed, either no motion at all would have been carried on in the machine, or none which would have answered the use that is now served by it.(*Natural Theology, or Evidences of the Existence and Attributes of the Deity*

• 패일리에 의하면, 황야의 돌멩이처럼 원래 아득히 오래 전부터 시계가 거기 있었다고 생각할 수 없다는 것이다. 왜냐하면 시계는 어떤 목적을 가지고 설계된 부품들로 이루어졌기 때문이라는 것이다. 즉, 시계는 매우 복잡하고 정교한 기계로서, 지성을 가진 누군가에 의해서 설계되고 만들어진 것이라고 밖에는 생각할 수 없다는 말이다. 그런데 우주는 시계와는 비교도 되지 않을 만큼 복잡하고도 정교한 기계다. 태양계에 속한 행성들의 회전, 지상에서 규칙적으로 찾아오는 계절, 살아있는 유기체가 복잡한 구조를 가지고 그 부분들이 서로 순응하는 일, 이 모든 것은 설계를 시사(示唆)하고 있다. 예컨대 인간의 두뇌 속에서는 수십억 개의 세포들이 협동하는 체계를 이루며 함께 작용하고 있다. 인간의 눈은 고도의 정확성과 색(色) 감지력을 지닌 자동 조절 렌즈를 가지고 있는, 그리고 한 번에 여러 시간 동안 계속해서 작동할 수 있는 능력을 지닌 최고의 촬영기다. 그러므로 이렇게 복잡하고 유능한 장치들을 가진 우주가 우연히 발생했다고 생각하기는 어렵다.[43] 따라서 우주도 뛰어난 지성을 가진 누군가에 의해서 설계되었다고 보는 것이 합당하다. 이 논증은 귀납 논증 가운데 하나인 유비(類比)논증(argument from analogy)이다.

▶ 비판

1. 대로우(Darrow)[44]는, 시계처럼 복잡한 구조를 갖고 있는 돌도 있으

---

collected from the Appearances of Nature, illustrated by a series of Plates, and Explanatory Notes, by James Paxton, Vol. I, Oxford, 1826, (18021), 1-2).

43 John Hick, ebd., 24 참조.

44 1920년대 미국의 스콥스 재판에서 진화론측 변호사.

며, 돌도 우리가 아직 모르는 어떤 목적을 위해 복잡하게 만들어졌을 수도 있다고 하면서 패일리의 주장을 비판한다. 그러나 이 비판은 패일리의 주장을 무너뜨리지 못한다. 만약에 시계처럼 복잡한 구조를 가진 돌이 있다면, 그것 역시 저절로 존재할 수 있겠는가 라는 물음을 다시 제기할 수 있기 때문이다.

2. 이 논증은 우주가 뛰어난 지성을 가진 자에 의해 조화롭게 만들어졌다는 전제를 가지고 출발한다. 그러나 우주에서 우리는 질서와 조화, 아름다움과 장대함만을 발견하는 것이 아니라 무질서와 파괴적인 것, 보기 흉한 것도 많이 발견하게 된다. 예컨대 많은 아이들이 크고 작은 장애를 가지고 태어나고 지진과 해일, 태풍과 회오리바람(tonado)이 일어나고 화산(火山)이 폭발하여 많은 사람이 죽고 다친다[소위 자연악(physical evil)]. 이 논증은 반대의 증거들을 은폐하고 있다.

3. 유비가 약하다 : 유비논증에 있어서 두 항(項) 사이의 유사성이 약하다면, 비교에 기초해서 나온 결론도 따라서 약해질 것이다. 예를 들면 손목시계와 회중시계는 그 유사성이 크기에 우리는 시계제작자가 이것들을 디자인했다고 가정할 수 있다. 그러나 비록 시계와 눈(眼) 사이에 유사성이 있기는 할지라도 ― 이것들은 둘 다 정교하고 자신들의 고유한 기능을 잘 수행한다 ― 그 유사성은 모호하고 충분치 않으며, 따라서 그 정도의 유비에 기초한 결론도 마찬가지로 모호할 것이다.

4. 흄의 논증 : 흄은 패일리가 위의 저술을 출판하기 전에 이미 『자연 종교에 관한 대화』(*Dialogues Concerning Natural Religion*, 1779)[45]에서 지적설

45 이 저작은 저자와 출판자의 이름이 익명으로 간행된 흄의 유작이다.

계론의 유추를 문제 삼고 있다. 등장인물들 중의 한사람인 필로(Philo)[46]는, "우주가 인간 기교의 산물보다는 동물의 몸이나 식물과 매우 흡사하다면 그것의 원인은 전자보다는 후자의 원인과 유사할 것이고 따라서 우주의 원인은 당연히 이성의 설계보다는 생식(generation)이나 생장(vegetation)으로 돌리는 것이 보다 더 그럴듯하지 않은가. (…) 세계는 분명, 시계나 편물기(編物機)보다는 동물이나 식물과 더 유사하지. 그러므로 세계의 원인이 이들의 원인과 유사하다고 하는 것이 좀 더 그럴듯할 것이네. 이들의 원인은 생장과 생식이네. 따라서 세계의 원인에 대해 우리는 그것이 생식이나 생장과 유사한 어떤 것이라고 추론할 수 있을 것이네"[47]라고 말하고 있다. 그런데 흄의 비판도, 우주는 기계보다 오히려 동식물과 유사하다는 점을 지적하고 있다는 점에서는 참작할 점이 있지만, 우주가 시계나 편물기보다 동물과 식물과 더 유사하다 하더라도, 그것들이 존재하는 한, 그것들의 발생(generation)과 성장(vegetation)을 의도한 어떤 존재자의 상정을 폐기하기는 어려울 것으로 보인다.

그러나 흄은 또한, 우리가 이 세계가 신의 설계에 의해 창조되었다고 추론할 경우에도, 그가 아무런 실수도 하지 않는 완전한 존재자라고 단정할 수 없고, 이 세계를 고안하고 만드는 데 하나의 신이 아니라 여러 신들이 함께 참여하지 않았다고 주장할 수도 없다는 것이다. 즉, 우리가 결과로부터 원인을 추론해 낼 때, 원인과 결과를 어울리게 해야 한다. 예컨대 저울에 10온스의 물체가 올려져 있는데 그것이 기울어져 위로 올라가 있다면 평형추의 무게가 10온스를 넘는다는 것을 알 수 있다. 그러나 그것이 100

46 이 대화에서 필로는 고대 회의주의학파의 태두(泰斗)인 퓌론(pyrrhon)의 역할을 하고 있다.

47 데이비드 흄, 『자연종교에 관한 대화』, 이태하 역, 나남, 2008, 80-81.

온스를 넘는다고 주장할 수는 없다. 이와 마찬가지로 세계를 설계하고 제작한 자가 있다 하더라도, 그가 전지 · 전능 · 전선한 유일신이라는 주장이 정당화되는 것은 아니라고 비판한다.[48]

5. 칸트에 의하면, 만약 이 논증이 성공한다 해도 이 논증에 의해서는 기껏해야, 세계의 질료에 질서를 주는, 즉 그 목적에 의해서 세계의 질료를 사용하여 세계를 형성하는 세계건설자(Weltbaumeister)에 도달할 뿐이지, 결코 세계의 질료까지도 스스로 창조하는 신, 즉 세계창조자(Weltschöpfer)에는 이르지 못한다.[49][이것은 인간의 기술(技術)의 경우로부터의 유비추론이라고 하겠다].

6. 이 논증이 타당하다 할지라도, 그것은 유신론적 신의 존재를 입증하는 데까지는 나아가지 못한다. 즉, 고안(考案)의 모든 경우들이 하나의 동일한 고안자에 의한 것이라는 점을 보여줄 수 있는 것이 없다. 이 논증은 다신론(多神論)과 잘 양립할 수 있다. 어떤 초자연적인 고안자는 육상동물을, 또 다른 초자연적 고안자는 물고기를, 그리고 또 다른 초자연적 고안자는 조류 등을 만들었다고 주장할 수도 있을 것이다. 그리고 오직 하나의 고안자만이 존재한다 할지라도, 그 존재자가 악하고 제한된 능력을 가지고 있고, 모든 것을 알고 있지는 않은 그런 자가 아니라 전선(全善) · 전능(全能) · 전지(全知)하다는 점을 보여주지는 못한다.[50]

---

48 데이비드 흄, ebd., 제5장(65-72)과 데이비드 흄, 『인간 오성의 탐구』, 김혜숙 역, 고려원, 1996, 제11장 § 105 (198-200) 참조.

49 Kant, *Kritik der reinen Vernunft*, Hamburg, 1956, B 655 참조.

50 Donald M. Borchert (Editor in Chief), *Encyclopedia of Philosophy.* 2nd edition, Vol. 9, Detroit, etc., 2006, 378 참조.

4. 도덕적 논증(moral argument)

• 도덕적 논증은 (더 정확히는) 의무론적 논증(deontological argument)이라고도 한다.

• 이 논증은 1) 객관적인 도덕률(도덕법칙)의 존재로부터 도덕률의 제정자로서 상정되는 신의 존재를 추론한다. 예컨대 루이스(C. S. Lewis, 1898-1963)[51]의 논증은 다음과 같다 : 객관적(또는 절대적)인 도덕법칙이 있다. 그런데 이러한 객관적 도덕법칙은 무엇인가에 근거해야만 한다. 즉, 그것은 1) 인간경험의 사실적인 실재자(factual reality), 즉 물질(matter)이든지, 아니면 2) 마음에 근거해야 한다. 그런데 객관적인 도덕법칙은 〈과학에 의해서 관찰되는 사실적인 실재자〉(즉 물질)에 근거할 수 없다. 왜냐하면 자연법칙들은 '사물들이 실제로 작용하는 바'만을 우리에게 말해줄 뿐이기 때문. 그러나 도덕법칙은, '무엇이 마땅히 발생해야만 하는지'를 다루기 때문이다.

• 도덕법칙은 '사실적인 실재자'가 아니라 '마음'에 근거해야 한다. 오직 '마음'만이 올바른 행동을 할 수 있는 지침을 줄 수 있기 때문이다.[52] 그러므로 우주의 배후에는 어떤 '힘'이나 '마음'이 있고, 이것이 "나로 하여금 올바르게 행동하도록 촉구하고, 올바르지 못한 행동을 할 때에는 책임감과 불편함을 느끼게 한다."[53]

51 『나니아 연대기』의 저자. 『반지의 제왕』의 저자인 톨킨과 친구

52 브루스 라이헨바흐 외, ebd., 150 이하 참조.

53 C. S. Lewis, *Mere Christianity*, NY., 1943, 34.

▶ 비판

1. 이 논증은, 절대적인 도덕법칙의 존재를 기정사실화하고, 이로부터 아래와 같이 절대자를 이끌어내고 있다. 그러나 과연 절대적(객관적)인 도덕법칙의 존재를 의문시할 수 있다.

절대적인 도덕법칙이 존재한다.
절대적인 도덕법칙의 존재근거는, 상대적인 존재자가 될 수 없다.
―――――――――――――――――――――――――――――――――
절대적인 도덕법칙의 존재근거로서 절대자가 존재함에 틀림없다.

즉, 인류의 각 시대 및 지역에 따라 도덕법칙이 다르다는 사실을 이유로 들어 절대적인 윤리(도덕법칙)는 없다는 주장(윤리상대주의)을 펼침으로써, 위의 대전제 자체를 부정할 수 있다.

그러나 다시 이러한 반론에 대해, 대부분의 도덕법칙은 상대적이지만, 몇몇 도덕법칙들은 절대적이라는 주장(절충주의)을 펼 수 있다. 예컨대 '살인은 옳지 않다', '부모에게 효도하는 것이 옳다'와 같은 도덕법칙들은 시대와 지역을 초월한 절대적인 도덕법칙이 아닌가 하는 반론이 제기될 수 있다. 그러나 이 반론에 대해선, 예를 들면 식인종은 사람을 잡아먹고도 양심의 가책을 느끼지 않으며, '살인'을 옳지 않다고 생각하지 않는다는 주장을 재반론의 근거로 내세울 수 있다.

2. 또 하나의 논증은, 양심(의 가책)의 존재로부터 신의 존재를 다음과 같이 추론한다.

우리는 누구나 도덕적인 잘못을 범했을 때 양심의 가책을 느낀다.
그러한 양심을 갖게 된 것은 인간 스스로에 의해서가 아니다.

우리 인간 모두에게 양심을 심어놓은 분인 신이 존재한다.

▶ 이 논증에 대한 비판

1) 첫 번째 전제가 항상 옳은 것은 아니다. 즉

• 도덕적인 잘못을 범해도 양심의 가책을 느끼지 않는 사람도 있고, 또 처음에는 가책을 느꼈으나 잘못을 반복함에 따라 거기에 익숙해져서 느끼지 못하기도 한다.

• "거짓말도 자꾸 하면 는다." 평소에 거짓말을 많이 하는 사람은 진실을 말할 때 오히려 가슴이 떨릴 것이다.

2) (두 번째) 전제로부터 결론에로의 이행에 문제가 있다.

• 양심의 가책이라든가 수치심은, 도덕법칙을 어겼을 때 사회로부터 받는 비난에 의해 발생된 것이지, 신에 의해 발생하는 것이 아니라는 주장이 제기될 수 있다.

3. 최고선(最高善, das höchste Gut)을 실현해야 할 의무로부터의 신의 추론

• 이미 16세기의 저자들이 도덕철학으로부터의 신 증명을 제공하고 있다. 특히, 칸트는 [그에 의해 불충분한 것으로 선언된 자연신학(Physikotheologie)의 대립쌍으로서의] 윤리신학(Ethiktheologie)에 힘썼다(KU § 86). 신의 존재를 순수 실천이성의 요청으로서 정초하려는 그

의 시도는 그의 3비판을 통해(KrV, A 633 f, 814-820, 828-831 / KpV A 223-238 / KU §§ 85-91) 그리고 『유고』(opus postumum)에 이르기까지 (Akad.-A, 22(1933), 119-123) 추적된다. 그의 영향으로 인해 19세기에서의 의무론적 신 증명은 신에 대한 〈도덕적 신앙〉을 위한 유일한 논증으로 다양하게 받아들여졌다. 무한히 확장되는, 인간의 행복욕으로부터 신의 존재를 명백히 밝히려는 사유과정들은 19세기 내지 20세기의 신 스콜라주의에 속해 있다. 이러한 행복론적 혹은 가치론적 논증은, 그 구속력에 있어서 반박된다.[54]

• 칸트는 『순수이성 비판』의 「선험적 변증론」 장에서, ① 존재론적 증명, ② 우주론적 증명, ③ 목적론적(자연신학적) 증명을 모두 비판하고, 그것들이 실패했다고 주장한다. 그리고 난 후, 『실천이성 비판』에서 신의 존재를 '요청'한다(postulieren)(증명이 아님).

• 「칸트」에 의하면, 실천이성은 〈최고선〉의 실현을 끊임없이 구한다. 〈최고〉라는 개념은 〈최상〉이라는 것과 〈완전〉이라는 것을 뜻하는데, 〈최상선(最上善)〉(das oberste Gut)이란, 도덕률을 무조건 준봉(遵奉)하는 덕, 의지가 도덕률과 완전히 일치하는 것이다. 그러나 이 〈최상선〉은 아직, 〈완전〉이라는 의미에서의 〈최고선〉이 아니다. 최고선은 물론 최상선 없이는 성립되지 못한다. 그러나 최고선은 최상선뿐만 아니라 그에 의거하여 행복(Glückseligkeit)이 실현되기를 요구하는 것이다.[55]

---

54 Joachim Ritter (hg.), *Historisches Wörterbuch der Philosophie*, Bd.3, Basel/Stuttgart, 1974, 830 참조.

55 이에 관해서는 『순수이성 비판』의 「II. 선험적 방법론」, 제2장 제1절 〈우리의 이성의 순수사용의 궁극목적에 관하여〉와 제2절 〈순수이성의 궁극목적의 규정근거인 최고선의 이상에 관하여〉[KrV B 825 ff.], 그리고 『실천이성 비판』의 제1편, 제2권 〈순수 실천이성의 변증학〉의 제2장. 〈V. 순수 실천이성의 요청으로서의 신의 현존〉 및 〈VI. 순수 실천이성의 요청들 일반에 관하여〉[KpV. A 224 ff.]를 참고할 것.

→ 최고선 = 최상선(德) + 행복(福) → 덕과 복의 일치

논증1) : 영혼불멸의 요청에 관한 논증

최고선은 최상선과 행복의 일치다.
최고선은 반드시 실현되어야 한다.
그런데 최고선은 현세에서는 실현되지 않는다.

최고선이 이루어지기 위해서는 영혼이 불멸해야 한다.

논증2) : 신의 존재 요청에 관한 논증

최고선은 이루어져야 한다.
최고선이 이루어지기 위해서는 영혼이 불멸해야 한다.
그리고 이 영혼에 행복이 주어져야 한다.

(그러기 위해선) 이 영혼에게 행복을 보장해 줄 분(절대자)이 존재해야 한다.

※ 두 논증의 전제가 모두 〈사실판단〉이 아니라 〈당위〉 내지는 〈요청판단〉이므로, 결론에서도 〈사실판단〉이 나오지 않고 〈요청〉이 나오게 된다. 즉, 칸트는 〈영혼불멸〉과 〈신의 존재〉를 요청한[postulieren, ① 가정(假定), ② 요구(要求)]한 것이다.

5. 특별한 사건이나 경험에 의한 논증

(1) 특별한 사건에 의한 논증(the argument from special events)

• 기적[56]이나 기도의 응답처럼, 여러 사람이 공공연히 목격할 수 있는 특별한 사건은 신의 실재를 증명한다는 주장.

• 그러나 이 논증은, 직접 경험하지 않은 사람에게는 아무런 의미가 없다. 그들은 언제나, Hume이 자신의 논문「기적」에서 말했던 이유로 특별한 사건 자체를 믿지 않을 수도 있고, 또 시험을 잘 치르게 해 달라고 기도한 후에 시험을 예상 외로 잘 치르게 된 경우, 신이 자기의 기도에 응답하였다고 생각하고 신의 존재를 확신하고 주장하는 사람에 대하여, 이런 현상을 자연론적으로 해석할 수도 있다고 주장할 수 있다. 즉, 우리가 기도를 한다든지 명상(瞑想)이나 선(禪) 수행을 할 경우, 평상시보다 훨씬 많은 알파 파(α波)가 방출됨으로써 기억하는 기능이 더 활성화되고 명료한 사유를 할 수 있게 되어 시험을 잘 치르게 된 것이라는 주장도 가능하다.

• 또, 세계 제2차 대전 당시 히틀러가 6백여만 명의 유태인을 학살한 사건의 원인에 대해 기독교에서는, 유태인들이 빌라도 앞에서 "그(예수 : 백훈승 첨가)의 피를 우리와 우리 자손에게 돌리소서!"라고 한 말에 대한 신의 응답으로 해석함으로써 신의 존재를 주장할 수 있는데, 이에 대해 사회학 · 심리학 · 경제학 · 정치학적 해석 등이 가능하다. 즉, 히틀러의 유태인 학살은 히틀러 자신의 권력유지를 위해 외부의 어떤 공격대상을 택한 행위였다는 주장, 즉, 아리안 족의 우수한 혈통을 보존한다는 우생학적인

---

56 기적에 대한 Hume의 정의 : "기적이란, 신의 특정한 의지작용에 의한 혹은 눈에 보이지 않는 어떤 대리자(代理者)의 중재(仲裁)에 의한 자연법칙의 위반(違反)이다"(김혜숙 역,『인간 오성의 탐구』, 고려원, 1996, 167).

이유를 내세워 유태인을 열등한 민족으로 규정하여 학살함으로써 독일국민의 단합을 호소하여 정권을 강화하려고 했다는 주장이 가능하다. 또한 유태인의 광범위한 상권(商權) 장악[57]의 저지를 위한 조처였다는 분석도 있다.

• 불치병 환자, 예컨대 말기암으로 시한부 선고를 받은 사람이 금식기도를 통해 완치된 경우, 신이 계셔서 그의 병을 치유해주었다고 믿을 수도 있지만, 병이 나을 수 있다는 그의 굳은 신념(정신력)이 자기의 병을 치유했다고 주장할 수도 있다. 즉, 정신과 신체의 에너지는 서로 영향을 미치고 마음의 힘이 몸의 기능을 회복시킬 수 있다고 생각할 수도 있다. 마음의 힘과 이미지를 통해 몸의 병이 치료되는 메카니즘이 과학적으로 점차 규명되고 있고, 그러한 방법으로 난치병이 치료된 사례도 많이 보고되고 있다.[58] 있다. "현대물리학은, 인간의 상념(想念) 자체가 물리적 에너지이며 거리와 장소에 구애받지 않고 즉각적으로 작용하는 신비로운 힘을 가졌다는 사실을 여러 가지 실험을 통해 밝혀내고 있다."[59]

(2) **특별한 경험에 의한 논증**(the argument from special experience)

• 더욱 개인적인 경험 — 환상, 꿈, 마음의 소리, 괴이한 감정, 신비적인 황홀경 — 속에서 신의 현현(顯現)을 볼 수 있고, 그러한 경험은 곧 신의 실재를 증명한다고 주장함.

---

57 유태인의 별칭은 독일어로 'Luftmensch'인데, 이것은 '공기인간'이라는 뜻이다. 이 말은 유대인이 어디에서나 상권을 장악하고 있음을 나타내고 있다.

58 김영우, 『영혼의 최면치료』, 나무 심는 사람, 2002, 199 참조.

59 김영우, ebd., 201.

• 그러나 이러한 경험으로부터 신의 실재를 증명할 수는 없다. 회의론자인 홉스(Thomas Hobbes, 1588-1679)는 『리바이어던』(*Leviathan*) 제3부: 〈기독교공동체에 관하여〉의 제32장: 〈기독교정치의 원리에 관하여〉에서 "신이 인간에게 말하는 방식"이라는 제목 하에 다음과 같이 말한다.

> 어떤 사람이 신이 자기에게 직접 어떤 말을 했다고 주장할 때, 그 사람 자신은 그것을 충분히 잘 이해할 수 있겠지만, 다른 사람들은 그것을 알기 어렵다. 그 사람이 우리로 하여금 그것을 믿도록 할 수 있는 어떤 논증을 제시할 수 있을 것인지를 우리가 통찰하기가 쉽지 않다는 말이다. 또한 신이 성서(聖書) 속에서 자기에게 말했다고 말하는 것은, 신이 그에게 직접 말한 것이 아니라 선지자나 사도나 교회를 통해서 말한 것이기 때문이다. 또한 신이 꿈에서 자기에게 말했다고 그가 말한다면, 그것은 신이 자기에게 어떤 말을 한 꿈을 꾸었다는 것만을 뜻할 뿐이다. 그리고 그가 환상을 보았다거나 어떤 목소리를 들었다고 말한다면, 그것은 그가 비몽사몽(非夢似夢) 간에 꿈을 꾸었다는 것을 뜻한다. 왜냐하면 그는 자기 자신의 선잠(Schlummer)을 올바로 지각하지 못했기에 이런 식으로 자기의 꿈을 자주 자연스럽게 환상으로 간주하기 때문이다. 신이 초자연적인 영감(Inspiration)을 통해 말한다고 그가 말하는 것은, 그가 말해야 하는 간절한 소망을 갖고 있다는 사실이나, 혹은 그것에 대한 자연적인 근거나 충분한 근거를 말할 수 없는, 자기 자신에 관한 강한 확신을 갖고 있다는 것을 뜻할 뿐이다. 그래서 전능한 신이 인간에게 꿈, 환상, 목소리, 영감을 통해서 말할 수 있기는 하지만, 그러나 그는 거기에 의지하고 있는 자기를 믿으라고 그 누구에게도 요구할 수 없다.[60]

---

60 Thomas Hobbes, *Leviathan*, Aus dem Engl. übertr. v. Jutta Schlösser, Mit einer Einf. und hg.v. Hermann Klenner, Hamburg, 1996, 316-7.

다시 말하면, 이러한 경험들은 너무나 주관적이어서 공인(公認)받기 어렵다는 말이다. 예컨대 어떤 사람이, 신이 자기에게 나타나 이러저러한 말을 했다고 주장할 경우, 과연 그런 말을 했다고 자신이 판단하는 자가, 우리가 고전적 유신론에서 말하는 절대자로서의 신인지 아니면 환청을 들은 것인지 판별할 수 있는 기준을 찾을 수 없다.

▶ 결론적으로 말하면, 특별한 사건이나 특별한 경험은 유신론적으로 해석될 수도 있고 자연론적으로 해석될 수도 있다. 그러므로 특별한 사건이나 경험에 의한 논증은 신의 존재를 증명할 수 없다.[61] 그러나 이러한 주장들을 다음과 같은 논증으로 구성해볼 수 있다.

1. 기적(초자연적 현상)을 인정하는 경우

1) 유신론적 논증

기적은 신에 의해서만 일어난다(신이 존재하는 경우에만 기적은 일어난다).

그런데 기적이 (실제로) 일어난다.

신은 존재한다.

2) 무신론적 논증

- 1)의 대전제를 부정할 수 있다. 즉, 기적이 일어난다고 해서, 그것이 신

61 존 H. 힉, 『종교철학개론』, 황필호 역, 종로서적, 1993, 65 참조.

이 존재를 입증해주지는 못한다. 때때로 자연법칙이 위반되기도 — 즉, 기적이 일어나기도 — 하지만, 이것에 대한 원인을 우리가 현재의 과학의 수준으로는 규명해내지 못하지만, 신이 아닌 다른 원인이 존재할 것이라고 생각할 수도 있다.

기적은 현재 우리의 과학수준으로는 파악할 수 없는 원인에 의해 일어난다.
그런데 기적이 (실제로) 일어난다.

현재 우리의 과학수준으로는 파악할 수 없는 원인에 의한 사건인 기적이 일어나는데, 그 원인은 언젠가 과학에 의해 밝혀질 수 있을 것이다.

2. 기적을 인정하지 않는 경우

1) 사람들이 '기적'이라 부르지만, 그것은 자세히 살펴보면, 혹은 시간이 지나 과학이 발달하게 되면 기적이 아닌 현상이다.

2) 나사로나 예수의 부활 등은 '꾸며진 이야기'라고 주장한다.

찾아보기

ㄴ

ㄷ

ㄹ

ㅁ

ㅂ

ㅅ

ㅇ

ㅈ

ㅎ

철학입문

Introduction to Philosophy

지은이 백훈승
펴낸이 이남호
펴낸곳 전북대학교출판문화원

초판 1쇄 인쇄 2015. 12. 28
초판 1쇄 발행 2015. 12. 30

전북대학교출판문화원 전라북도 전주시 완산구 어진길 32 (풍남동2가)
기획 송덕호
디자인 이소형, 이진영
회계 · 행정 이진주
전화 (063) 219-5321~2
FAX (063) 219-5323
출판등록 2012년 8월 20일 제465-2012-000021호

값 15,000원

ISBN 978-89-98534-76-9 03100

이 도서의 국립중앙도서관 출판예정도서목록(CIP)은 서지정보유통지원시스템 홈페이지(http://seoji.nl.go.kr)와 국가자료공동목록시스템(http://www.nl.go.kr/kolisnet)에서 이용하실 수 있습니다. (CIP제어번호 : CIP2015035646)